智慧交通技术创新与先行示范丛书

智慧交通导论

胡兴华　刘唐志　刘　伟　编著

INTRODUCTION OF
SMART TRANSPORTATION

人民交通出版社
北京

内 容 提 要

本书以智慧交通为研究对象，充分反映交通行业需求、最新部署和智慧技术供给情况，重点介绍了智慧交通的基本技术体系和典型应用场景，力图为读者提供多角度的智慧交通体系介绍。全书共分12章，主要内容包括：智慧交通发展的背景，智慧交通框架及其规划体系，智慧交通与智慧城市的关系，智慧交通框架下信息采集技术、信息传输技术、信息处理技术、信息发布技术，以及智慧道路、智慧交管、智慧运输、智慧慢行与静态交通等典型场景，最后结合"双碳"目标对智慧交通的支撑作用进行了介绍。

本书结合最新理论、科研及工程实践成果，体现了基本理论与应用的融合、思政与理论内容的融合、智慧交通与交通基本理论的融合等特点，可作为高等院校交通运输大类专业本科生教材，也可作为交通运输工程学科研究生教学参考用书，还可供从事智慧交通和交通工程相关工作的研究人员参考。

图书在版编目（CIP）数据

智慧交通导论 / 胡兴华, 刘唐志, 刘伟编著.
北京：人民交通出版社股份有限公司, 2024.12.
ISBN 978-7-114-19834-2
Ⅰ．F502
中国国家版本馆 CIP 数据核字第 2024YC9495 号

Zhihui Jiaotong Daolun

书　名	智慧交通导论
著作者	胡兴华　刘唐志　刘　伟
责任编辑	何　亮　刘捃梁
责任校对	赵媛媛
责任印制	张　凯
出版发行	人民交通出版社
地　址	（100011）北京市朝阳区安定门外外馆斜街3号
网　址	http://www.ccpcl.com.cn
销售电话	（010）85285857
总经销	人民交通出版社发行部
经　销	各地新华书店
印　刷	北京科印技术咨询服务有限公司数码印刷分部
开　本	787×1092　1/16
印　张	20.125
字　数	340千
版　次	2024年12月　第1版
印　次	2025年7月　第2次印刷
书　号	ISBN 978-7-114-19834-2
定　价	60.00元

（有印刷、装订质量问题的图书，由本社负责调换）

前 言
PREFACE

近年来，伴随城镇化进程的加速、信息技术的高速迭代，发展智慧交通的需求日益强烈，其应用场景也愈加丰富。2014年，交通运输部在全国交通运输工作会议上正式提出打造综合交通、智慧交通、绿色交通、平安交通"四个交通"体系，并指出"智慧交通是关键"，为智慧交通的发展赋予了明确的定位。2019年，中共中央、国务院印发的《交通强国建设纲要》明确提出推动新技术与交通行业深度融合的要求，大力发展智慧交通成为建设交通强国的重点任务之一。当前，智慧高速公路、智慧铁路、智慧民航、智慧航道、智慧物流、智慧公交等在全国各地加快建设并不断取得突破，为中国式现代化交通事业的发展注入了鲜活动力。

智慧交通在智慧城市的框架下，应用现代智能化技术解决交通问题，致力于提升交通运输的"安全、畅通、绿色、高效"水平。与智能交通系统相比，智慧交通系统的数据源更加多样，并且数据对于精准化决策的支撑作用更加明显。目前，智慧交通已成为交通现代化的基本标志之一。因此，智慧交通体系的建设，无论是对交通行业管理部门还是对普通交通参与者而言，均具有强大的内生动力；国家及行业主管部门为智慧交通的建设创设了长期向好的政策环境，形成了长效激励机制。我国交通构成复杂、交通技术应用场景极为丰富。可以预见，在内生动力和外在激励的综合作用下，我国智慧交通的发展前景十分广阔。

与智慧交通装备技术研发应用日趋火热的场景形成对照的是，现阶段无论是行业管理部门人员、交通运输类专业在读学生还是工程技术人员，对智慧交通的内涵、体系构成尚未形成规范化的共识，需要系统地厘清其概念、边界、构成。此外，目前普遍存在把智慧交通与智能交通系统、交通信息化等概念混淆、混用的情况，这将在顶层设计上影响智慧交通体系建设的前瞻性、先进性。因此，业界亟待根据智慧交通的内涵演变，培养一批符合智慧交通建设发展需要、适应新形势发展的专业技术人才。本书即基于上述背景组织编写，由从事智慧交通教学工作的一线教师和智慧交通科研设计人员组成编写团队，力求体现新工科特色，编写出可读性强、知识覆盖面广、理论与技术深度融合的著作，为高等院校交通运输类专业本科生及交通运输工程学科研究生，以及从事智慧交通和交通工程相关工作的研究人员提供参考。

全书立足于导论性质定位，共分 12 章。第 1 章介绍了智慧交通发展的背景、概念以及对交通传统学科产生的影响，第 2 章介绍了智慧交通框架及其规划体系，第 3 章介绍了数字孪生、智慧城市与智慧交通的关系，第 4~7 章分别介绍了智慧交通框架下信息采集、传输、处理及发布技术，第 8~11 章分别从典型应用场景方面介绍了智慧交通的技术构成，第 12 章介绍了智慧交通对于碳达峰碳中和目标的支撑。本书编写分工如下：第 1、2 章由重庆交通大学胡兴华教授编写，第 3 章由重庆交通大学刘唐志教授编写，第 5、11 章由重庆市交通规划研究院隆冰高级工程师编写，第 4、9 章由重庆交通大学刘伟教授编写，第 6、10 章由重庆交通大学赵佳昊讲师编写，第 7 章由重庆交通大学张建旭副教授编写，第 8 章由招商局重庆交通科研设计院有限公司周广振教授级高工编写，第 12 章由重庆交通大学徐晓梧副教授编写。全书总体由胡兴华教授统稿，其中基础理论部分、典型应用场景部分分别由刘唐志教授及刘伟教授协助。

本书的编写力争体现如下特色：一是基于最新文献，以智慧交通的视角体现新技术发展趋势；二是将智慧交通与交通工程的基础理论结合，分析智慧交通对交通工程学、交通规划原理、交通流理论等基础理论的影响，体现基础理论的融合；三是梳理了智慧交通发展的政策环境，分析了智慧交通对"双碳"目标等重大战略部署的支撑作用，强化思政与专业知识的融合；四是基于编写团队既有高校教师又有科研机构人员的特点，采用了基本理论搭配典型场景的编写组织形式，提升全书的理论性、实用性和可读性，降低阅读门槛。

本书在编写过程中得到了重庆交通大学陈坚教授以及重庆攸亮科技股份有限公司汪然董事长、戴高总经理等的大力支持，重庆交通大学智慧交通工程研究所研究生徐艺梅、郑闵谭渝、陈善治、陈兴辉、张婷婷、程睿孜、雷浩等参加了本书的资料整理和初步校对工作。同时，本书引用了大量智慧交通领域的著作文献，在此对文献作者一并表示衷心的感谢。

由于智慧交通的相关规范化体系尚未完全建立，其概念内涵、技术构成、应用场景也处于不断更新迭代中，加之作者时间及能力有限，书中难免存在错漏之处，恳请广大读者批评指正。

编　者

2023 年 8 月

目 录
CONTENTS

第一章 智慧交通发展的背景 … 1

第一节 交通的发展历程 … 2
第二节 交通问题及其出路 … 4
第三节 智慧交通的发展 … 6
第四节 智慧交通的内涵 … 9
第五节 典型国家的智慧交通发展概况 … 11
第六节 我国智慧交通发展政策环境及趋势 … 17
第七节 智慧交通对交通传统学科理论产生的影响 … 22

第二章 智慧交通框架及其规划体系 … 25

第一节 智慧交通体系框架 … 26
第二节 智慧交通系统规划方法和流程 … 29
第三节 智慧交通的顶层设计 … 34

第三章 数字孪生、智慧城市与智慧交通 … 39

第一节 数字孪生技术 … 40
第二节 智慧城市 … 47

第三节　智慧城市下的智慧交通体系 …………………………………… 53
第四节　智慧城市案例与发展展望 ………………………………………… 57

第四章　智慧交通信息采集技术　　65

第一节　交通信息的概念和种类 …………………………………………… 66
第二节　交通信息采集的手段 ……………………………………………… 68
第三节　新形势下交通信息采集的要求 …………………………………… 96

第五章　智慧交通信息传输技术　　99

第一节　交通信息传输的构成 ……………………………………………… 100
第二节　通信实现的基本形式 ……………………………………………… 103
第三节　第五代通信技术（5G）与智慧交通 …………………………… 109
第四节　物联网、车联网 …………………………………………………… 118

第六章　智慧交通信息处理技术　　131

第一节　交通信息处理概述 ………………………………………………… 132
第二节　多源数据与大数据技术 …………………………………………… 133
第三节　数据库与地理信息系统 …………………………………………… 140
第四节　交通数据处理新技术发展趋势 …………………………………… 152

第七章　智慧交通信息发布技术　　165

第一节　交通状态判断及预测技术 ………………………………………… 166
第二节　交通信息服务系统 ………………………………………………… 179

第八章　典型场景1：智慧道路与自动驾驶　　199

第一节　智慧道路的概念 …………………………………………………… 200

第二节　智慧道路的关键技术 …………………………………… 200
第三节　自动驾驶与车路协同 …………………………………… 211

第九章　典型场景2：智慧交通管理　　227

第一节　智慧交通管理概念 ……………………………………… 228
第二节　交通管理指挥系统 ……………………………………… 234

第十章　典型场景3：智慧运输管理　　247

第一节　智慧公交 ………………………………………………… 248
第二节　智慧出租汽车 …………………………………………… 263
第三节　智慧物流 ………………………………………………… 267

第十一章　典型场景4：智慧慢行与静态交通　　277

第一节　概述 ……………………………………………………… 278
第二节　智慧步行 ………………………………………………… 278
第三节　智慧自行车 ……………………………………………… 281
第四节　智慧停车 ………………………………………………… 283

第十二章　智慧交通与"双碳"目标　　295

第一节　"双碳"目标 …………………………………………… 296
第二节　智慧交通是实现"双碳"目标的关键技术途径 ……… 297

参考文献　　303

第 一 章
Chapter 01

智慧交通发展的背景

第一节 交通的发展历程

"交通"一词来源于《易经》——"天地交而万物通也，上下交而其志同也"。交通指的是为了生产和生活需要，实现人与物空间位移的一种经济社会活动，是商品交换的先决条件，是人员物资流动、信息传递的重要方式，是体现国家强盛的重要标志，更是与百姓生活息息相关的重要内容。完善的交通系统包括交通基础设施、交通运输工具两大部分。随着人类文明不断发展，科学技术不断更新迭代，每个时代的交通系统升级都会给整个社会带来翻天覆地的变化。

1. 古代交通

在远古时代，由于生产力水平低下，人们为了生存，往往选择沿河居住，以渔猎为生。在与恶劣生存环境的斗争中，先民们观察大自然，发现树叶可以漂浮在水面上，从而受到启发，发明了船，开启了水上交通。古籍《世本》中记载"古者观落叶因以为舟"；《淮南子·说山训》中也有"古人见窾木浮而知为舟"等类似的说法；《淮南子·物原》中记载"燧人氏以匏济水，伏羲氏始乘桴"。据考证，筏在新石器时代已经出现，我国在商朝时期就已掌握造船技术，两宋时期造船业居于世界领先地位，明朝时期造船业达到巅峰，成为郑和七次下西洋的有力支撑。在古代，人们以舟船为交通工具，并在河道布设渡口作为交通基础设施，形成了最原始的水上交通系统。

> **专栏1-1　水上交通与重庆城市的形成**
>
> 　　自古以来城市都是在平地建起来的，一般不会在山上建一座城市，为什么古人偏偏在重庆这座大山上面，建起了一座城市？
>
> 　　四川省内水系众多，布局有岷江、沱江、白龙江、涪江、南江、嘉陵江等重要航道，但基本所有通航航道最终都汇流至重庆，重庆位于嘉陵江和长江的汇合处，整个川北和川西北的物产通过嘉陵江顺流而下到达重庆码头，川南川西的物产通过长江顺

> 流而下到达重庆码头，大量物资、人员都在重庆汇合，开展交易。那么，为什么偏偏要走水路呢？在古代的中国，水路交通常被认为是最快捷、最经济、最便利的交通方式，所以古代的水路，就是当时商人们的"高速公路"。重庆主要码头（渝中区）位于山脚下，考虑到商业便利带来的巨大利益，人们开始在港口周边修建居住和商业建筑，由此形成了"山城"重庆。

人类最早的交通方式是步行。东汉古籍《释名》中"道者，蹈也；路者，露也"，意为道路是经过人们踩踏而成的。考古发现，公元前4000年，人类开始尝试将驯化后的动物作为交通工具或交通动力使用。公元前3500年，人类发明了世界上第一个车轮。公元前2250年，夏王朝奚仲发明了马车，解决了落后的交通问题，促进了道路设施的发展。公元前221年，秦始皇统一六国后，在"车同轨"的法令下，出现了道路标准化的雏形"道同距"，建设了著名的古代高速公路"秦直道"。后历经发展，形成了"条条大路通长安"的唐都长安街坊制道路网、"元有天下，薄海内外，人迹所及，皆置驿传"的元大都驿道交通网络等典范。

2. 近代交通

1776年，英国著名发明家詹姆斯·瓦特吸收前人的成果对蒸汽机进行改良，推动了第一次工业革命进入到一个崭新的发展阶段，世界交通进入了"蒸汽时代"。19世纪60年代，第二次工业革命来临，伴随内燃机和电力作为动力能源的出现，陆路、水路、空中交通全面进入了"机械时代"，同时也拉开了"电气时代"的序幕。

3. 现代交通

从20世纪40年代开始，以原子能技术、航天技术、电子计算机技术为代表的新科学技术革命，被称为"第三次科技革命"。交通工具随着科技的发展不断演进，其功能要求不只是满足于传统的速度、载重量、舒适度、安全性等，正在朝向个性化、智慧化等方向发展。交通工具的电动化为智慧化所需的电力消耗提供了稳定来源，推动了其智慧化的集成。以飞行器、船舶、列车、汽车自动驾驶为代表的智慧化交通工具正在效率、安全、舒适等方面深刻影响人们的交通出行。智慧化成为现代交通最显著的标志之一。

第二节 交通问题及其出路

孙中山先生曾经说过"交通为实业之母"。改革开放40多年来,我国交通基础设施取得了举世瞩目的辉煌成就。青藏铁路、港珠澳大桥、北京大兴机场等超高难度工程成为国家名片。经过长期投资建设,目前我国已基本形成综合立体交通网络,为交通运输的高质量发展奠定了设施基础。但如何基于一流设施打造一流技术、一流管理、一流服务,使得这些设施有条不紊地运行起来,是值得深思的问题。尤其是伴随城镇化进程的加速,机动车保有量激增,交通拥堵、交通事故等频发,交通问题的根源极其复杂,解决这些问题需要从城市巨系统的宏观视角出发。交通问题存在的本质就是人、车、路之间的时空供需不匹配,解决这一矛盾主要有以下三个基本方法。

(1)增加交通供给。修建道路等交通基础设施是解决交通问题的一个途径。由于交通拥堵等问题可以通过建设足够多的交通路径来解决,所以在相当长的一段时间内,人们普遍采用增加供给的方式缓解交通拥堵。然而,一方面,道路设施的增加会进一步刺激出行者购买交通工具的欲望,因此道路建设的增长率往往低于车辆的增长率。另一方面,在既有交通参与强度下,增加道路设施并不一定能够解决或缓解拥堵问题,例如交通规划中经典的布雷斯悖论。同时,城市及区域的土地资源有限,道路建设代价高,如果仅依靠增加交通基础设施供给这一种方式,将无法实现可持续性发展。

> **专栏1-2　布雷斯悖论(Braess's Paradox)**
>
> 布雷斯(Braess)是一位德国数学家。他认为在一交通网中增加路径可能导致新网络中的均衡交通流的通行时间不降反升,得到与预期相反的结果,该观点被称为城市交通悖论。1968年,他在一篇题为《交通规划悖论》的论文里,对这个现象给出了数学证明,此悖论以他的名字命名为布雷斯悖论。
>
> 布雷斯悖论是一种针对以下情况提出的解释:通过改变路网以改善交通流量的方

式,实际上会产生相反的效果,并降低通行效率。布雷斯悖论认为,如果每个驾驶员都在做出最优的利己决定,即选择最快的路线,那么驾驶员可能会频繁地选择捷径,以尽可能缩短行程时间。布雷斯发现背后的原理是,纳什均衡可能并不等同于网络的最佳整体流。当驾驶员自行选择路径时,为网络添加额外容量在某些情况下会降低整体性能。这是因为这样一个系统的纳什均衡不一定是最优的。

(2)控制交通需求。实施交通需求管理(Transportation Demand Management,TDM)就是在满足资源(土地、能源)和环境容量限制条件下,根据出行过程所表现的时空消耗特性,以政府为主导,综合运用土地规划、经济杠杆、政策法规以及交通管理、控制和设计等手段,对交通需求总量、出行方式及时空分布进行科学的管控,从而使供需在不同的阶段和层次上达到相对平衡,保证城市交通系统的可持续发展。交通需求管理是对交通源的管理,是一种政策性管理,它通过一系列的政策措施来降低出行需求量、优化交通结构。

专栏1-3　主要的TDM策略

基于我国国情和实际交通情况,一般采用以下几类交通需求管理策略:

(1)优先发展策略。在城市道路交通的各种出行方式中,不同交通方式的道路空间占有要求、环境污染程度和能源消耗量等均有较大差异。优先发展策略就是对某些人均占地小、环境污染轻、能源消耗低的交通方式(如地面公交、轨道交通等)实行优先发展,并根据城市道路网络、能源拥有及环境控制等实际情况,制定优先发展的实施措施。

(2)限制发展策略。在已有的道路交通网络中,当总体的交通负荷达到一定水平时,交通拥挤就会加重。此时必须对部分交通工具实施限制(控制)发展,以保证整体交通水平的均衡。通常被限制的都是运输效率低、车辆状况差、污染大、能耗高的交通工具(如燃油类私家车)。

(3)禁止出行策略。在特大城市、大城市中心区域出现道路网络的总体负荷水平接近饱和或者局部超饱和时,交通管理者采取禁止某些交通工具在特定区域或特定时段内出行的管理策略（如汽车尾号限行政策）。

（4）经济杠杆策略。经济杠杆策略是通过经济手段来调整出行分布或减少某类交通的出行需求的管理措施。比如：①在交通密度较大的城市中心区域，通过收取高额停车费达到减少区域通行车辆的目的，同时降低换乘费用，鼓励出行者换乘公交前往目的地（中心区）。②在适当的时候收取一定的拥堵费以减少驾车出行需求。通过对鼓励发展的车辆采取低收费，而对限制发展的车辆采取高收费等方式调整交通结构，以改善交通状况。

（3）实施智慧交通。随着社会经济和科技的快速发展，城市化水平越来越高，机动车保有量迅速增加。交通拥挤、交通事故、交通管理、环境污染、能源短缺等问题已经成为世界各国面临的共同难题。交通系统是一个复杂、庞大的体系，交通拥堵本质上为交通供给与交通需求在时间和空间上的不匹配。因此，单独从供给或需求方面考虑都是片面的，不足以经济且高效地解决交通拥挤和交通安全问题。在此背景下，把交通基础设施、交通运载工具和交通参与者综合起来系统考虑，充分利用信息采集、数据通信传输、电子传感、卫星导航定位、自动控制、计算机等技术，使人、车、路之间的相互作用关系以新的方式呈现出来，将人、车、路、环境等对象的需求与供给以信息对称的形式有机结合起来，以挖掘交通设施潜力实现时空均衡成为解决交通问题的新手段——智慧交通应运而生。

第三节 智慧交通的发展

1. 数字交通

21世纪，信息技术进入数字化时代，交通运输信息化也由信息技术初级应用阶段迈向"数字交通"应用阶段。"数字交通"是"数字中国"的重要组成部分，是21世纪交通运输信息化的必然发展趋势，是实现智能型交通的重要实施阶段，是"十一五"交通运输信息化建设重点。"数字交通"是"数字铁路""数字公路""数字水运""数字港口"

"数字民航"的统一体,是"数字城市""数字国家""数字社会"的重要组成部分,其包括两大基本结构:一是针对交通运输信息的地理空间性、广泛性、社会性以及动态性的特点,将交通运输领域的海量多维时空数据进行整合,在此基础上按地球坐标及定位系统进行组织与建设而成的交通空间信息基础设施;二是以"数字地球"思想和技术为依托,以因特网和其他通信方式为通信平台,以全球导航卫星系统(GNSS)和地理信息系统(GIS)为技术平台,由计算机集成、融合和管理组成的交通空间技术系统。它能为交通管理部门、交通运输企业和个体用户提供信息服务,使传统的交通运输行业向以信息资源为基础的智能化新型交通运输业发展。

2. 智能交通

针对如何高效治理交通问题,美国于20世纪60年代开始了电子路径诱导系统(Electronic Route Guidance System,ERGS)的研究,这标志着智能交通系统的起源。20世纪80年代,美国加利福尼亚州交通部门成功研制出PATHFINDER系统,加速了智能交通系统的发展。此后,美国在全国展开了智能车辆道路系统(Intelligent Vehicle-Highway System,IVHS)方面的研究,1994年智能车辆道路系统正式更名为智能交通系统(Intelligent Traffic System,ITS)并于当年举办第一届智能交通世界大会,ITS作为统一术语在世界各国广泛应用。

中国的ITS研究和实施起步相对较晚,20世纪90年代中期后进入实质研究阶段,成立了国家智能交通系统工程研究中心,开展了"智能交通系统发展战略研究"等课题,明确了"ITS体系框架""ITS标准体系及关键标准"。目前,对于智能交通系统的定义,普遍认为是将先进的信息技术、通信技术、传感技术、卫星导航定位、自动控制技术、计算机处理技术等多种先进技术应用在交通运输管理系统中,使人、车、路更有效地协同,以减少交通拥堵、提高运输效率、保障交通安全、降低能耗等,是一种实时、准确、高效的综合运输管理系统。智能交通系统将人、车、路三者综合起来考虑,从而使人、车、路密切配合,达到和谐统一,发挥协同效应,极大地提高了交通运输效率,保障了交通安全,改善了交通运输环境,提高了能源利用效率。智能交通系统中的"人"是指一切与交通运输系统有关的人,包括交通管理者、操作者和参与者;"车"包括各种运输方式的运载工具;"路"包括各种运输方式的道路及航线。"智能"是智能交通系统区别于传统交通运输系统的最根本特征。

3. 感知交通

物联网技术应用到交通领域，产生了感知交通的概念。感知交通就是传统智能交通的升级，与传统智能交通相比，感知交通的重点在于信息的全方位采集以及互联，其对信息资源的开发利用强度更大，对信息的采集精度更高、覆盖度更广，以实现更为全面的互联互通和更深入的智能化。

4. 智慧交通

2008年，国际商业机器公司IBM提出"智慧地球"的概念，智慧城市建设应运而生。智慧城市包括智慧交通、智慧安防、智慧能源、智慧医疗、智慧教育等部分。2009年，IBM提出了智慧交通的理念，智慧交通是在智能交通的基础上，融入物联网、云计算、大数据、移动互联等高新信息技术，使用数据模型、数据挖掘等数据处理技术，通过高新技术汇集交通信息，提供实时交通数据下的交通信息服务。智慧交通是智慧城市的基础组成部分，是智能交通系统的升级。近年来，随着信息及智能化技术的快速发展，新一代感知技术、人工智能技术、通信技术、移动互联服务、能源管理、车路协同、智能网联汽车技术等在交通领域的应用越来越多，交通已进入智慧时代。新技术、新理念和新模式正在颠覆以往的交通体系，新技术推动了智能交通系统在感知、存储、共享、交互以及综合服务等方面的全面升级，智能交通系统的内涵、体系、内容都发生了重大变革。

城市管理水平决定着人民生活的幸福感，交通被称为城市的血脉。党和国家高度重视城市管理，习近平总书记指出"城市管理应该像绣花一样精细"[1]，尤其在交通体系优化方面指出"要把解决交通拥堵问题放在城市发展的重要位置，加速形成安全、便捷、高效、绿色、经济的综合交通体系"[2]。2014年交通运输部提出加快推进"四个交通"发展，"四个交通"即综合交通、智慧交通、绿色交通、平安交通，是交通运输部综合分析形势任务，立足于交通运输发展的阶段性特征，更好地实现交通运输科学发展，服务好"两个百年目标"，由交通运输部党组研究提出的当前和今后一个时期的战略任务，其中着重指出"智慧交通是关键"。2020年，智慧交通全面推进，主要强调以人为中心的"人车路"体系的全面智慧化，核心内容由"交通管理"向"出行服务"转变。智慧交通

---

[1] "城市管理应该像绣花一样精细"（总书记的人民情怀），《人民日报》2023年06月21日。
[2] 习近平在北京考察工作时强调 立足优势 深化改革 勇于开拓 在建设首善之区上不断取得新成绩，《人民日报》2014年02月27日。

和智能交通都是电子信息技术、传感技术、通信技术等多种技术在交通领域中的应用，但智能交通主要侧重于各类交通应用的信息化，是一种被动式的管理体系；智慧交通的核心则是体现"智慧"的理念，就像是给交通系统装上人类的大脑，试图让交通设施、交通工具或者交通服务更多地具有类似于人的思维，能主动进行判断并做出决策。在智慧交通中融入物联网、云计算、大数据、人工智能等新一代技术，通过深度数据挖掘，建立大量的数据模型，基于实时交通数据提供实时的交通信息服务，强调人、车、路信息的交互性、实时性。交通信息化、智能化、智慧化的区别如图1-1所示，中国交通信息化相关概念演变过程如图1-2所示。

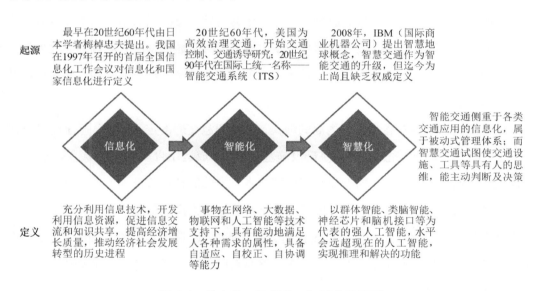

图 1-1　信息化、智能化、智慧化的区别

图 1-2　中国交通信息化相关概念演变过程

第四节　智慧交通的内涵

电子信息技术的发展、"数据为王"时代的到来，为智慧交通发展带来了重大的变革

和机遇。物联网、云计算、大数据、移动互联等技术在交通领域的发展和应用，不仅给智慧交通注入新的技术内涵，也对智慧交通系统的发展和理念产生巨大影响。按照交通工程学基本理论，交通工程研究的基本对象是人、车、路及环境。然而，随着信息时代的到来，信息在交通系统中发挥的作用日益增强，上述四个对象通过信息这一载体形成了更加紧密的有机体。因此，可考虑在传统交通工程四个基本研究对象基础上加入"信息"，以拓展交通工程的理论内涵，支撑智慧交通（Smart Transportation）及其相关概念的梳理提炼。

关于智慧交通，迄今为止并没有权威的定义。智慧交通的前身是智能交通（Intelligent Transport System，ITS）。智慧交通是在智能交通的基础上更深层次地融入了云计算、物联网、大数据、移动互联等新一代信息技术，提供实时交通信息服务。智慧交通大量使用了数据模型、数据挖掘等数据处理技术，实现了交通的系统性、实时性、交互性以及广泛性等功能。

综合国内外学界对智慧交通内涵的释义，总结智慧交通的定义如下：基于智慧城市的框架，在比较完善、先进的交通基础设施基础上，集成运用自动化信息传感采集技术、高速低时延通信传输技术、精准化数据处理技术、多维信息发布技术等各种有效技术形成物联网，通过云计算、大数据等信息处理技术统筹各方交通信息，提供交通信息以合理优化出行者的交通方式-路径、有效管理交通基础设施、高效运营物流服务系统，并在此基础上主动提供交通决策，调控人、车、路要素以匹配交通资源时空供给与需求，支撑交通的可持续发展。

智慧交通是以智能交通系统为基础的更先进的交通模式。智慧交通就是通过整合各个独立的智能系统，把零散的数据集中起来实现各个系统间的流程和业务对接；协同各种交通感知方式，全面应用智能分析技术，对交通事件进行实时分析、预警和决策响应，以达到交通信息融合和深度应用。智能交通系统重在以全局视角发现交通运行中存在的问题，在交通管理者或交通参与者做出决策后可实现远程方案实施，即智能交通系统发挥了决策者的眼睛（识别感知）和手脚（实施执行）的功能；智慧交通基于智慧城市采集的多维数据（不局限于交通领域），在一个更高层次识别交通对社会经济的影响，在自动感知和执行的基础上，以辅助或自动决策为重点对交通决策者提出交通改善建议，并可仿真演化措施实施的效果，即智慧交通更多的是在发挥决策者大脑（决策支持）的功能。

智慧交通的技术特征为：

（1）全面感知。智慧交通在智慧城市框架下，不仅涉及交通运输的所有业务、人员、设施、装备、企业，同时与影响交通决策的上游数据和发挥支撑作用的下游产业实现数据共享，因此其应用物联网、云平台等数据感知与获取手段，实现对出行者、车辆、道路设施（桥梁、隧道等）、交通状态、气象环境信息、机电设备状态等全要素感知，并通过多种接入方式将感知信息传输至交通通信网络。

（2）泛在互联。智慧交通建立完善的视频监控网、光纤通信网、移动通信网与车载自组网等感知网络，实现各种异构网络的互联互通。

（3）协同控制。智慧交通通过出行者、智能车载单元和智能路侧单元之间的实时、高效和双向数据信息交互，为交通参与者提供实时、可靠的全时空交通信息，同时结合车辆主动安全控制和道路协同控制技术，能够提升交通安全水平，提高通行效率，实现人、车、路、环境的有效协同。

（4）深度融合。智慧交通整合静态、动态基础信息资源，搭建基于云计算的交通综合协同管理平台和交通综合信息服务平台，强化信息数据之间的融合，实现海量数据处理、智能数据分析，优化、调整业务内容和流程，加强业务和系统之间的融合；协调、整合各交通系统部门间的工作内容，实现部门间资源和业务的融合与协作；提升信息资源的深度开发与综合利用水平，创新应用和服务模式，实现应用和需求之间的融合；促进信息技术与交通控制、交通信息服务的深度融合，提高交通管理的决策水平。

（5）精准服务。智慧交通实时、科学地对相关数据进行分析和建模，做出精准预测预判，借助完善的交通信息传输网络，通过多元化的服务渠道，将预测、预判和辅助决策信息主动、精准、及时地传递给相应的交通服务对象或交通信息发布平台，实现主动服务，从而提升交通服务对象的获得感。

第五节　典型国家的智慧交通发展概况

国外的交通系统智能化研究于 20 世纪 60 年代起步，到 20 世纪 90 年代时，美国、日本以及欧洲等发达国家和地区已取得了多项科研成果。我国智慧交通研究起步较晚，

20世纪90年代中期开始研究智慧交通体系的相关技术，经过近30年发展和积累，现已取得了很大进步，部分研究成果处于世界领先水平。

一、美国

美国于20世纪60年代开始进行智能交通系统的先驱性研究，即电子路径诱导系统（ERGS），成为智能交通系统（ITS）最早起源。美国在全国开展了智能化车辆-道路系统方面的研究，并于20世纪90年代初期成立智能车辆道路协会（IVHS America）。1994年，IVHS America正式更名为ITS America，并在法国巴黎举办第一届智能交通世界大会（ITS World Congress），自此，ITS作为统一术语在世界各国得到认可和应用，并经历了IVHS、ITS-1、ITS-2等研发阶段。ITS-2确定了出行和运输管理系统（Travel and Traffic Management System，TTMS）、公共交通运输管理系统（Public Transportation Management System，PTMS）、电子收费系统（Electronic Toll Collection，ETC）、商业车辆运营系统（Commercial Vehicle Operations System，CVOS）、应急管理系统（Emergency Management System，EMS）、先进的车辆安全系统（Advanced Vehicle Safety System，AVSS）、信息管理系统（Information Management System，IMS）、养护和施工管理系统（Maintenance and Construction Management System，MCMS）8大研发领域。

2014年，美国运输部与美国智能交通系统联合项目办公室发布了《智能交通系统战略规划2015—2019》。该规划确定了一个愿景——"改变社会运行的方式"，描述了两个战略重点，即"实现汽车的互联技术""推动车辆自动化"。2017年，美国交通研究中心建立智能交通研究测试中心，用于研究无人驾驶与车联网技术。

近年来，美国智能交通发展重点转向了研发无人驾驶汽车、构建车联网应用框架以及发展绿色智能交通。为了引导和促进智能网联汽车产业发展，美国政府还推出了一系列战略规划，以及加快自动驾驶测试和应用的措施。2020年，美国发布了《确保美国自动驾驶汽车技术的领导地位：自动驾驶汽车4.0》（Ensuring American Leadership in Automated Vehicle Technologies：Automated Vehicles 4.0，AV4.0），总结了美国38个联邦部门和独立机构在自动驾驶汽车领域的工作情况，提出了相关机构要协调全国研究资源、促进有效市场、提高投资效率，确保美国的领先地位。该文件为解决联邦政府与各州以及各州之间管理制度方面的冲突提供了指导，明确了未来重点工作：一是联邦政府将为自动驾驶发展提供系统性支持，如将自动驾驶列为政府研发预算优先事项；二是推动自动驾驶与先进制造、人工智能与机器学习、网联汽车等相关行业合作；三是加快自动驾驶测试和部署，支持自动驾驶商业落地。同年，美国发布了《智能交通系统战略规划 2020—2025》（Intelligent Transportation Systems Joint Program Office Strategic Plan 2020—2025），提出了新型和智能技术、网络安全、数据访问和交换、自动驾驶、完整出行、加速 ITS 部署六大规划领域，以打造一套系统化、完整的出行服务体系。为了给自动驾驶发展保驾护航，美国 30 多个州颁布了自动驾驶相关法律和行政命令。2021 年，美国加利福尼亚州机动车辆管理局向百度颁发了开放道路全无人驾驶测试许可。

二、日本

日本是全球城市人口密度较高的国家。为应对交通拥堵问题，日本在 20 世纪 70 年代就开始了智能交通的研究，是全球最早开始研究智能交通的国家之一。1973 年，以日本通产省为主开发的汽车综合控制系统（Comprehensive Automobile Control System，CACS）是一套车载交互式路线引导显示系统，可在显示屏上为驾驶员提供道路交通拥堵的情况及诱导信息。随后研制了电子路径诱导系统，被认为是日本最早的智能交通系统项目。

1994 年，日本成立了由通产省、运输省、邮电省、建设省和警察厅参与的道路交通车辆智能化促进协会（Vehicle Road and Traffic Intelligent Society，VERTIS），以推动智能交通系统的开发和研究，并支持智能交通系统相关标准化活动；1995 年，制定了《公路、交通、车辆领域的信息化实施方针》；1996 年，制定了《日本智能交通系统结构》，确定了智能交通系统的开发领域；1998 年，车辆信息与通信系统（Vehicle Information and Communication System，VICS）从关东地区经中部地区发展到关西地区；2000 年，日本全国各个地区均已应用 VICS，同年，电子不停车收费系统（Electronic Toll Collection，ETC）计划也开始实施；2003 年，信息技术与道路交通结合的智能公路开始出现；2006 年，日本发布《智能交通系统手册（2006）》，将建设智能交通系统提升到国家战略高度。

为进一步降低交通事故的发生率以及解决少子化、老龄化社会带来的驾驶员不足、高龄者出行不便等社会问题，日本政府开始着力发展自动驾驶技术。与此同时，日本也非常重视自动驾驶与智能交通、智能社会的协同，并且在面向自动驾驶的道路环境改造、技术研发升级以及社会试点试验等方面，出台了一系列的支持政策与具体措施。2017年，在高速公路和偏远区域进行自动驾驶汽车测试，加快智能交通系统的建设和完善。针对自动驾驶，为了确保 L3、L4 级自动驾驶技术的安全推广，日本政府在 2019 年发布了《道路运输车辆法》修正案，追加了有关自动驾驶车载装置的安全标准。从 2023 年 4 月 1 日开始，日本《道路交通法》修正案正式生效，允许 L4 级自动驾驶车辆在日本公路上行驶。日本政府计划到 2025 年在全国约 50 个地方开启自动驾驶车辆运行服务，以应对少子老龄化以及部分地区人口稀少问题。

三、欧盟

欧盟成员国众多，且经济社会发展水平各异，其智能交通发展主要依赖于各成员国间的协作。

1996 年，欧盟通过了《跨欧交通网络（TEN-T）开发指南》（Trans-European Transport Networks），标志着欧盟开始采取措施致力于通过交通信息化促进社会发展。该指南明确了智能交通能够提高道路交通效率、改善安全状况和实现交通可持续发展的作用。此后欧盟制定和发布了一系列关于发展智能交通的行动计划，其中涉及基础设施的投资建设计划、技术研发计划、管理运营计划，以及相关法律法规的制定与落实。智能交通系统已经在欧盟各国的交通系统中发挥着重要的作用。

近年来，欧盟通过发布各种"路线图"等方式，加速智能交通与智能网联汽车的协同。2019 年，欧洲道路交通研究咨询委员会发布了《网联式自动驾驶路线图》（Connected Automated Driving Roadmap），突出智能化与网联化的协同，强调车辆与基础设施之间的互联互通。欧盟重点聚焦自动驾驶技术，规划到 2025 年实现 L4 级自动驾驶车辆的运营，2030 年后实现完全自动驾驶。欧盟还针对乘用车、货车、城市出行服务车辆三个不同的细分领域分别制定了具体的路线图，以此来引导行业发展。欧盟运输研究和创新议程（Strategic Transport Research and Innovation Agenda，STRIA）发布了《协作、网联和自动化交通》（Cooperative，Connected and Automated Transport）、《智慧出行与服务》（Smart Mobility and Services）等路线图，支持在整个欧洲建立更加一体化和高效的交通系统，推动在交通运输系统中更好地利用各类创新技术。

四、中国

20 世纪 70 年代末，北京、上海等大城市开始研究并开发交通信号控制系统。20 世纪 80 年代，我国高速公路开始使用收费系统；20 世纪 80 年代后期，逐步开始智能交通系统基础性的研究和开发工作；20 世纪 90 年代中期，引入国外先进交通技术，在其基础上进行创新研究。1998 年，在国家质量技术监督局的指导下，交通部正式成立 ISO/TC204 中国秘书处，代表中国参加国际智能交通系统标准化活动。1999 年，交通部公路科学研究所正式成立国家智能交通系统工程技术研究中心，并建立中心实验室作为我国发展智能交通系统的规划机构。同年，科技部确定在国家"九五"科技攻关项目中增加智能交通系统内容，就中国智能交通系统的体系框架开展研究工作。进入 21 世纪以来，科技部相继组织开展国家"十五"科技攻关"智能交通系统关键技术研究和示范工程"课题；2011—2014 年开展"863"计划项目"智能车路协同关键技术研究"。概括地讲，在科技部、国家 ITS 协调指导小组等的领导下，我国智慧交通发展大体经历了以下几个阶段：

1996—2000 年"九五"期间是起步学习阶段。这一时期，我国处于国家智能交通体系框架和标准研究的层面，示范或开工建设的项目不多，主要构建了中国智能交通体系框架和标准体系，初步形成了智能交通的理念和基本认识。一方面，国家组织专家学者和行业人士参加智能交通世界大会，学习先进的技术和经验；另一方面，科技部于 20 世纪 90 年代末期立项支持中国智能交通技术体系框架研究、中国智能交通体系标准框架体系研究等软课题，奠定了我国智能交通发展的重要基础。

2001—2005 年"十五"期间是培育建设阶段。这一时期，国家科技攻关计划设立了 12 个科技项目专门支持智能交通关键技术研究；选择了北京、天津、上海等 12 个城市进行智能交通示范应用建设；在智能化交通管理、公共信息平台、智能化公交等方面进行了一系列建设项目。其间，建设重点是交通信息采集、交通信号控制、交通视频监控、交通诱导（包括道路交通诱导和停车诱导）、智能公交（主要是公交调度和公交信号优先）、综合交通信息平台和服务。这些示范工程的实施也推动了企业在技术攻关、产品研发、市场化的发展，部分智能交通系统得以广泛应用。由此阶段开始，中国智能交通发展进入实质性建设和应用实践阶段。

2006—2010年"十一五"期间是基础应用阶段。智能交通项目列入国家高技术研究发展计划和科技支撑计划，加强了基础研究，并通过重大活动集成示范智能交通技术和产品，取得了很好的效果。这一时期，示范项目中应用了部分智能交通发展的主流技术，如北京奥运智能交通管理与服务综合系统示范项目中，全国首次规模化应用交通高清监测技术提供个性化实时交通信息服务；上海世博智能交通技术综合集成系统示范项目中，应用了包含基于手机移动技术采集的动态交通信息服务、基于视频或激光技术的世博场馆客流监测系统等。"智慧地球"概念提出后，作为智慧城市的重要组成部分，智慧交通的概念也随之被提出，并得到我国极大关注。

2011—2015年"十二五"期间是综合发展阶段。我国通过关键技术规模应用和管理创新，提升了智能交通产业的核心竞争力和综合优势。在这一阶段，我国智能交通进入了全面推进和提升时期。2012年，我国成立智慧城市创建工作领导小组，由此拉开了智慧交通建设的序幕，交通运输体系迈出了由智能化向智慧化发展的具有里程碑意义的一步。

从2016年开始，我国的智慧交通发展进入到提质升级、创新引领新阶段。随着国家科技体制的改革和新一代信息技术的发展，智能交通也进入了多行业协同、以新技术来推动升级发展的阶段，朝向智慧交通的领域迈进。其关键目标和任务是基于智慧城市的跨界多业务场景需求，通过跨界融合、系统重构、商业模式服务创新、智能物流、智能驾驶和智慧城市建设来引领智慧交通的技术创新和产业转型升级。

目前，我国已建设的智慧交通子系统包括先进的车辆控制系统，先进的交通管理系统，先进的公共交通系统，出行者信息服务系统，安全和紧急事件应急系统，电子收费系统，其他系统（民航智能交通系统、铁路智能交通系统、水路智能交通系统）。

专栏1-4　我国智慧交通典型成就

经过近30年发展，我国智慧交通相关技术体系基本形成了国家智慧交通研究创新基础，建设了一系列具有国际广泛影响的示范工程；科技创新推动我国智慧交通实现了从全面跟踪向跟跑、并跑并存的历史性转变。其中典型成果如下：

智慧高速建设卓有成效。我国高速公路信息化水平呈现提速态势，以高速公路电子不停车收费系统（ETC）为例，2015年我国实现了29个省（自治区、直辖市）ETC联网运行，形成世界上最大的ETC收费网络；2019年开展取消高速公路省界收费站工作，在全国高速公路网建设了2.5万套ETC门架系统，提升了高速公路运行感知服务能力，进而为推动车路协同、高精准信息服务等创新应用提供了有力的基础条件支撑。

智慧公交效应逐步显现。城市公交智慧化应用持续推进，运营管理水平和乘客服务能力得到有效提升。基于公交车辆卫星定位数据、刷卡数据、运营调度数据、车辆驾驶行为数据、道路交通运行数据、社会资源数据等多源大数据，开展公交运行监测、指挥调度、乘客信息服务，为公交运营组织、客流分析和线网优化提供支撑。

MaaS（Mobility as a Service，出行即服务）一体化出行服务崭露头角。近年来，为出行者提供动态路径导航和预计行程时间服务，已成为我国智慧交通发展提升公众获得感的重要标志性应用。MaaS将大幅提升公众出行的便利性，极大地改善用户出行体验。

智能网联汽车技术和自动驾驶技术方兴未艾。智能网联汽车和自动驾驶成为热点领域。国内已经建立一批智能网联汽车测试区以及包括封闭测试区、半开放道路和开放道路构成的三级智能网联汽车外场测试验证体系，对于推动智能网联汽车测试示范和商业化落地具有重要意义。

第六节 我国智慧交通发展政策环境及趋势

一、政策环境

我国拥有世界上最丰富的智慧交通应用场景，智慧交通产业也有望发展成为我国新的经济增长点。为加快建设"交通强国"，近年来我国密集出台相关政策，助力智慧交通建设，主要政策如下：

2014 年，交通运输部明确提出全面深化改革，集中力量加快推进综合交通、智慧交通、绿色交通、平安交通的发展，简称"四个交通"。其中，综合交通是核心、智慧交通是关键、绿色交通是引领、平安交通是基础，"四个交通"相互关联、相辅相成，共同构成了推进交通运输现代化发展的有机体系。

2019 年，中共中央、国务院印发的《交通强国建设纲要》（简称《纲要》）提出到 2035 年，基本建成交通强国；科技创新富有活力、智慧引领；大力发展智慧交通；推动大数据、互联网、人工智能、区块链、超级计算等新技术与交通行业深度融合。推进数据资源赋能交通发展，加快交通基础设施网、运输服务网、能源网与信息网络融合发展，构建泛在先进的交通信息基础设施。构建综合交通大数据中心体系，深化交通公共服务和电子政务发展。推进北斗卫星导航系统应用。《纲要》首次以中共中央、国务院的名义进行印发，这是党中央立足国情、着眼全局、面向未来做出的重大战略决策，对智慧交通行业的发展给予了肯定、鼓励与支持。

2020 年，交通运输部发布《关于推动交通运输领域新型基础设施建设的指导意见》，提出以数字化、网络化、智能化为主线，推动交通基础设施数字转型、智能升级；2021 年，交通运输部发布《数字交通"十四五"发展规划》，提出建设"一脑、五网、两体系"的数字交通发展格局；同年国务院印发《"十四五"现代综合交通运输体系发展规划》，加快智能技术在交通领域深度推广应用成为"十四五"期间发展重点；2022 年，交通运输部、科技部联合发布《交通领域科技创新中长期发展规划纲要（2021—2035 年）》，提出大力推动深度融合的智慧交通建设的任务。

在近年来智慧交通的各项布局中，智能汽车及自动驾驶的发展成为热点。其中，2020 年，国家发展和改革委等 11 部委联合发布《智能汽车创新发展战略》，提出坚持电动化、网联化、智能化发展方向，以融合创新为重点，推动我国新能源汽车产业高质量可持续发展，加快建设汽车强国；同年，交通运输部印发了《关于促进道路交通自动驾驶技术发展和应用的指导意见》，对自动驾驶方面的基础性、关键性标准以及国家级自动驾驶测试基地、先导应用示范工程进行了布局；2024 年，工业和信息化部等 5 部委发布《关于开展智能网联汽车"车路云一体化"应用试点工作的通知》，对智能网联汽车开展规模化示范应用等进行了部署，智能网联汽车将实现规模化推广。

> **专栏1-5　我国智慧交通近期建设重点**
>
> 2020年8月，交通运输部发布《关于推动交通运输领域新型基础设施建设的指导意见》（交规划发〔2020〕75号），提出了"三大领域十四项任务"，其中，在"融合高效的智慧交通基础设施"领域共包含8项建设任务。
>
> （1）智慧公路。推动先进信息技术应用，逐步提升公路基础设施规划、设计、建造、养护、运行管理等全要素、全周期数字化水平。深化高速公路电子不停车收费系统（ETC）门架应用，推动公路感知网络与基础设施同步建设，应用智能视频分析等技术，推进智慧公路示范区及智慧服务区建设。
>
> （2）智能铁路。运用信息化现代控制技术提升铁路全路网列车调度指挥和运输管理智能化水平。建设铁路智能检测设施、智能供电设施，发展智能高速动车组，提升智能建造能力。
>
> （3）智慧航道。建设航道地理信息测绘和航行水域气象、水文监测等基础设施，建设高等级航道感知网络，建设适应智能船舶的岸基设施，打造"陆海空天"一体化的水上交通安全保障体系。
>
> （4）智慧港口。引导自动化集装箱码头、堆场库场改造，鼓励港口建设数字化、模块化发展，建设港口智慧物流服务平台，建设船舶能耗与排放智能监测设施。
>
> （5）智慧民航。加快机场信息基础设施建设，鼓励应用智能化作业装备，推进内外联通的机场智能综合交通体系建设，发展新一代空管系统，推动机场和航空公司、空管、运行保障及监管等单位间的核心数据互联共享。
>
> （6）智慧邮政。推广邮政快递转运中心自动化分拣设施、机械化装卸设备。鼓励建设智能收投终端和末端服务平台，推动无人仓储建设，建设智能冷库、智能运输和快递配送等冷链基础设施，推广智能安检、智能视频监控和智能语音申诉系统，建设邮政大数据中心，开展新型寄递地址编码试点应用。
>
> （7）智慧枢纽。推进综合客运枢纽智能化升级，推动旅客联程运输服务设施建设，引导建设绿色智慧货运枢纽（物流园区）多式联运等设施，推进货运枢纽（物流园区）

智能化升级，鼓励发展综合性智能物流服务平台。

（8）新能源新材料行业应用。引导在城市群等重点高速公路服务区建设超快充、大功率电动汽车充电设施。鼓励在服务区、边坡等公路沿线合理布局光伏发电设施。鼓励高速公路服务区、港口码头和枢纽场站推进智能照明、供能和节能改造技术应用。推动船舶靠港使用岸电。鼓励船舶应用液化天然气、电能等清洁能源。推动新能源、新材料在港口和导航设施等领域应用。推动长寿命、可循环利用材料在基础设施建造、生态修复和运行维护领域应用。

二、发展趋势

（1）智慧交通成为提升综合交通效率的关键。2021年12月9日，国务院印发《"十四五"现代综合交通运输体系发展规划》，明确了未来一段时间，我国将着力打造综合交通体系。近年来，交通运输领域最突出的变化就是"融合发展、转型升级"。促进联程运输发展是各种交通运输方式融合发展的主攻方向，其组合效率提升的关键就是信息的透明化和一体化。以客运为例，以往的公共交通信息服务多为分段式、单一式的，比如城市公交和长途客运的信息是分离的。智慧交通通过打通整个出行链不同出行方式间的信息壁垒，获得各种出行方式的综合信息，实现"出行即服务"式的一体化出行信息流构建。未来随着智慧交通感知体系和数据处理体系的成熟，综合交通体系的运行效率将呈现质的提升。

（2）智慧交通助力绿色交通目标的实现。加快推进绿色循环低碳交通运输体系发展，是加快转变交通运输发展方式、推进交通运输现代化的一项艰巨而紧迫的战略任务。根据世界资源研究所的报告，交通运输行业二氧化碳量排放占二氧化碳总排放量的9%，是减排的重要发力点。随着碳达峰和碳中和目标的提出，作为主要的碳排放源之一，交通领域的低碳化发展势在必行，节能减排成为智慧交通发展的关键词。大力发展车联网，提高车辆群的运行效率；开展智能化路径诱导，减少无效交通量；构建高效化公交汽车、出租汽车、慢行交通客运系统，打造绿色出行体系等。通过上述措施可提升交通效率，减少交通碳排放。此外，通过交通大数据的应用，构建交通排放监测体系，以提升绿色交通发展能力，能够全面助力绿色交通目标的实现。

（3）大数据对于行业决策的支撑作用日趋凸显。在信息系统愈发普及的今天，数据的搜集、整理与分析尤为重要。大数据对于交通规划方案、交通改善方案的制定将发挥核心性作用。在此期间，应在重视交通感知设备采集的数据（如视频、线圈、卫星定位系统等）的同时，加大对手机信令数据、互联网社交数据等社会数据资源以及高德、百度、腾讯等商业数据的综合应用，以"乘法"视角深度挖掘数据价值，精准支撑行业决策。

（4）网联环境、智能化汽车、自动驾驶成为智慧交通发展的重点。智能网联汽车即智能化与互联互通技术的结合，使得车辆之间、车辆与基础设施之间可以实现实时无缝通信，从而提高整个交通系统的效率和安全性。基于 CAN/LIN 总线的分布式车身网络化控制技术，实现基于网络和云识别方法的车载智能人机交互、车车通信，是智慧交通下一阶段的主要发力点。在"信息随心至、万物触手及"的 5G 蓝图下，智慧交通有了 5G 通信技术的加持，将搭建广覆盖、低延时、高速率的车联网环境，为推进智能化汽车、自动驾驶技术发展提供了强有力的基础支撑。

（5）面向网络的车路协同控制和精细化控制成为研究焦点。以提升道路安全水平为目标，研究车联网状态下整个交通路网人-车-路-环境系统的全要素状态感知、基于要素协同的事故风险评估、基于大数据的事故风险主动预测与智慧研判、车联网安全信息推送与服务等技术，形成车联网环境下的道路交通主动防控技术体系。面向常态和非常态两种情形，研究人-车-路-环境协同环境下的多模式交通轨迹及运行特征提取、基于自组织和协作的车辆运行辅助控制及车队动态控制、交叉口多模式交通流多目标优化控制等核心技术，建立车道使用、信号控制、信息诱导、个体引导一体化的网络化多模式交通流主动控制系统。

（6）智慧交通标准体系趋于完善。我国智慧交通的体系框架及相关标准是基于智能交通系统（ITS）开发的，这个结构框架和标准体系在引领我国建设发展以智能交通系统为主要内容的智慧交通中发挥了重要作用。近年来，伴随智慧交通在我国的蓬勃发展和纵深应用，现有标准体系的覆盖范围、技术深度不足以支撑智慧交通高质量的发展。因此，应结合现有新技术的开发应用及智慧交通的发展趋势，立足国情，完善和丰富以"人享其行、物畅其流"为目标的结构框架和标准体系，这将是未来我国智慧交通领域发展的重要基础性工作。

第七节 智慧交通对交通传统学科理论产生的影响

交通运输类专业培养掌握运筹学、管理学、交通运输组织学等方面知识,能在交通运输管理部门、交通运输企事业单位等从事交通运输组织、管理、决策的人才,其专业基础理论包括交通工程学、交通规划原理、交通数据调查与分析、交通流理论、交通设计、交通管理与控制等。受智慧交通相关理论及技术的影响,传统交通运输学科理论将面临研究重心的调整甚至改革。

(1)对交通工程学理论的影响。交通工程学是交通工程学科研究与发展的基本理论,它把人、车、路、环境及能源等与交通有关的几个方面综合在道路交通这个统一体中进行研究,以寻求出行效率最大、交通事故最少、通行速度最快、运输费用最省、环境影响最小、能源消耗最低的交通系统规划、建设与管理方案,从而达到安全、迅速、经济、方便、舒适、节能及降低公害的目的。在传统范畴内,人、车、路、环境四个基本要素仅能实现非实时的信息传递,因此四个要素相对独立。在智慧交通环境下,信息发挥了支持四个要素实现实时互动的作用,使四个要素成为一个有机整体,会考虑其中任何一个要素在发生状态变化时其他要素的同步调整策略。在一定程度上,传统交通工程学研究的四个基本对象由人、车、路、环境转化为人-车-路-环境-信息五个要素的统一体。

(2)对交通规划原理的影响。四阶段法交通需求预测是交通规划原理的灵魂。以四阶段法中的交通分配步骤为例,其前提普遍为出行者已知出行路径的阻抗及成本。但在现实情况中,由于交通状态的时变性,出行者无法预知各时段各路径的阻抗及成本,同时其出行也会带来交通状态的改变。且因无法采集出行者的个量级出行信息,在交通分配中一般遵循 Wardrop 第一原理的用户均衡准则(User Equilibrium,UE),Wardrop 第二原理的系统最优准则(System Optimum,SO)基本仅存在理论可能。而在网联化环境下,指挥中心可获取全部出行者的出行意愿,为交通分配按系统最优实现网络配流、路径规划提供了可能。今后的交通规划应考虑网联化环境的影响。

(3)对交通数据调查与分析理论的影响。在智慧城市框架下,智慧交通自动化获取的数据源大大增加，不仅呈现交通运输本领域数据在总量、时空颗粒度上的提升，而且智慧城市数据底座提供的其他领域相关数据与交通数据形成交叉关系，拓展了分析维度，数据对交通决策的支撑关系由原来在广度上的"加法关系"逐步转化为在深度上的"乘法关系"。数字孪生模型、大数据技术的广泛应用，使交通调查从小样本、低精度、大工作量、高专业要求的现场调查中解脱出来，利用手机信令实现大样本居民出行调查、利用车检器实现断面交通流量精准获取、利用公交刷卡及移动支付数据和定位数据实现公交客流调查等，在解放人力的同时，大幅提升了交通数据的精度，进而提升决策的精准度。因此，交通数据调查与分析相关理论应结合技术的发展与时俱进，更新相应数据获取和分析方法。

（4）对交通流理论的影响。传统交通流理论研究交通流量、密度、速度之间的关系，并形成了基本图模型。在网联化自动驾驶环境下，各车辆作为交通流统一整体的一部分，车队各车辆的驾驶行为决策及规划具有透明、交互的关系，在低延时的车载自组织网络加持下，车头时距、密度分布等特性会发生本质上的变化。例如，交通流的启动波由现有的逐步向后传递的特征转向启动波速极大可能忽略传播过程的状态，即车流由"散步走"变为"齐步走"，形成类似于列车行进的紧密车队。因此，交通流理论的相关参数、基本图模型应结合智慧交通尤其是网联环境下自动驾驶技术的特点进一步完善。

（5）对交通设计理论的影响。交通设计是指为达到城市道路交通系统运能最大、效益最高、事故与公害最低的目标，对交通系统的组成要素如道路几何线形、交叉口各要素的布置、道路交通标志与标线、交通管理与信号控制、停车场、公共交通、交通环境等进行的规划性设计。传统意义上，道路线形、标志标线等服务对象是人员驾驶的车辆，是以人的视角进行设计的。由于每个人的生理特征各不相同，在进行交通设计时应考虑人员构成并进行宽容性设计。在自动驾驶环境下，道路、交通标志标线等面向的对象为车辆，车辆信息采集的传感器具有标准化基础。因此，交通设计各要素的数字化、虚拟化和标准化应得到重视和加强。

（6）对交通控制理论的影响。交通控制是依靠交通管理人员、交通信号控制设施等方式，依据交通变化特性来指挥车辆和行人的通行。在交通控制的过程中，对方案形成起到决定性作用的交通量信息一般采用集计化处理方式，未体现车辆载客量、车辆速度、步行速度等个量化特征，信息精细化程度亟待加强。车路协同环境能够全方位获取参与交通的车辆、行人个体特征，可根据各控制周期到达的车辆、行人特征进行控制方式、控制参数的精细化设计。如可采集行人过街各周期到达人员的步速，计算本周期的行人过街信号灯配时。因此，智慧交通的发展也对交通控制理论提出了迭代更新的要求。

思考题

1. 简述智慧交通的含义及特征，分析智能交通、智慧交通的异同点。
2. 简述解决交通运行中人、车、路时空供给需求不匹配问题的基本方法。
3. 为什么说智慧交通是解决交通问题的有效手段？
4. 简述我国已实施的智慧交通子系统构成。列举身边的交通问题，尝试用智慧交通的思路进行解决。
5. 智慧交通将对交通工程传统学科产生哪些影响？

第二章 Chapter 02

智慧交通框架及其规划体系

第一节 智慧交通体系框架

一、基本概念

体系框架，也称为体系结构，从系统工程的角度展示了系统中各要素的相互关系和层次结构，描述了系统间及系统内各要素之间的信息传递关系和相互依赖关系。智慧交通体系框架的内涵随着时代的发展而发生了变迁。以美国为例，早期以智能交通系统（ITS）为重点的体系框架分层次定义了为完成特定的用户服务所必须具有的逻辑功能，实现这些功能的物理实体或子系统，子系统间需要交互和传递的信息流，传递信息流所需的通信要求和标准要求等。

智慧交通功能复杂且涉及面广，包含多个子系统，各子系统的技术应用和实现功能存在较大差异，体系框架决定了子系统的构成方式和它们之间相互的关联和集成，确定了系统功能模块及模块之间的接口方式和通信协议，同时包括子系统设计的内容。体系框架为交通工程师和普通公众提供了对未来智慧交通运行模式的一般化理解；体系框架是抽象的理念，提供了人们对未来智慧交通社会的追求目标，源于现实交通系统，但又是对现实系统一定程度上的升华，它独立于技术，不受制于技术的发展。体系框架不指导具体的系统设计，也不等同于系统的设计概念和设计方案，而是从宏观层面指导智慧交通规划和建设。

概括起来，智慧交通体系框架的意义主要体现在以下方面。

（1）为智慧交通的发展提供宏观指导性和纲领性技术文件，为智慧交通的规划和建设提供顶层依据和指导，保证智慧交通体系或项目规划与设计的合理性和科学性。

（2）为实现智慧交通各应用系统的信息共享与有效整合打好基础，为智慧交通各组成部分间的互联互通以及各地区智慧交通系统的全面兼容提供保证。

（3）从根本上有效保证智慧交通体系的规范、健康、协调、可持续发展。

（4）为服务和设备制造提供一个开放的市场，从而可以提供兼容的子系统。

（5）提供一个公开的市场环境，使设备制造商能够以较小的风险提供产品。

智慧交通体系框架定义了通用、明确的系统结构，描述了系统间及系统内各要素之间的信息传递关系、相互依赖关系，为这些系统充分整合提供了依据。所以，智慧交通体系框架将为智慧交通规划提供一个基本框架，以鼓励部门间的协作，为智慧交通产品和服务的综合集成创造条件，并进一步为智慧交通后续设计和建设打下坚实的基础。智慧交通体系框架向系统涉及的人员提供了对未来智慧交通系统运行模式的一般化理解，是专业技术人员的技术指导框架和决策者的决策支持工具。在智慧交通规划过程中，往往需要依托智慧交通体系框架识别优先建设的领域和系统，智慧交通体系框架由此便成为智慧交通规划过程中的重要内容。

智慧交通体系框架从应用层面上可以分为国家体系框架、地区（区域）体系框架和智慧交通项目框架。国家体系框架从国家的高度提出了智慧交通及其相关领域的通用架构，从宏观层面说明了全国范围内智慧交通的构成及系统间的互联关系。它是一个宏观和指导性的框架，具有一般性和通用性，是制定地区框架和项目框架的依据，其他各框架必须在国家框架范围之内，以保证全国范围内智慧交通项目的兼容性。地区（区域）体系框架以地区现有和已经规划的智慧交通领域相关系统为基础，以国家框架为基本依据来进行构建。地区框架要从国家框架内选取适合地区需求的服务内容，同时根据自身特点，适当添加内容，实现个性化定制，突出地区特色。

二、我国智慧交通体系框架

2003 年，我国智能交通领域第一个体系框架《中国智能运输系统体系框架》出台，并于 2005 年进行了修订。以智能交通系统（ITS）为基本内容的体系框架构建采用了面向过程的方法，按照确定用户服务内容、建立逻辑框架、建立物理框架、明确标准化内容 4 个步骤进行，如图 2-1 所示。

图 2-1 《中国智能运输系统体系框架》明确的构建步骤

（1）确定用户服务内容。ITS 体系框架的研究首先需要明确主体，定义用户主体和服务主体，因为后续所有有关 ITS 用户服务的内容都是在这两者关系的基础上开展的。通过对政府科技主管部门负责人和 ITS 领域专家进行咨询，以咨询结果为依据，划分服务领域。然后以划分的服务领域提出用户对 ITS 的需求，针对中国交通特点和需求定义用户服务和子服务内容。

（2）建立逻辑框架。该部分主要从分析用户服务入手，确定系统应该具有的主要功能，并将功能划分为系统功能、过程、子过程几个层次；分析 ITS 的逻辑结构和各个功能之间的关系，明确功能和过程之间交互的主要信息，并以数据流的形式对交互信息进行定义。

（3）建立物理框架。从物理系统的角度按照系统、子系统、模块等层次对 ITS 系统进行结构分析；分析 ITS 物理系统之间的交互信息，并以框架流的形式对此信息进行定义；物理框架还明确了系统对系统功能的实现关系和框架流程对数据流的包含关系，从根本上反映物理框架和逻辑框架之间的关系。

（4）明确标准化内容。主要确定与 ITS 相关的技术标准、设备接口标准、各子系统之间的接口标准以及 ITS 体系框架内部连接的图表等。ITS 标准是建立在一个开放的环境基础上的，这个开放环境是用来实现交通部门提出的目标。制定相关标准，是为了在不同地区之间设置相互兼容的系统，减少后期不同地区系统整合的障碍。

我国 ITS 体系框架主要包括如下部分：用户主体、服务主体、用户服务、系统功能、逻辑框架、物理框架、ITS 标准和经济技术评价。ITS 体系框架各组成部分与服务的关系见表 2-1。

我国 ITS 体系框架各组成部分与服务的关系　　　　表 2-1

组成部分名称	作用
用户主体	明确了服务主体，谁将是被服务的对象
服务主体	明确服务的另一主体，谁将提供服务，以及它与用户主体和特定用户服务组成系统的基本运行方式
用户服务	明确系统提供的具体服务
系统功能	将服务转化成系统特定的目标
逻辑框架	服务的组织化
物理框架	明确服务的具体提供方式
ITS 标准和经济技术评价	其他经济技术因素影响评价

智慧交通系统规划方法和流程

一、智慧交通系统规划的任务、方法和步骤

智慧交通系统规划的基本任务是根据某一城市或区域社会、经济发展的需要，明确智慧交通系统的战略目标，确定开发过程的战略布局，划分政府、企业、研究单位之间的协同任务，确定系统整体框架结构，以及相应的信息组织方案，识别关键领域及重点项目，制定相应的战略措施。在规划中还需要进行详细的需求分析，以及相关的技术支持分析和各时期的项目排序。智慧交通系统规划是所属城市或区域交通规划的专项子规划，受国家和所在地区智慧交通体系框架的指导。

按照规划范围的大小，可以将智慧交通规划具体分为区域级规划和项目级规划。

1. 区域级规划

一般而言，区域级智慧交通规划可简略分为以下 4 个步骤。

提出区域"概念规划"：以智慧城市专题规划或交通总体规划专项规划的名义，将系统运行所涉及的有关部门召集在一起，包括交通系统和具有业务关系的相关部门，明确业务需求和规划目标，提出"概念规划"。

清查现有设施及体制：摸清现有智慧城市、智慧交通基础设施及运行机制，对交通业务边界进行梳理，明确智慧交通系统规划的基础条件和制约因素。

查明交通运行问题：查找交通系统在运行过程中的短板，识别问题，制定问题导向下的智慧交通系统功能规划与建设策略。

绘制信息接口图：提出思路之后，往往还要开发智慧交通体系框架，绘制信息流程图和接口图，明确相互协作的要点。制定分阶段设施计划，同时在各个部门间签订一系列协议，以确定合作方式。

2. 项目级规划

在区域级规划基础上，项目级规划和系统升级工作相对比较简单。国内主要采用的

智慧交通项目规划流程如图 2-2 所示。

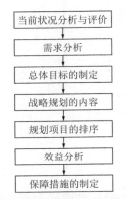

图 2-2　国内智慧交通项目规划的流程

当前状况的分析与评价：主要从区位、经济、社会、交通设施、交通运行等方面分析与智慧交通项目建设有关的数据，并以定量评价为主要手段识别存在的问题。

需求分析：分析城市及区域对智慧交通项目的需求，一般包括用户主体需求和服务主体需求两个方面。

总体目标的制定：依据上位规划、本级总体规划及智慧城市框架制定该区域智慧交通发展的战略目标。

战略规划的内容：一般是根据国家以及上层智慧交通体系框架中规定的领域，列出对应的子系统。

规划项目的排序：结合社会的发展水平、实际需求、技术与设备状态，根据阶段目标，制定近、中、远期项目的建设时序。

效益分析：从经济、社会和环境等方面分析智慧交通项目实施后获取的收益。

保障措施的制定：主要是从组织、技术、资金、政策等方面考虑如何使智慧交通项目更为有效地落地运行。

二、智慧交通系统需求分析

智慧交通系统需求分为功能需求以及目标需求，其中功能需求着重从技术内在方面分析智慧交通系统开发建设应具备的基本功能，目标需求则着重从外在驱动方面分析其应满足的各类用户使用需求。

1. 智慧交通系统建设功能需求

智慧交通系统建设功能需求分析包括交通信息集成需求分析、交通信息继承与交互需求分析、交通信息标准化需求分析、系统开放性需求分析、满足信息服务与信息资源共享的需求分析 5 个部分。

（1）交通信息集成需求分析。交通系统中的数据采集方法有多种，包括感应线圈、紧急电话、普通电话、移动电话、卫星定位及视频等，还包括获取事故、天气、施工信息及处理后的交通信息等。不同信息的来源、精度、时效性都不甚相同，作为智慧交通的基本功能之一，应该能够融合这些不同来源、不同结构的海量信息，保证信息的正确性、时效性和一致性。

（2）交通信息集成与交互需求分析。交通信息化普及应用较早，但由于不同时期、不同建设者所采用的技术方案不同，各交通信息系统相对独立，给集成化智慧交通项目带来了建设难题，想要在短期内彻底改变此类局面是不现实的。因此，应建立一种跨平台的信息交互技术和机制，使得交通信息能够进行独立交换，不依赖于目前所用的功能平台。

（3）交通信息标准化需求分析。统一的交通信息标准是信息共享的基础。交通信息的需求量取决于智慧交通系统或项目的功能要求，智慧交通系统功能越多、越完善，则需要的信息量越多。在建立、应用的初始阶段，所涉及的交通信息可以简单一些，随着智慧交通系统应用的不断深入，交通信息可随之扩展增加，因此需要统一的交通信息标准为扩展提供支撑。

（4）系统开放性需求分析。随着交通信息采集技术的进步和采集手段的多样化，智慧交通系统会接收到如图像、视频、音频、文本等不同媒体形式的交通信息，作为集成化智慧交通系统，能够支持不同媒体形式的交通信息十分重要。交通建设运行涉及多个部门，不同部门已经或正在建设各自的应用系统。一方面，为了实施和应用智慧交通系统而重新建立完全专用的信息采集系统是不科学的，应利用已经采集的信息进行集成；另一方面，智慧交通体系处理的信息也可为其他部门的工作提供服务。因此，智慧交通系统应具有开放性和透明性特征。

（5）满足信息服务与信息资源共享的需求分析。集合大数据及其相关技术，进一步驱动智慧城市的交通建设，已成为交通治理的新趋势。具体来说，智慧交通将云计算、物联网、人工智能、大数据等先进技术手段进行综合集成，建立准确、高效、实时的综合交通服务系统，致力于解决车辆、道路、出行者之间的矛盾，具有感知、分析和预测等功能，注重提高交通网络运行效率、提升交通服务水平、保障出行效率，城市交通数据平台就是这一系统的基础与保障。通过打破交通领域的信息孤岛，综合交通监控指挥系统、交通运输信息系统、交通综合信息系统等核心数据库，由云计算平台、信息资源库、数据集成汇聚平台、人工智能及辅助决策系统构成智慧交通决策中心，可实现相关信息采集、融合、处理、挖掘、发布及反馈等功能，最大限度地发挥系统整合带来的信息优势。此外，交通数据平台还可以进一步促进交通信息跨域共享，形成交通监控全链条，建设全域式智慧交通网络。

2. 智慧交通系统建设目标需求

基于智慧交通系统建设的功能需求，智慧交通系统建设的目标需求为：

（1）满足智慧城市整体建设的需求。在做智慧交通框架设计时必须认识到其是智慧城市的一个重要组成部分。交通信息资源的整合应用在为智慧交通提供支撑的同时，也为智慧城市的其他系统提供支撑，与出行有关的智慧系统都需要智慧交通基础数据的支持。因此，交通信息资源整合是智慧城市的重要且效益最明显的部分。构建交通综合信息体系，可以通过交通信息资源的整合，形成综合性的交通信息内容，不仅支撑政府的决策管理，还可以支持面向社会的交通综合信息服务。构建交通综合信息体系，有利于城市基础信息资源的开发利用，提高信息服务集约化水平。信息资源的综合开发利用，能提高信息服务的集约化水平，减少重复投资，避免无序开发。

（2）满足城市高质量决策的需求。为实现科学发展，必须依靠高质量的决策。交通既是服务城市经济发展的重要支撑，又是城市发展的骨架，其产生的数据对交通决策和社会经济发展的高质量决策发挥着重要的基础性支撑作用。因此，在智慧交通体系规划的过程中，要重视交通决策运行系统的建设，将其作为核心基础性平台纳入框架。

（3）满足交通被服务对象运行安全便捷出行的需求。在进行智慧交通系统规划过程中，必须以需求为导向，结合区域当前发展特点和未来发展规划，根据客流、物流总量规模、结构及时空分布特征，系统谋划智慧交通体系功能，发挥对当前和未来社会经济的支撑作用，建立在互联、协同高效、融合创新、开放共享的新一代智慧交通服务体系，全面提升交通治理现代化水平，促进运输企业提质增效，增强出行者对交通服务"获得感"。

（4）满足安全管理应急指挥保障的需求。相关交通管理部门的日常交通管理水平的进一步提升，有赖于信息化技术和交通数据分析的支撑。在道路等交通基础设施建设的同时，部署实施智慧交通战略，以信息化的手段促进交通与城市的协调发展，逐步实现交通管理科学化、现代化、专业化和设施运行效率最大化。为此，需要通过"管理对象数字化、管理过程数字化、管理评价数字化"的交通信息化过程，构建智慧化交通安全管理体系；同时，交通应急管理已成为城市交通管理的重要内容，及时应对突发事件并在第一时间作出反馈，对综合交通管理提出了更高的要求。没有及时性、综合性的信息，就无法协调各部门的合作和分工，无法统筹调配运力资源，无法对突发事件进行有效疏解和快速处置;没有日常交通数据的积累和分析,就无法找出突发事件可能发生的临界点,无法做出科学的预警与判断。与传统依靠人工经验和应急预案的做法相比,定量分析和专家系统不仅能预测阈值,还能辅助专业人员科学判断与处置。因此,应急体系也是智慧交通建设的重要方面。

三、智慧交通系统的功能与结构设计

参照目前国际智能交通系统的基本建设要求,根据我国交通发展的具体情况,可以从功能、层次、形式等方面设计我国智慧交通系统的结构体系。

1. 功能结构

从功能结构上看,智慧交通的结构体系主要由交通信息采集系统、交通信息传输系统、交通信息处理系统、交通信息发布系统等构成,如图2-3所示。

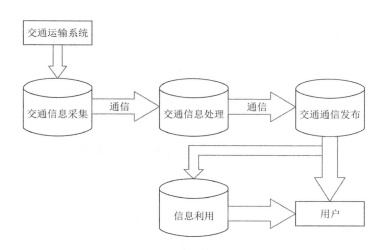

图2-3 智慧交通系统的功能构成

交通信息采集系统。通过信息化手段感知、采集交通决策所需的各种数据信息。

交通信息传输系统。通过有线或无线、公网或专网等形式,将交通信息采集系统采集的数据传输至处理中心。

交通信息处理系统。面向不同应用目的,以流体处理或批量处理模式存储、计算各种数据,形成决策结果。

交通信息发布系统。接收交通信息处理系统的结果性数据,发送至交通管理部门或出行者(如中心式或分布式诱导系统),或者直接执行决策结果(如交通信号控制系统)。

2. 层次结构

从层次结构上看，智慧交通是由若干点、线、面共同组成的一个立体网结构，其结构体系主要包括以下几个方面：

点结构，即基本结构。是参与交通行为的所有个体元素，包括人、车、路及服务设施、技术水平、管理水平等因素。

线结构，即行业结构。是参与交通的各个行业（企业）或者系统元素，如路网结构、交通信号控制、交通信息管理、公交服务水平等因素。

面结构，即城市或区域系统结构。由参与和影响某个具体城市或区域交通的各个子系统组成，基本具备智慧交通的完整结构。

立体网结构，由大空间尺度下参与和影响智慧交通的各个子系统组成，呈现跨行业、跨系统特征，是智慧交通的最高层次结构。

3. 形式结构

从形式结构上看，智慧交通的结构体系主要包括以下几个方面：

硬件设备，主要包括车辆、道路网及道路设施、交通管理设施等。

软件设备，主要是指交通管理水平和技术水平，即数字化、信息化、智能化、智慧化水平。

人力资源，主要是指从事智慧交通建设和管理的人员素质，也包括交通决策者、参与者的交通意识和素质。

第三节 智慧交通的顶层设计

一、顶层设计的概念及特点

顶层设计这一概念源自系统工程学，其字面含义是从顶端开始的总体构想，采用系统论的方法，从全局角度对某一任务或项目进行统筹规划，集中有效资源，以高效快捷的方式实现目标。即顶层设计是理念与实践之间的"蓝图"，总的特点是具有"整体的明确性""具体的可操作性"，在实践过程中能够"按图施工"，避免各自为政造成工程建设运营过程中的混乱、无序、重复。

　　智慧交通建设是集诸多现代技术和管理理念于大成的一项复杂的系统工程，必须做好顶层设计。智慧交通顶层设计概括而言是落实智慧交通发展规划而创建的智慧交通实施的总体框架，是智慧交通发展规划的延续和细化，也是智慧交通实施的前提和依据。因此顶层设计是连接智慧交通规划与智慧交通系统实施之间的桥梁。

专栏2-1　智慧交通为什么需要顶层设计

　　在当今信息瞬息万变的环境下，各项业务必须围绕一个整体性目标高效联动，即"大象必须跳舞"。智慧交通涉及面广，内部结构、流程等错综复杂，信息传递和管控链条也冗长脆弱，将难以达到"大象跳舞"的程度。

　　"大"不是"不能跳舞"的根本原因，其根本原因是业务、应用、数据、技术等领域没有紧密关联和结合起来，对用户需求无法做出快速和正确的响应。任何一个工作的开展总是需要一个蓝图和实践的导向，而智慧交通顶层设计让智慧交通建设有理可循，有图索骥。因此需应用手段将智慧交通业务、应用、数据、技术等领域融合形成一个有机整体，快速响应外部驱动、技术进步、战略调整等带来的各种变化，精确控制和协调各部分的协作，实现"大象跳舞"。这样既可拥有大象般的体量和实力，又能具有猎豹般的机警和敏捷。顶层设计使智慧交通的各领域形成一个有机整体，是这些领域的"黏合剂"，可以描述它们如何协同工作，当其中的某一领域或某一部分发生变化的时候，可以将其他受到影响的领域或部分做适应性调整。

二、顶层设计的方法

　　智慧交通的顶层设计应遵循以下原则。

　　（1）需求导向。为满足交通管理者和交通参与者的需求而确定智慧交通顶层设计的业务范围，按需进行个性化定制服务内容，充分满足各方需要，在更高视野维度发现机会与问题，制定相应策略、服务多方群体。

　　（2）蓝图指引。通过系统化地分析绘制智慧交通蓝图和目标体系，以智慧交通建设者、管理者以及服务对象的视角，体系化、形象化地描述智慧交通，罗列实现目标的关键要素和主要挑战，从而根据目标配置资源，形成各参与者分工明确的操作规程。

（3）技术前瞻。智慧交通的顶层设计应充分分析交通发展的内外部技术环境，采用先进的技术，借鉴国际先进经验，发挥后发优势，适度超前布局。

（4）方法支撑。形成一般性的方法论，以方法为支撑，以标准为约束，以组织机制为保障，分阶段实施，设计具体实施路线图，确保智慧交通规划方案能够实际落地。

智慧交通顶层设计从宏观上分为战略架构、分块架构、解决方案架构，在中观上以业务架构、应用架构、数据架构、技术架构将业务进行分块，在微观上以具体项目为标靶采用具体设计工具进行实现。智慧交通顶层设计方法与工具如图 2-4 所示。

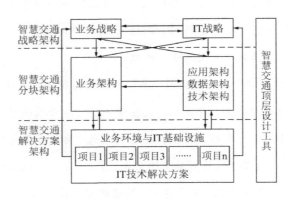

图 2-4　智慧交通顶层设计方法与工具

战略架构是对整个智慧交通未来发展方向提供蓝图或目标体系的渠道，决定着智慧交通发展框架。其目的为：①明确智慧交通未来设计方向；②探索适合、有利于智慧交通发展的战略机制。

业务架构是把业务战略转化为日常运作的渠道，业务战略决定业务架构，包括业务的运营模式、流程体系、组织结构、地域分布等内容。其目的为：①梳理智慧交通所包含的业务，描述智慧交通的现状业务架构；②基于业务原则、目标和战略驱动力，开发目标业务架构，描述服务战略和业务环境各方面特征及内涵；③分析基础业务和目标业务架构的差距；④考虑处理相关主体的利益，选择基本架构和基本开发工具。

数据架构定义了组织级数据的逻辑结构和物理结构，使数据作为一种资产，能够在各应用之间自由流动，从根本上解决信息交换和共享问题。其目的为：支持业务，以利益相关者能够理解、多方一致认同的方式来定义主要的数据类型和所需数据源。

应用架构定义了组织应该建立的信息系统，明确各系统间的关系，提供所需应用系统的蓝图。其目的为：处理数据和支持业务需要，定义应用系统的主要类型。

技术架构规划了运行业务、数据、应用架构所需要的 IT 基础设施，包括硬件、网络、中间件等，为 IT 基础设施投资、建设提供了科学规划。其目的为：①映射应用架构阶段定义的应用构件到一系列技术构件，这些技术构件表现为可从市场得到的或组织内配置在技术平台的硬件和软件；②定义架构解决方案的物理实现方案，加强技术架构与实施和迁移计划的联系；③技术架构将定义技术组合的现状和目标视图、详细的面向目标架构的路线图以及识别路线图中关键的工作单元。

解决方案架构规划了智慧交通的保障体系，包括其标准、制度、组织以及智慧交通的实施项目与实施进度。其目的为：①确定智慧交通保障体系，即智慧交通标准、制度和组织；②分阶段描述智慧交通实施项目；③对智慧交通的实施进度展开跟踪，建立概念、逻辑、物理等模型。

三、顶层设计的工作流程

在进行智慧交通顶层设计工作的过程中，主要包括以下工作流程。

（1）背景分析。顶层设计工作者应关注并分析智慧交通的总体发展环境、国内外智慧交通发展情况以及智慧交通领域热点问题。

（2）需求分析。顶层设计工作者应切实从群众、政府的视角出发，通过对服务对象及责任单位进行充分调研，明确需求、范围、目标及业务协同。在进行城市（区域）智慧交通顶层设计的初始阶段，顶层设计工作者应确定交通系统存在的主要问题，明确当前发展阶段下城市（区域）对智慧交通发展的需求，通过调查各类交通系统使用者获得城市（区域）智慧交通发展需求。同时，智慧交通顶层设计需要反映当前的社会经济总体政策和交通政策的主题，例如促进经济发展、保持环境可持续性、改善交通安全水平等。此外，顶层设计工作者应要清晰地梳理目标范围内现有的智慧交通系统和所提供的服务，包括已经开展运营的以及正在开发建设的。在智慧交通顶层设计中，顶层设计工作者应对这些已有系统必须给予充分的重视，根据现实的需求和未来的发展确定是否保留或升级这些系统，抑或在未来通过投资进行新的系统建设以改善系统能力。

（3）绘制蓝图。顶层设计工作者应根据需求分析阶段获得的结果，使用智慧交通顶层设计支持工具绘制智慧交通发展蓝图，确定技术路线，制定顶层目标架构，逐步整合演进。例如，交通管理部门已经建设了城市交通信号控制系统，那么在此基础上即可考虑增加应急管理、先进的信息服务系统等，最终形成集成化的城市智慧交通管理系统。

（4）系统架构。顶层设计工作者应使用智慧交通顶层设计支持工具，细化实现系统蓝图的系统架构，包括智慧交通系统业务架构、应用架构、技术架构、数据架构等。

（5）实施路线。顶层设计工作者应根据绘制蓝图阶段确定的技术路线，通过对智慧交通的背景分析和需求分析，制定路线方向框架，经过系统架构，因地制宜地得出有效的、具有保障性的顶层设计内容。

智慧交通顶层设计不是单独依靠某个单位、团队或个体就可以完成全部的工作，而是必须将智慧交通所涉及的各类技术人员和业务人员全部纳入考虑范畴，他们要同时掌握顶层设计所需的架构框架以及开展顶层设计的工作方法，学会使用顶层设计的支持工具，将顶层设计理论框架、工作方法与支持工具有机结合起来，如图 2-5 所示。

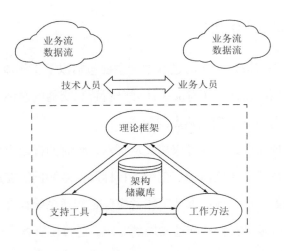

图 2-5　顶层设计的理论框架、工作方法与支持工具的关系

思考题

1. 简述智慧交通体系框架作用及构成。
2. 简述我国智慧交通体系框架开发方法。
3. 查找案例，结合案例简述智慧交通系统规划的流程。
4. 智慧交通顶层设计的有何作用？其包括哪些工作阶段？

第三章 Chapter 03

数字孪生、智慧城市与智慧交通

第一节 数字孪生技术

一、概念及特征

数字孪生（Digital Twins）的概念起源于航天军工领域，经历了"技术探索、概念提出、应用萌芽、行业渗透"四个发展阶段。数字孪生技术最早在 1969 年被美国航空航天局应用于阿波罗计划中，用于构建航天飞行器的孪生体，反映航天器在轨工作状态，辅助处置紧急事件。2003 年，密歇根大学的 Grieves 教授正式提出数字孪生概念，并强调全生命周期交互映射的特征。经历了几年概念演进发展，自 2010 年开始，数字孪生技术在各行业中呈现应用价值，美国军方基于数字孪生实现 F35 战机的数字伴飞，降低了战机维护成本和使用风险；通用电气为客机航空发动机建立孪生模型，实现实时监控和预测性维护；欧洲工业控制巨头西门子（SIEMENS AG）、达索（Dassault）、阿西布朗勃法瑞（ABB）等向工业装备企业中推广数字孪生技术，进一步促进了该技术在工业领域的实践应用。近年来，数字孪生技术在工业、城市管理领域持续渗透，并向交通运输、健康医疗等垂直行业拓展，实现机理描述、异常诊断、风险预测、决策辅助等应用价值，有望在未来成为经济社会产业数字化转型的通用技术。

数字孪生也称数字镜像、数字化映射等，是充分利用物理模型、传感器更新、运行历史等数据，集成多学科、多物理量、多尺度、多概率的仿真过程，在虚拟空间中完成映射，从而反映相对应的实体装备的全生命周期。上述定义基本道出了数字孪生的本质，如传感器更新、全生命周期映射、基于全量数据的仿真等，指出数字孪生是基于多学科技术的集成运用。数字孪生概念示意如图 3-1 所示。

数字孪生的通俗解释是通过对物理世界的人、物、事件等所有要素数字化，在网络空间再造一个与之对应的"虚拟世界"，形成物理维度上的实体世界和信息维度上的虚拟世界同生共存、虚实交融的新形态，通过为物理实体创建虚拟对象，模拟其在现实环境中的行为。数字孪生概念近年来成为热门主要是因为控制、感知、网络、大数据、人工智能等信息技术的加速突破,尤其是物联感知技术的发展,使物理世界的运行数据能够通过传感器采集反馈到数字世界,使极致可视化管理、实时仿真验证和智能控制成为可能。

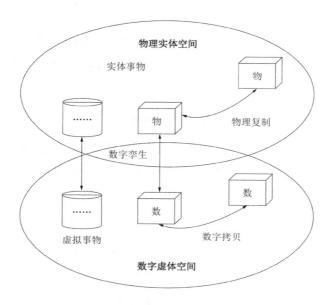

图 3-1　数字孪生概念示意图

数字孪生是一种"实践先行、概念后成"的新兴技术理念,与物联网、模型构建、仿真分析等成熟技术有非常强的关联性和延续性。数字孪生具有典型的跨技术领域、跨系统集成、跨行业融合的特点,涉及的技术范畴广。与其他数字化技术相比,数字孪生技术具有以下 4 个典型的特征。

(1)虚实映射。数字孪生技术要求在数字空间构建物理对象的数字化表示,现实世界中的物理对象和数字空间中的孪生体能够实现双向映射、数据链接和状态交互。

(2)实时同步。基于实时传感等多源数据的获取,孪生体可全面、精准、动态地反映物理对象的状态变化,包括外观、性能、位置、异常等。

(3)共生演进。在理想状态下,数字孪生所实现的映射和同步状态应覆盖孪生对象从设计、生产、运营到报废的全生命周期,孪生体应随孪生对象生命周期进程而不断演进更新。

(4)闭环优化。建立孪生体的最终目的,是通过描述物理实体内在机理,分析规律、洞察趋势,基于分析与仿真对物理世界形成优化指令或策略,实现对物理实体决策优化功能的闭环。

二、数字孪生体系

1. 数字孪生技术架构概述

数字孪生技术通过构建物理对象的数字化镜像,描述物理对象在现实世界中的变化,模拟物理对象在现实环境中的行为和影响,以实现状态监测、故障诊断、走势预测和综合优化。

为了构建数字化镜像并实现上述目标,需要物联网、建模、仿真等基础支撑技术通过平台化的架构进行融合,搭建从物理世界到数字世界的信息交互闭环。整体来看,一个构建完成的数字孪生系统应包含4个实体层级,如图3-2所示。

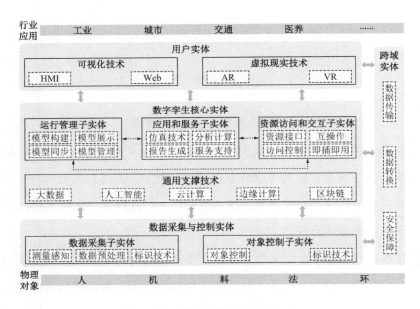

图 3-2 数字孪生技术架构

(1)数据采集与控制实体。主要涵盖感知、控制、标识等技术,承担孪生体与管理对象间上行感知数据的采集和下行控制指令的执行。

(2)核心实体。依托通用支撑技术,实现模型构建与融合、数据集成、仿真分析、系统扩展等功能,是生成孪生体并拓展应用的主要载体。

(3)用户实体。主要以可视化技术和虚拟现实技术为主,承担人机交互的职能。

(4)跨域实体。承担各实体层级之间的数据互通和安全保障职能。

2. 基础技术：感知

（1）智能化技术。智能化传感器是将传感器获取信息的基本功能与专用微处理器的信息分析、自校准、功耗管理、数据处理等功能紧密结合在一起，具备传统传感器不具备的自动校准、漂移补偿、传感单元过载防护、数采模式转换、数据存储、数据分析等能力，其能力决定了智能化传感器具备较高的精度、分辨率，稳定性及可靠性，使其在数字孪生体系中不但可以作为数据采集的端口，同时可以自动上报自身信息状态，构建感知节点的数字孪生模型。

（2）数字孪生全域标识。数字孪生全域标识是数字孪生中各物理对象及其数字孪生在信息模型平台中的唯一身份标识，能够为物理对象赋予数字"身份信息"，支撑孪生映射。数字孪生全域标识可实现数字孪生资产数据库的物体快速索引、定位及关联信息加载。

（3）多传感器融合技术。多传感器集成与融合技术通过部署多个不同类型传感器感知目标对象，在收集观测目标多个维度的数据后，对这些数据进行特征提取的变换，提取代表观测数据的特征矢量，利用聚类算法、自适应神经网络等模式识别算法将特征矢量变换成目标属性，并将各传感器关于目标的说明数据按同一目标进行分组、关联，最终利用融合算法将目标的各传感器数据进行合成，得到该目标的一致性解释与描述。

3. 关键技术：仿真

数字孪生体系中的仿真作为一种在线数字仿真技术，通过将包含确定性规律和完整机理的模型转化成软件以模拟物理世界。只要模型正确，并拥有了完整的输入信息和环境数据，就可以基本正确地反映物理世界的特性和参数，验证和确认对物理世界或问题理解的正确性和有效性。

基于数字孪生可通过模型对物理对象进行分析、预测、诊断、训练（仿真）等，并将仿真结果反馈给物理对象，从而帮助用户对物理对象进行优化和决策。因此仿真技术是创建和运行数字孪生体、保证数字孪生体与对应物理实体实现有效闭环的核心技术。

4. 关键技术：建模

数字孪生模型的建立以实现业务功能为目标，建模技术的核心竞争力体现于工具和模型库，数字孪生模型库与建模工具相辅相成。作为数字孪生技术的底座和核心，模型构建的理论、方法和相关工具及模型库的发展，都是数字孪生的核心技术，同时也是数字孪生技术应用的有效支撑。

从不同层面的建模来看,可以把模型构建分为几何模型构建、信息模型构建、机理模型构建等类型,完成不同类型的模型构建后,还需要进行模型融合,实现物理实体的统一刻画。

三、数字孪生的价值与智慧应用

1. 数字孪生的价值

自数字孪生概念被提出以来,其技术在不断地快速演化,在产业、商业、社会等方面体现出了其重要的价值,都产生了巨大的推动作用。

(1)产业价值方面,构建全产业链的数字孪生体能够促进产业向制造与服务融合发展的新型产业形态转型,即从市场需求、用户沟通、产品设计、产品制造、物流供应、维保服务等全产业链出发构建数字孪生体,使传统产业具备定制化生产能力,实现更为敏捷和柔性的商业模式;而构建产品全生命周期的数字孪生体,有助于建立产品从研发、仿真、制造到使用的闭环体系,加快产品研发和迭代升级,进一步推动产业的发展。

(2)商业价值方面,随着数字孪生技术逐渐得到各领域认可,一些科技企业已经着手研发数字孪生技术并推出相关产品。这些产品在落地应用的过程中不断升级优化,逐渐契合市场实际需求,为企业带来了可观的经济效益,同时也促进更多企业加入推动数字孪生产品商业化的队伍中;另外,企业构建产品全生命周期的数字孪生体,有助于改善产品设计、优化生产流程,实现提高产品质量、降低生产成本、提升生产效率等目标,这同样是数字孪生商业价值的重要体现。

(3)社会价值方面,数字孪生能够推动社会数字经济的发展。数字经济是继农业经济、工业经济之后,随着信息技术革命发展而产生的一种新经济形态,其核心在于数据驱动发展,构建实体经济的数字孪生体,整合并利用数据,进行模拟决策、资源配置、市场发掘等仿真与复现,在提高劳动生产率、发掘经济新增长点、实现经济可持续增长等方面发挥着重要作用。

2. 数字孪生的智慧应用

随着数字孪生技术的推广,其应用领域涉及智慧城市、数字乡村、智慧园区、工业生产、交通、水利、电力、军事、应急等全行业场景。目前，数字孪生在交通系统中已得到初步应用，通过融合物联网、大数据、BIM、人工智能、增强现实等技术，不仅让物理实体设备不再"盲聋哑"，还可实现自下而上的实时实景数据状态输出和远程自动控制。在道路交通中应用数字孪生技术，不仅可以实现物理实体的虚拟化映射，还可以配合使用多种传感器和网络通信技术，实现道路基础设施生命周期的动态监测，以及路面上交通参与者的精准还原。此外，数字孪生技术能够依据交通行为判断和预测可能存在的交通事件和事故风险，依据交通状态分析道路交通通行状况，为道路通行诊断和交通管理决策提供精确依据。数字孪生的核心在于将物理道路、基础设施和交通目标全部转化为带有特征信息的数字，从而转化成供机器自动读取和识别的语言。在该基础前提下，计算机可以获取道路和设备全生命周期状态过程，并将含有位置、速度、角度、轮廓、类型的交通参与目标直接提供给计算单元读取，自动判别目标行为。

（1）与交通仿真的区别。交通仿真作为研究交通微观和宏观行为基础性工具之一，通过搭建模型环境和运行完整的信息参数，能够反映现实世界交通状况特性。但交通仿真软件数据的精准性、匹配性和实时性都存在偏差，只能依托历史数据做分析和推测，无法和物理世界准确关联进行及时的研判分析；而在智慧交通数字孪生模型的构建过程中，系统以基础设施和多源异构物理感知的数字化为底座，通过以多种低时延的网络组合作为通道，将数据上传到具备孪生功能的计算平台进行建模重构和精确感知，从而将数字化结构化的数据应用到交通的各项业务当中，即时数据可通过边缘计算迅速实现交通行为还原和检测，并可利用大数据实现交通状态推演和自动分析预测。

（2）与视频监控的区别。区别于视频监控，数字孪生在立体多维呈现不受光线条件的影响，可以直观全面地了解实时交通状态，灵活切换观察视角，迅速查看交通事件发生情况。细致分析路网交通态势及微观车辆行为。一方面，城市管理当中依托机器自动识别读取，可以极大提高交通管理效率，识别到交通异常自动报警并评估对道路通行的影响规模。通过分析交通态势自动下发应急预案，人工只需核实事故并确认处置方案，较传统交通管理模式更为便利高效；另一方面，依托低时延网络，对微观交通行为进行预测，依据交通参与者的空间位置、速度、方向等判定碰撞可能性，并为车辆及行人提供预警。长期的精准数据分析，也可为交通管理策略、交通应急处置预案优化提供更可靠的依据。

> **专栏3-1　数字孪生—克隆我国超大型车站**
>
> 2022年11月，第二届数字孪生城市建设与产业发展高峰论坛（DTC2022）在深圳召开。其中获得"数城杯"数字孪生城市优秀方案奖的项目"克隆"了我国超大型车站—杭州东站，运用数字孪生世界"V"模型进行业务拆解，统筹推进技术融合、业务融合、数据融合，通过构建数字孪生数据底座，重点打造了"一图一库五场景"，实现一体协同、整体智治，助力大型交通枢纽实现数字化转型，稳抓交通行业数字化转型的关键契机。实现一体协同、整体智治，助力大型交通枢纽实现数字化转型。通过建设数字孪生大型综合交通枢纽智治应用，取得了数字化改革的重要突破，也为更大规模的数字孪生城市建设提供样板和经验积累。
>
> 一图：整合两张图、打通九张网，以全景视图和指标图表等形式，直观呈现运营现状、空间安全、保障力量、流量预测、任务管理等情况，既能统揽全局又能精准对焦。
>
> 一库：该专题数据库集成了铁路、公安、公交、气象、通信等多个系统，多项数据，并与城市一体化智能化公共数据平台连通，存储归集历史与实时的各类数据，通过算法算力，生成治理服务数据。通过数字孪生底座建设，接入了多个前端感知设备数据、标注了多个工作点位和多个设施设备，全部转换成为大型交通枢纽的数据资产。
>
> 五场景：以实践应用为切入点，梳理交通枢纽治理领域旅客出行一件事，形成覆盖出行安全、气象防灾、智慧防疫、消防安全、治安防控等五大场景。
>
> 通过数字孪生底座和共享数据库建设，构建了政府和企业的数据传输通道，打通了信息传输"梗阻"，丰富了数据维度。同时充分利用前端感知设备采集的全生命周期数据，推进了安全风险的即时感知、研判、预警、处置、阻断和消除的全链条管理。
>
> 通过建设大型交通枢纽智治一体化协同平台，线上提交、研究、会商、解决工作中遇到的实际问题，做到横向协调联动、纵向打通贯通，多跨协同，推动了不同部门机构、数据、队伍深度融合，实现"分散管理"向"一网统管"的转变。

第二节 智慧城市

一、智慧城市概述

智慧城市有狭义和广义两种定义。狭义上的智慧城市指的是以物联网为基础,通过物联化、互联化、智能化方式,让城市中各个功能彼此协调运作,以智慧技术高度集成、智慧产业高端发展、智慧服务高效便民为主要特征的城市发展新模式,智慧城市其本质是更加透彻的感知、更加广泛的联结、更加集中和更有深度的计算,为城市肌理植入智慧基因。广义上的智慧城市是指以"发展更科学,管理更高效,社会更和谐,生活更美好"为目标,以自上而下、有组织的信息网络体系为基础,整个城市具有较为完善的感知、认知、学习、成长、创新、决策、调控能力和行为意识的一种全新城市形态。在 IBM 于 2008 年提出"智慧地球"与"智慧城市"概念后,智慧城市成为许多国家及地区政府施政的愿景和目标。根据欧盟委员会发表的《欧盟智慧城市报告》,可以从 6 大坐标维度界定智慧城市,即智慧经济、智慧流动、智慧环境、智慧公交、智慧居住和智慧管理。简而言之,智慧城市的本质在于信息化与城市化的高度融合,是城市信息化向更高阶段发展的表现。智慧城市将成为一个城市的整体发展战略,作为经济转型、产业升级、城市提升的新引擎,实现提高民众生活幸福感、提升企业经济竞争力、维护城市可持续发展的目标。

智慧城市是新一代信息技术支撑、知识社会下一代创新(创新 2.0)环境下的城市形态,其四大基础特征体现为:全面透彻的感知、宽带泛在的互联、智能融合的应用以及以人为本的可持续创新。具体而言,智慧城市基于全面透彻的感知、宽带泛在的互联以及智能融合的应用,构建有利于科技创新涌现的制度环境与生态,实现以用户创新、开放创新、大众创新、协同创新为特征的可持续创新,实现城市与区域的可持续发展。可以说,智慧城市是以智慧的理念规划城市,以智慧的方式建设城市,以智慧的手段管理城市,用智慧的方式发展城市,从而提高城市空间的可达性,使城市更加富有活力并得到长足发展。

（1）全面透彻的感知。通过传感技术，实现对城市管理的全方面监测和感知。智慧城市利用感知设备和智能化系统，智能识别立体感知城市环境、状态、位置等信息的全方位变化，对感知数据进行融合、分析和处理，并能与业务流程智能化集成，进而主动作出响应，促进城市各关键系统和谐高效地运行。

（2）宽带泛在的互联。各类宽带有线、无线网络技术的发展为城市中物与物、人与物、人与人的全面互联、互通、互动，为城市各类随时、随地、随需应用提供了基础条件。宽带泛在网络作为智慧城市的"神经网络"，极大地增强了智慧城市作为自适应系统的信息获取、实时反馈、随时随地进行智能服务的能力。

（3）智能融合的应用。现代城市的管理需要面对多重挑战和复杂性，新一代全面感知技术的应用更是增加了海量的城市数据。基于云计算，通过智能融合技术的应用实现对海量数据的存储、计算与分析，引入综合集成方法，通过人的"智慧"参与，提升决策支持和应急指挥的能力。基于云计算平台的智慧工程将构成智慧城市的"大脑"。

（4）以人为本的可持续创新。面向知识社会的下一代创新重塑了现代科技以人为本的内涵，也重新定义了创新中用户的角色、应用的价值、协同的内涵和大众的力量。智慧城市的建设尤其注重以人为本、市民参与、社会协同的开放创新空间的塑造以及公共价值与独特价值的创造。注重从市民需求出发，强化用户的参与，汇聚公众智慧，不断推动用户创新、开放创新、大众创新、协同创新，以人为本实现经济、社会、环境的可持续发展。

二、智慧城市体系框架

相关文献提出，智慧城市包括新一代信息基础设施、智慧政府、智慧经济、智慧社会、智慧城市发展环境五大部分，如图 3-3 所示。与智慧城市密切相关的关键技术是物联网、云计算、移动互联网、大数据等新一代信息技术以及新一代地理信息系统。

（1）组成部分。

新一代信息基础设施。随着物联网、移动互联网等应用的快速发展，要求城市的网络基础设施的性能也要相应提高。新一代城市信息基础设

图 3-3 智慧城市的五大组成部分

施主要包括超大带宽的城市骨干网络和细入肌理的无线网络。超大带宽的城市骨干网络是智慧城市数据流通的大动脉,采用光纤通信技术,提供千兆乃至更高级别的网络带宽,确保数据的高速传输与处理,支撑智慧城市中高清视频监控、远程医疗、在线教育等高带宽需求应用。细入肌理的无线网络包括但不限于第五代移动通信技术(5G)、第六代无线网络技术(Wi-Fi 6)等最新无线通信技术,它们的部署旨在实现城市空间的全面覆盖,无论是繁华的商业区、偏远的社区还是流动性强的交通系统内,都能保证用户随时随地接入网络,享受高速、低延迟的网络服务。

智慧政府。目前政府机关需要处理的事务日益复杂,传统电子政务系统的智能水平已经难以满足新形势下的服务需求。随着物联网、云计算、移动互联网、第二代互联网(Web2.0)等新一代信息技术飞速发展,电子政务正由电子政府向智慧政府转变。智慧政府是指利用物联网、云计算、移动互联网、人工智能、数据挖掘、知识管理等技术,提高政府办公、监管、服务、决策的智能化水平,形成高效、敏捷、便民的新型政府。智慧政府是电子政务发展的高级阶段。与传统电子政务相比,智慧政府具有透彻感知、快速反应、主动服务、科学决策等特征。

智慧经济。智慧经济的主体是智慧企业。智慧企业是指生产经营智能化水平较高的企业,企业处于信息化发展的高级阶段。智慧企业在研发设计、生产制造、经营管理、市场营销等关键环节以及综合集成方面的智能化程度较高,商业智能系统、知识管理系统等在企业得到应用,企业仿佛拥有"数字神经系统"。与传统企业相比,智慧企业具有学习和自适应能力,能够敏锐地感知到企业内外环境变化并快速做出反应。

智慧社会。智慧社会是指高度智能化的社会。智慧社会主要包括两方面内容:一是社会事业的智能化,如智慧教育、智慧医疗、智慧学校、智慧医院等;二是市民生活的智能化,如智慧社区、智慧家居。智慧社会是社会信息化发展的高级阶段。构建智慧社会,是保障和改善民生的重要内容。

智慧城市发展环境。智慧城市发展环境主要包括三方面内容:一是与智慧城市相关的政策法规、标准规范、人才队伍等;二是与智慧城市相关的信息安全情况;三是与智慧城市相关的新一代信息通信技术产业发展情况。智慧城市发展环境的好坏,直接影响智慧城市建设的进度和质量。因此,应理顺智慧城市建设的体制机制,构建良好的发展环境。

（2）关键技术。

如图3-4所示，建设智慧城市主要涉及六大关键技术，分别为物联网、云计算、移动互联网、大数据、空间信息技术和人工智能。在智慧城市中，物联网采集数据，云计算处理数据、移动互联网传输数据，大数据挖掘数据，空间信息技术可视化数据，人工智能分析与预测数据。物联网、云计算、移动互联网、大数据、空间信息技术和人工智能的集成应用将推动城市信息化模式创新。

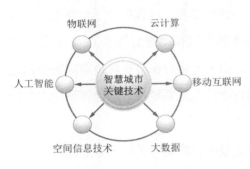

图3-4　智慧城市的六大关键技术

物联网技术。物联网（Internet of Things，IoT）是指通过信息传感器、射频识别技术、全球定位系统、红外感应器、激光扫描器等各种装置与技术，实时采集需要监控、连接、互动的物体或过程，采集其声、光、热、电、力学、化学、生物、位置等信息，通过各类可能的网络接入，将人与人之间的通信连接扩展到人与物、物与物之间的通信，实现对物品和过程的智能化感知、识别和管理。物联网是一个基于互联网、电信网等的信息承载体，它使所有能够被独立寻址的普通物理对象形成互联互通的网络。

云计算技术。云计算（Cloud Computing）是分布式计算的一种，指的是通过网络"云"将巨大的数据计算处理程序分解成无数个小程序，然后，通过多部服务器组成的系统进行处理和分析这些小程序得到结果并返回给用户。云计算早期就是简单的分布式计算，解决任务分发，并进行计算结果的合并。因而，云计算又称为网格计算。通过这项技术，可以在很短的时间内（几秒）完成对数以万计的数据的处理，从而达到强大的网络服务。

移动互联网技术。移动互联网（Mobile Internet）是个人电脑互联网（Personal Computer Internet）发展的必然产物，其将移动通信和互联网二者结合起来，成为一体。移动互联网是结合互联网技术、平台、商业模式和移动通信技术并应用实践的活动的总称。它是移动和互联网融合的产物，继承了移动随时、随地、随身和互联网开放、分享、互动的优势，是一个全国性的、以宽带IP为技术核心的，可同时提供语音、传真、数据、图像、多媒体等高品质电信服务的新一代开放的电信基础网络，由运营商提供无线接入，互联网企业提供各种成熟应用。

大数据技术。大数据（Big Data），或称巨量资料，指的是所涉及的资料数量规模庞大到无法透过主流软件工具，在有效时间内处理成为帮助企业进行经营决策的资讯。在维克托·迈尔-舍恩伯格和肯尼斯·库克耶编写的《大数据时代：生活、工作与思维的大变革》（*Big Data: A Revolution That Will Transform How We Live, Work, and Think*）一书中，大数据指不采用随机分析法（抽样调查）的数据处理方式，而对所有数据进行分析处理。

空间信息技术。与一般信息系统相比，地理信息系统的最大优势是空间可视化，即可以直观地看到事物的地理空间分布情况。对于管理对象是地理空间分布的部门，如规划、国土、环境、交通、农业、水利、地震、气象、海洋等，地理信息系统是信息化必建项目。目前，地理信息系统已经进入网络化、三维化发展阶段，出现了网络地理信息系统（Web GIS）、三维可视化地理信息系统（3D GIS）等新兴技术。

人工智能。人工智能（Artificial Intelligence，AI）是研究使计算机模拟人类的某些思维过程和智能行为（如学习、推理、思考、规划等）的学科，主要包括实现计算机智能的原理、制造类似于人脑智能的计算机，使计算机能实现更高层次的应用。人工智能涉及计算机科学、心理学、哲学和语言学等诸多学科。甚至可以说，人工智能几乎囊括了自然科学和社会科学的所有学科，其范围已远远超出了计算机科学的范畴。人工智能与思维科学的关系是实践和理论的关系，人工智能是处于思维科学的技术应用层次，是它的一个应用分支。从思维观点看，人工智能不能仅限于逻辑思维，还要考虑形象思维、灵感思维才能更好地促进其自身的突破性发展。

三、智慧城市建设意义

随着信息技术的不断发展，城市信息化应用水平不断提升，智慧城市建设应运而生。建设智慧城市在实现城市可持续发展、引领信息技术应用、提升城市综合竞争力等方面具有重要意义。

（1）建设智慧城市是实现城市可持续发展的需要。改革开放以来，中国城镇化建设取得了举世瞩目的成就，尤其是进入21世纪后，城镇化建设的步伐不断加快。随着城市人口不断膨胀，"城市病"成为困扰各个城市建设与管理的首要难题，资源短缺、环境污染、交通拥堵、安全隐患等问题日益突出。为了破解此类困局，智慧城市应运而生。智慧城市综合采用包括射频传感技术、物联网技术、云计算技术、下一代通信技术在内的新一代信息技术，能够有效化解"城市病"问题。这些技术的应用能够使城市变得更易于被感知，城市资源更易于被整合，在此基础上实现对城市的精细化和智能化管理，从而减少资源消耗，降低环境污染，解决交通拥堵，消除安全隐患，最终实现城市的可持续发展。

（2）建设智慧城市是信息技术发展的需要。当前，全球信息技术呈现加速发展的趋势，信息技术在国民经济中的地位日益突出，信息资源也成为重要的生产要素。智慧城市正是在充分整合、挖掘、利用信息技术与信息资源的基础上，汇聚人类的智慧，赋智于物，从而实现对城市各领域的精确化管理，实现对城市资源的集约化利用。鉴于信息资源在当今社会发展中起到的重要作用，发达国家纷纷出台智慧城市建设规划，以促进信息技术的快速发展，从而达到抢占新一轮信息技术产业制高点的目的。为了避免在新一轮信息技术产业竞争中陷于被动，我国政府及时提出了发展智慧城市的战略布局，以期更好地把握新一轮信息技术变革所带来的巨大机遇，进而促进我国经济社会的高质量发展。

（3）提高中国综合竞争力的战略选择。战略性新兴产业的发展往往伴随着重大技术的突破，对经济社会全局和长远发展具有重大的引领带动作用，是引导未来经济社会发展的重要力量。《中华人民共和国国民经济和社会发展第十四个五年规划和2035年远景目标纲要》提出要发展壮大战略性新兴产业，明确了大数据、云计算、物联网、工业互联网、区块链、人工智能、虚拟现实与增强现实等数字经济七大重点产业以及智能交通、智慧能源、智能制造、智慧农业及水利、智慧教育、智慧医疗、智慧文旅、智慧社区、智慧家居、智慧政务等数字化十大应用场景。智慧城市即为以上产业和应用场景的基本依托和数字底座。一方面，智慧城市建设将积极促进包括物联网、云计算、三网融合、下一代互联网以及新一代信息技术在内的战略性新兴产业的发展；另一方面，智慧城市建设对医疗、交通、物流、金融、通信、教育、能源、环保等领域的发展也具有明显的带动作用；此外，智慧城市建设对中国扩大内需、调整产业结构、转变经济发展方式具有正向辅助作用。因此，建设智慧城市对中国综合竞争力的全面提高具有重要的战略意义。

专栏3-2　中国领军智慧城市的实践：以杭州为例

2023年，杭州凭借其在智慧城市建设领域的卓越表现，荣获"中国领军智慧城市"称号。其"智慧"密码源于深厚的数字基因、创新探索精神、以人为本的城市治理理念及开放包容态度。通过先进技术应用，实现城市治理智能化、高效化，提升市民获得感和幸福感，吸引全球人才和项目，成为智慧城市典范。

近年来，杭州积极抢抓数字化发展机遇，坚持以"数"赋能、以"数"谋城、以"数"制胜，加快建设"新型智慧城市示范城市"，推动"数字"这一最大变革力量更好地为高效能治理、高品质生活、高质量发展赋能增效。作为全国数字经济第一城，杭州拥有全球领先的电子商务服务、云计算能力和第三方支付能力。这些数字技术的蓬勃发展，为杭州的智慧城市建设提供了坚实的基础。城市"智慧"治理的背后，是"云、脑、网、安"等共性能力和基础设施的全面建成。近年来，在探索智慧城市建设方面，分县分区建设智慧城市系统，将道路万余台普通摄像机全面升级改造为具备人像、车辆抓拍功能的智能摄像机，有效助力智慧城市、智慧警务、智慧综治管理全面升级。杭州统筹建设5G、超算中心、人工智能中心以及政务云、城市超级大脑、网络安全运营中心等智慧城市发展的数字底座，切实提高数字化保障能力。

通过大数据、云计算、物联网等先进技术的应用，杭州实现了城市治理的智能化和高效化，提升了城市管理的精细化和科学化水平。例如，杭州引入了"城市大脑"，通过智能交通信号灯、智能巡航控制、智能公交调度等技术的应用，实现了道路交通的智能化和高效化。基于AI的智能"城市大脑"帮助减少了城市道路15%的交通拥堵；引入了诸如自吸式水上垃圾桶、城市数字巡查车、水上拦污无人船、视频AI分析机等智能化产品，提升了城市管理的效率和城市治理的效能。

第三节 智慧城市下的智慧交通体系

一、城市交通流系统特征与智能协同的需求

城市交通流系统由人、车、路、环境和交通管理等要素构成，各要素之间相互作用、相互依赖，共同构成一个有机整体，完成人和物的移动。城市交通流系统具有如下特征：

（1）交通流系统具有开放性和远离平衡性，存在各种不确定因素，如驾驶人个人行

为、不可预知的交通事件等,从而产生交通流的随机涨落;加之交通流系统中存在非线性作用机制,具有自组织形成的条件。

(2)交通流系统参数时变,系统状态难以预测。城市交通流系统是个复杂的人机系统,具有很强的随机性,不可能完全测量所有系统参数。同时,还有很多因素影响交通流系统内的参数,如雨、雪、雾天气会影响平均车速和驾驶人的紧急反应时间,进而影响交通流的传播方式。此外,交通流不仅会随着出行时间发生周期性波动,而且还会因为特殊事件等因素产生不可预料的偶然性波动。

(3)城市交通流整体的出行特性在时间和空间上具有相对确定性,即一旦城市布局和道路网络确定,相应道路上的交通流整体特性也基本随之确定,这种相对确定性有利于交通流形成有序的自组织结构。

(4)当路网车流量达到阈值时,原定态失稳,出现临界状态,进而出现新定态。此过程是自发进行的,即自组织的。

(5)当系统接近临界点,因涨落偏离定态后,出现交通拥堵,恢复至交通畅通的定态所需时间(弛豫时间)无限增长,即存在"临界减慢"现象。

(6)城市交通流的有序结构依靠信息流维持,即城市交通控制系统与交通流诱导系统向交通流系统输入信息,以维持系统稳定。

通过对比上述城市交通流系统特征和协同学研究对象的共同特征,可以发现,城市交通流系统的特征与协同学研究的系统所具有的共同特征是一致的。城市交通流是一个开放的自组织系统,其开放性、非线性、不平衡性以及内部涨落等特征,正是协同学理论所强调和研究的内容。在智慧城市的背景下,这些特征对智慧交通体系的构建提出了新的需求和挑战。智慧城市的目标之一是通过高科技手段提高城市管理的智能化水平,这其中智慧交通体系是关键组成部分。智慧城市需要解决识别性问题,即通过采集和分析多源数据,包括交通流量、车速、事故信息等,实现对城市交通状态的实时监控和预测。智慧城市的框架为这种数据的采集和分析提供了可能,而智能协同技术则是实现这一目标的核心。通过智能协同,交通流系统能够在复杂的城市环境中实现自组织和自适应,提高交通效率,减少拥堵,提升整体交通流的稳定性。

因此,城市交通流系统的智能协同需求与智慧城市和智慧交通的发展紧密相连。智慧交通体系的建设不仅需要考虑技术和设备的更新,更要注重系统整体性的优化和协同，确保交通流系统与城市发展的同步和匹配。

二、智慧城市与智慧交通的关系

城市从诞生起就与交通产生了千丝万缕的联系，城市的发展离不开交通，交通是城市进行正常生产生活的先决条件。与此同时，交通因城市的各种活动而产生，城市的发展直接决定了交通系统的构成，并能促进交通系统的提升改善。两者相互辅助、相互促进。但是随着城市化进程的加快，城市人口集中、城市功能不完善、交通阻塞严重、城市发展与资源环境不匹配等问题日益突出，亟待得到有效解决。智慧城市（Smart City）以及作为其重要组成部分的智慧交通是能有效解决上述问题的重要手段。

智慧城市包括智慧交通、智慧安防、智慧能源、智慧教育、智慧医疗、智慧政务等组成部分，在进行具体目标拆分与落地时，智慧城市被落实为智慧医疗、智慧生产、智慧交通、智慧政府等细分概念。交通是经济发展的动脉，智慧交通是智慧城市建设的重要构成部分。因此，智慧城市的建设以突破城市发展瓶颈为出发点，从构建智能化基础设施切入，统筹规划，逐步落实。其中智慧交通被认为是解决城市交通拥堵、进而建设综合交通运输体系、实现交通运输基础设施智能化和促进交通运输业可持续发展的重要突破口。在智慧城市一体化建设的前提下，智慧交通所依赖的数据不仅来源于交通系统自身采集的内容，更多来自其他行业的集成化采集，因此数据源不仅在数量和颗粒度精细化上大幅提升，而且可以与其他行业数据融合，进而支撑更加精准地决策，这也是智慧交通与传统智能交通系统最本质的区别。在数据供给方面，智慧交通不仅可以应用于行业决策，而且可以将决策数据或初始数据提供给城管、规划、建设、环保、旅游等其他行业，使其产生更广泛的空间应用价值。

作为智慧城市的重要组成部分，智慧交通利用 AI 技术助力城市文明建设。针对人员素质提升方面，打造了许多智能检测系统。行人闯红灯、车辆未避让行人、车辆随意鸣笛、车辆随意加塞等以前难以管理规范的不文明行为，如今得到了很大改善。同时，智慧城市的建设促进了智慧交通产品在各应用领域的拓展与融合，从原有的智能交通建设向智慧交通概念拓展，行业应用逐渐走向深度化、综合化。在传统交通领域，视频监控系统作为智能交通系统中的重要组成部分，主要用于监控交通安全状态。随着智慧城市的建设，视频监控系统逐渐普及化、集成化，也推进了智慧交通的发展。

三、智慧城市建设中智慧交通的核心内容

（1）智慧道路综合服务中心。该中心侧重于道路基础设施的智能化管理与维护，基于数字道路平台，运用智能监控与数据分析技术，对高速公路、省干道及其关键节点（如收费站、立交桥、治超站）进行全面监控。中心不仅监控道路施工进度、交通流量、车辆类型与重量合规性，还密切关注气象状况及道口安全，确保信息实时更新并通过电子渠道（电台、互联网、移动应用）向公众发布。通过及时传递道路维修通知、交通管制信息及恶劣天气预警，有效引导交通流量，缓解拥堵，优化道路资源分配。

（2）智慧运输综合服务中心。该中心聚焦于公共交通与运输服务的智能化调度与监管。利用定位追踪、网络通信与信息技术，中心能精确监控客运枢纽的各项活动，包括售票区、候车区及通道的运营状态，同时对各类交通工具（长途客车、公交车、出租车及特殊货物运输车辆、执法车辆）实行动态跟踪管理，确保行车安全与规范。通过多渠道（如移动应用、电子显示屏、网络平台）向公众推送出行信息、出租车与自行车租赁服务，以及提供在线票务预订，智慧运输综合服务中心致力于提升公共交通服务的便捷性与乘客体验，充分展现了智慧交通的人性化关怀与高效运作模式。

（3）智慧城市交通指挥中心。该中心通过信息数据的收集整理制定科学有效的交通管理方案，与执行层密切联系，形成三效合一的高集成管理体系，交通管理部门能够更加便捷有效地处理交通事故和道路拥堵，提高交通指挥成效，规范交通违法处置，及时进行道路救援等，同时还能为广大民众提供即时交通引导信息。

（4）智慧港航综合服务中心。该中心以数字航道卫星定位系统为核心，建立跨区域智能化港航实时监控系统，从而保障水路交通的畅通安全，提高船舶运输的安全系数。中心重点针对"四客一危"进行跟踪监测，一旦发现风险因素及时作出预警，保障船舶行驶安全。对通航环境作实时动态监测，对重点区域，如高危航段、警戒航段、船舶流量繁忙航段、水文气象复杂航段，以及港口、渡口等航段的船舶动态展开实时监控，从而提高航道的畅通性和安全性，提高安全航运能力。对航道水位变化、航线变化、水体变化进行实时跟踪监测，对重点港口、码头以及货场进行重点监督管理，对其安全状况进行监督预警。对港口运行以及重要物资运输变化进行实时监测，密切协助相关部门做

好上级部门紧急物资的调运工作。

智慧交通系统是以智慧城市管理体制和运行机制进行创新性变革为前提，打造智慧城市大交通的新模式、新体制、新常态。智慧交通为市民提供全面的出行信息，为交通行业管理提供辅助决策支持，使人、车、路密切配合从而达到和谐统一，提高城市的宜居性，是智慧城市建设的基础性工程。

第四节 智慧城市案例与发展展望

一、杭州"城市大脑"

杭州建设的"城市大脑"为城市生活打造了一个数字化界面。市民通过这种界面去触摸城市脉搏、感受城市温度、享受城市服务；城市管理者通过它配置公共资源、作出科学决策、提高治理效能。如图 3-5 所示，当前杭州市"城市大脑"系统已成功整合了包括交管局、交通局在内的多个政府机构资源，以及互联网企业的数据、公交公司的运营信息、电信运营商的通信数据、气象局的气象预报信息和城市运营指挥中心的综合指令等多元化信息。该系统每日处理的数据量超过 8000 万条，彰显了其在数据整合与处理方面的强大能力。杭州"城市大脑"的建设起步于 2016 年 4 月，以交通领域为突破口，开启了利用大数据改善城市交通的探索，如今已迈出了从治堵向治城跨越的步伐，取得了许多标志性成果，杭州"城市大脑"的应用场景不断丰富，形成了不同系统和场景同步推进的良好局面，获得了以下具体成效。

（1）提升智慧交通管理水平。杭州"城市大脑"通过智能交通管理系统实现了对城市交通的全面监控和调度。该系统整合了交管局、交通局的数据，结合公交公司、出租车公司以及私家车的行驶信息，通过大数据分析、人工智能算法，实时监测交通流量、路况信息，优化交通信号灯配时，提高了道路通行效率。例如，通过对红绿灯信号的智能调控，萧山区 104 个路口的交通信号灯能够根据实时车流量动态调整信号配时，减少了车辆等待时间，提高了通行速度。智慧停车解决方案也大大缓解了停车难的问题，市民可以通过手机应用实时查看附近停车场的空位情况，并进行预约停车，提高了停车位的利用效率，减少了车主寻找车位的时间，也缓解了因乱停车导致的交通拥堵问题。此外，对公共交通的优化措施也显著提升了市民出行体验。"城市大脑"通过对公交、地铁等公共交通工具的运行数据进行实时监控和分析，优化了公共交通线路和班次安排，提高了运行效率，减少了乘客的等待时间。

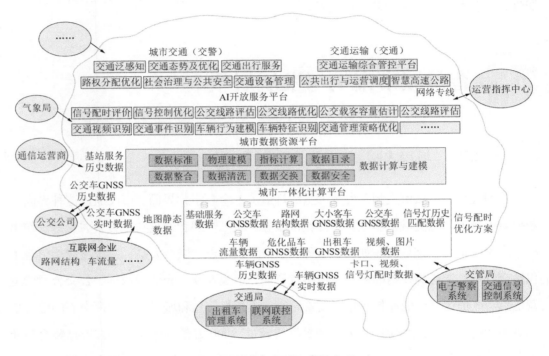

图 3-5 "城市大脑"整体架构

（2）促进城市空间结构优化。"城市大脑"缩短了城市中心与边缘地区的逻辑距离。大量高成本的城市物理活动通过智慧商务、智慧政务等在线实现，降低了城市对空间上人口和产业集聚的依赖；同时，精细化管理提高了公共资源的使用效率，降低了城市中心区的拥挤和环境治理成本。例如，通过"城市大脑"，杭州上塘22km高架路程的出行时间平均节省了4.6min，通行速度提高了10%；萧山区104个路口交通信号灯的自动调控使市民出行时间平均节省3min，车辆通过速度提升了15%。

（3）推动城市绿色发展。信息技术产业具有低能耗、低污染的特点，以智力资源和信息资源为主要投入要素，可以有效降低经济发展的资源消耗。"城市大脑"通过数字化改变城市生活、工作、学习、旅游的方式，实现了减排目标，并对民生、环保、公共安全等需求作出智能响应，推动城市形成安全、高效、绿色的可持续发展形态。此外，"城市大脑"的应用还能改造传统产业,促进其转型升级,培育战略性新兴产业。

(4)强化城市治理能力。在城市发展日新月异的今天,城市政府对城市治理需要更高、更宽的视野,以及更新、更灵活的工具。"城市大脑"就是这种全新工具,它不仅能实时掌握一手资料,还能通过分析、比较作出更精准的决策,尤其是能做到各种资源体系协同共享,形成统一的城市资源体系。通过授权,任何应用环节都可以启动相关应用并进行操作,使各类资源最大化发挥其价值。例如,"城市大脑"通过分析居民的用电、用气模式与独居老年人的生活习惯关联,能够及时察觉潜在的健康或安全问题,采取预防措施;同时,通过大数据分析技术监测和分析公众搜索行为模式,可以帮助预测社会趋势变化,为城市规划和公共服务提供前瞻指引,促进城市运行更加顺畅与高效。

(5)提升市民生活品质。杭州"城市大脑"致力于全面提升市民生活品质,通过精心设计并实施一系列智慧化应用场景,涵盖智能交通管理、便捷泊车服务、医疗就诊优化、酒店快速入住、景区入园提速、定制化数字旅游线路、应急防汛响应、农产品基地智能化监管、食品安全智能监控、电梯安全管理、住房租赁便利化和环保智慧化管理等关键领域,共计37项具体应用,深入市民日常生活的方方面面。例如,"舒心就医"场景通过数字化手段革新传统就医流程,患者可在线预约挂号、缴费,到医院后直接进入诊疗环节,大大缩短了排队等待时间,显著改善了就医体验。这不仅提高了医疗服务效率,也减轻了患者及家属的精神与体力负担,是"城市大脑"提升市民生活品质理念的生动体现。这些贴近民生、解决实际问题的应用,不仅让市民在衣食住行、健康安全等基本需求上感受到前所未有的便捷与高效,而且在细微之处体现了科技温情,切实增强了民众的幸福感与满意度,全方位提升了城市居民的生活品质。

二、新加坡的智慧交通体系

新加坡作为发达国家,同时又是一个城市国家,其无省市之分,而是以符合都市规划的方式将全国划分为五个社区,首都为新加坡市,目前日出行人数已超过1100万人。尽管新加坡市(以下简称为新加坡)是全球人口最密集的城市之一,却有效解决了交通拥堵问题。这主要得益于新加坡先进的智慧交通体系,该体系常善于利用大数据技术,以交通信息为核心,连接多个系统,包括公交系统、出租车系统、城市轨道交通系统、城市高速路监控信息系统、道路信息管理系统、体温红外线监测与出租汽车排队等候系统、电子收费系统、交通信号灯系统、道路交通通信指挥系统、智能地图系统、停车指引系统及动态路线导航、车辆卫星定位系统等综合集成系统。先进的交通管理系统使道路使用者和交通系统之间能够紧密、实时和稳定地相互传递信息,从而实现智能化管理。这为道路使用者提供了及时准确的交通信息,使其能够对交通线路、交通方式和出行时间作出充分、及时的判断。

为了更好地理解新加坡智慧交通体系的具体实施,以下从拥堵收费系统、路况预测系统、智能停车系统、智能高速公路维护系统和智慧巴士五个方面进行探讨。

(1)拥堵收费系统。新加坡平均每人拥有1.6辆机动车,给城市交通造成了极大的压力。由于交通拥堵导致出行效率降低、环境破坏和财产损失等,每年因此造成的损失占GDP的1.5%到4%。为解决这一问题,1998年开始,新加坡陆路交通管理局着手建造电子道路收费系统(Electric Road Pricing,ERP),通过对道路交通数据的收集和测算来界定拥堵路段,汽车在交通拥堵路段通行时要支付通行费。这一做法在世界上还是首创,并取得了很好的成效。据新加坡陆路交通管理局报告称,道路通行量相比交通高峰时期减少了25000辆汽车,车流速度提高了20%。

为了进一步缓解中央商务区的拥堵,新加坡推行电子道路收费(ERP)系统(图3-6),在核心区域设置不同价格的收费路段和时段。在其推行的早期主要靠人工收费,经常出现几个人拼车以规避收费的案例,但该政策仍然执行得非常好。现在则是通过电子摄像头和汽车行车记录仪,使用其产生的有关汽车位移的数据收费。未来,政府计划利用卫星定位系统来对汽车进行定位和收费,将更加准确地记录汽车的行走路线和距离,从而为更有效地管理机动车提供基础。

图3-6 新加坡道路拥堵电子收费系统

(2)路况预测系统。仅仅通过ERP来构建智能交通系统还是不够的。新加坡陆路交通管理局还将城市路网信息连接成网络,安装传感器、红外线设备,通过优化交通信号系统、电子扫描系统、城市快速路监控信息系统、接合式电子眼以及ERP系统等提供历史交通数据和实时交通信息,对预先设定的时段(10min、15min、30min、45min和60min)的交通流量进行预测。通过控制1700个交通信号灯,系统对未来1h内各个路段情况的平均预测准确率达到惊人的85%以上，10min内的预测结果准确率更是高达90%。

为了让公众更好地利用这些数据，陆路交通管理局还推出了MyTransport手机应用程序，将所有交通信息"一网打尽"，为乘客和驾驶人提供实时路线规划服务，方便他们提前规划线路并规避拥堵。目前，该服务已经可以结合使用者的地理位置和实时交通状况，为其规划最合理的交通路线。新加坡市民可以通过手机网络、车载卫星定位导航系统查询未来一小时内的交通情况，并选择合适的出行时间和路线。政府的新MyTransport.SG App提供互动地图、交通摄像头和实时信息。它是第一个公民或访客可以实时评估旅行选择方式，并就如何最好地漫游城市而能做出有足够信息支撑选择的应用。乘坐火车的乘客甚至可以享受非高峰旅游激励，各种奖励直接转入易捷通卡（EZ-Link）或NETS智能交通卡。

（3）智能停车系统。除了智能化的交通管理，新加坡还致力于解决停车难题。美国有研究显示，高峰时段的道路上，可能有高达30%的车辆其实是在兜圈子寻找停车位。新加坡地狭人稠，高效利用相对有限的空间资源，成为建设智慧城市的第一诉求。早在2008年，新加坡的运输部门就在城市中心区域，如乌节路两旁设置了大型电子显示屏，显示附近的停车场位置及实时可供停车数目，以方便车主预先安排行程，决定停车地点。而且在新加坡，实时的停车场数据是可以通过手机应用程序查询的，非常方便实用。在实现数字化城市的基础上，把真正的痛点信息推送到需要的人面前。这对于我国大城市来说，非常有借鉴价值。

（4）智能高速公路维护系统。同时，新加坡还通过技术创新来提升道路维护效率。驾车人只需要在开车时将手机应用程序打开，不需要再做任何事，就可以通过手机自带的重力仪，将路面坑洼情况实时反馈到指挥中心，帮助其准确定位路坑，以尽快安排工作人员填补和维修。诸如此类的开发创新，能够更有效地采集和利用大数据，从而确保道路的安全与畅通。

（5）智慧巴士。新加坡的智慧巴士系统也是其智能交通体系中的重要一环。新加坡采用的易捷通卡使大数据利用成为可能，并推动了公共交通的智能化发展。乘客广泛使用易捷通卡，每天只有不足3%的乘客通过现金或单程卡付费。换句话说，97%的乘客都使用该卡，且在上下车时都要刷卡，由此产生的海量数据也为公共交通决策优化提供了可能。例如，陆路交通管理局实验早鸟计划，监测早高峰期前的免费乘车提议是否能够缓解交通拥堵状况。再如，陆路交通管理局推动巴士等候服务标准，利用基准数据设定巴士等候时间，据此对巴士运营商予以奖惩，推动提升巴士运营服务水平。

三、发展展望

从理念上看，未来新型智慧城市要实现虚实融合、创新驱动。新型智慧城市是各类信息技术的综合集成应用平台和展现载体，可以通过新一代信息技术的广泛应用，实现城市物理世界、网络虚拟空间的相互映射、协同交互，进而构建形成基于数据驱动、软件定义、平台支撑、虚实交互的数字孪生城市体系。数字孪生技术通过构建与现实世界完全对应、相互映射、协同交互的"虚拟城市"空间系统，实现城市从规划、建设、管理的全过程、全要素数字化和虚拟化，以及城市状态的实时化和可视化、城市管理决策的协同化和智能化，推动城市能源、交通、生态等各类资源要素配置的优化、城市运行的随需响应和智能优化，形成物理维度上的实体世界和信息维度上的虚拟世界同生共存、虚实交融的城市发展新格局。

智慧交通作为智慧城市的关键组成部分，其未来发展远不止现有功能的优化，而是朝向更加前瞻与创新的方向迈进。在持续深化智能规划与建设的基础上，智慧交通系统将深度融合大数据分析、人工智能预测及自适应控制技术，不仅满足于现状的改善，更要引领交通管理与服务的革命性飞跃。展望未来，智慧交通将构建前瞻性的交通需求管理系统，利用深度学习模型精准预测城市交通发展趋势及出行模式变化，主动调整交通基础设施布局与服务策略，以应对城市扩张、人口流动等长期挑战。通过集成物联网、5G通信和边缘计算技术，智慧交通系统将实现毫秒级的数据处理与决策反馈，确保交通流量调控的即时性与精确性，缩短车辆等待时间，更将推动实现零拥堵的未来交通愿景。此外，智慧交通将与自动驾驶技术紧密结合，推动"车联网"生态系统的发展，使车辆能够与城市交通管理系统及其他车辆实时通信、协同驾驶，提升道路使用效率与安全性。智能停车解决方案也将进一步演进，利用区块链、物联网等技术实现车位资源的高效透明管理，支持无感支付、预约停车等功能，大幅提高停车便利性。智慧交通的未来图景还包括构建绿色低碳的交通体系，通过精细化管理减少碳排放，优化公共交通网络，鼓励共享出行，以及利用数字孪生技术进行交通系统仿真与优化，为城市交通的可持续发展提供科学决策支持。总而言之，智慧交通的未来不仅是技术层面的迭代升级，更是交通理念、管理模式与城市生活方式的根本性变革，旨在打造一个高效、安全、绿色、人性化的未来城市交通新生态。

 思考题

1. 简述数字孪生技术的定义及价值应用。
2. 结合智慧城市的发展现状，分析智慧城市的发展目前存在哪些问题。
3. 智慧交通与智慧城市之间的关系是什么？智慧城市下的智慧交通有哪些特点？
4. 结合所了解的知识思考未来智慧交通在智慧城市中的发展方向和应用场景。

第 四 章
Chapter 04

智慧交通信息采集技术

第一节 交通信息的概念和种类

一、交通信息的概念

交通信息是进行交通规划、交通管理、交通控制的重要基础信息,通过全面、丰富、实时的交通信息,不但可以把握交通发展状况,而且可以对未来发展进行预测,为规划和管理部门的政策决策提供依据。

在交通运输领域内流通着可利用的信息,统称为交通信息(Traffic Information)。广义上讲,交通信息是指道路交通系统与环境交换的、系统内部要素之间交换的、要素自身处理加工的用于服务、影响、干预、引导、指挥交通行为的所有信息。狭义上讲,交通信息就是将某种现象或状态的出现以物理量的形式体现的关于道路交通方面的信息。

二、交通信息的种类

(1)根据信息变动的频率,交通信息划分为静态交通信息和动态交通信息。

静态交通信息。指交通系统中不随时间变化或长时间保持稳定的信息,它是由交通状态、空间位置和环境3个属性构成的,反映交通系统常规组成部分的性能、特征和指标。静态交通信息主要包括道路网信息、交通管理设施信息等交通基础设施信息,机动车保有量、道路交通量等统计信息以及交通参与者出行规律在时间和空间上相对稳定的信息。

动态交通信息。指交通系统中随时间和空间实时变化的信息,它是由交通状态、空间位置、时间和环境4个属性构成的,反映交通系统的实时变化状况。动态交通信息主要包括网络交通流状态特征信息(流量、速度、占有率等)、交通紧急事故信息、实时环境状况信息、交通动态控制管理信息等。

静态交通信息和动态交通信息是相对而言的,两者之间可以相互转化。以交通管理信息为例,在一定周期内,交通管理信息被认为是静态的,但在某些特殊场景下,如重大活动等，管理部门会有针对性地制定一些管制措施，此时的交通信息是动态的。在基础交通信息中，静态信息是基础，动态信息是关键，不同交通状态下提供的交通信息内容属性和时间性见表 4-1。

不同交通状态下提供的交通信息内容属性和时间性   表 4-1

交通状态	信息种类	信息内容	信息内容属性	信息时间性
正常交通状态	交通状态信息	各道路交通状态	描述性	现状
	行程时间信息	（常发性）拥挤情况 延误时间 路段行驶时间	描述性 数值型 数值型	现状 预测 预测
异常交通状态	异常事件信息	事件类型、事件地点（区域） 针对事件的交通管理措施	描述性	现状
		事件持续（发生/结束）时间	数值型	现状/预测
	交通状态信息	（偶发性）拥挤情况 排队长度	描述性	现状
		事件影响区段的车速、 事件影响区段的延误	数值型	现状/预测
	替代路线信息	推荐替代路线	描述性	预测
	行程时间信息	路段行程时间	数值型	预测

（2）按其产生的形式，交通信息可分为原始型交通信息和加工型交通信息两种。

①原始型交通信息。指直接发生在道路及其周围的彼此独立的信息，包括交通现象信息和交通环境信息。

交通现象信息。主要包括交通量、车速、车道占有率、交通阻塞长度、车型、停车场使用状况、交通事故、交通违章等信息。

交通环境信息。主要包括公共交通组织状况、道路地图、道路构造、路面状况、气象、大气污染、交通噪声、灾害、道路施工、交通状况、集会、信号机工作状况等信息。

②加工型交通信息。指原始型交通情报经加工处理的信息。主要包括车辆路口等待时间、区间旅行时间、停车次数、预测旅行时间、预测 OD、信号周期内的交通量、车道占有率、左右转弯损失、交通容量、交通流形状、事故信息等。

（3）人以感知器官本能地获取交通信息，按照人接受信息的方式，可将交通信息分成四类，分别为视觉交通信息、听觉交通信息、嗅觉交通信息和触觉交通信息。

①视觉交通信息。是人接受交通信息的主要方式。眼睛拥有的视觉是人最重要的感知功能，针对人的心理刺激而言，视觉刺激的反应最为强烈，其所接收的信息无论从数量、质量，还是速度、广度上，都远高于人体其他感知器官。视觉使人获得了道路、车辆、交通参与者、交通标志、交通信号等诸多信息。人所接受的交通信息有80%来自于视觉，因此视觉正常是进行复杂交通行为（如驾驶车辆）的必备生理条件。因此，以显示方式表达的交通信息应充分利用人的视觉感知特征。

②听觉交通信息。耳朵拥有的听觉也是人的主要感知功能。作用于听觉的交通信息主要有车辆鸣笛声、交通广播、警用哨笛等。与视觉依赖人眼方向和视角范围相比，听觉可以感知来自各个方向的声频信息。听觉信息在复杂交通行为过程中是视觉信息的有效补充和加强。例如，车载语音导航系统的语音播报、交通广播电台、汽车报警器等。噪声会刺激听觉，使人心情烦躁或听力下降，而悠扬的音乐可以有效舒缓驾驶车辆的劳累和精神紧张。

③嗅觉交通信息。是对交通信息感知较少的感知方式。多用于驾驶员对车辆运行部件异常产生异味的感知。

④触觉交通信息。通过振动、晃动或其他触觉感觉来刺激驾驶员身体感知，如通过减速带时车体会产生颠簸，提示车辆减速。

（4）按照信息的形态，交通信息可分为数据信息、语言信息、文字信息、图形信息、图像信息。近些年发展迅猛的大数据处理和人工智能技术，可对以上信息进行加工处理混合综合分析，形成辅助决策信息。

第二节 交通信息采集的手段

交通信息采集的方法包括人工计数、试验车移动调查、摄影、车辆检测器测定、卫星定位浮动车、手机定位和遥感图像处理等技术。可以归纳总结为非自动采集技术和自动采集技术两类。

一、非自动采集技术

1. 入户调查法

居民出行入户调查属于交通起止点调查（OD 调查）的一种，结合 OD 调查的概念，居民出行调查定义为：为了全面了解城市居民或者流动人口出行的源和流，以及居民出行的发生规律，对居民的出行从出发到终止的过程的全面情况进行调查。该工作涉及面大，且对出行等概念需要专业级理解，调查成本高，但调查的样本、质量等却很难得到保障。

2. 人工计数法

由调查人员在指定的断面或交叉口引道一侧计测并记录通过的交通实体数。测定时可分行车方向、车道、车种进行，也可对整个道路的全部车辆进行观测。人工观测只需用秒表计时，人工画"正"字或计数器统计来车数即可。人工计数法简单、易行，且不需要复杂的设备，但需要较多的人力，且在长时间观测时由于工作单调易于疲劳，故很难保证观测精度与质量。

3. 浮动车法

浮动车法是一种用于交通调查的方法，它能够同时获取某一路段的交通量、行驶时间和行驶车速。在实施浮动车法时，会使用一辆没有特殊标记的测试车辆。调查人员会记录与测试车对向开来的车辆数、与测试车同向行驶的车辆中，被测试车超越的车辆数和超越测试车的车辆数，同时还会记录行驶时间和停车时间。测试车辆一般需在调查路线上往返行驶 6~8 个来回。

如图 4-1 所示，需要有一辆测试车，即浮动车，在 1~2 路段上（长度为长 l km）行驶，调查人员中一人测试并与记录对向行驶车对向开来的车辆数，一人测试与记录车辆车同向行驶过程中，被测试车超越的车辆数和超越测试车的车辆数，另一人报告和记录时间及停驶时间。让车辆在道路上往返行驶，可同时获得某一路段测定方向（东向西，即 E→W）起点断面的交通量 q_{EW}，路段平均行程时间 $\bar{t}_{EW}$，路段行程车速 $\bar{v}_{EW}$。

$$\begin{cases} q_{EW} = \dfrac{A_{WE} + B_{EW} - C_{EW}}{t_{WE} + t_{EW}} \\ \bar{t}_{EW} = t_{EW} - \dfrac{B_{EW} - C_{EW}}{q_{EW}} \\ \bar{v}_{EW} = \dfrac{l}{\bar{t}_{EW}} \times 60 \end{cases} \quad (4\text{-}1)$$

式中：q_{EW}——某一路段测定方向（东向西，即 E→W）起点断面的交通量，辆/min；

$\bar{t}_{EW}$——路段平均行程时间，min；

$\bar{v}_{EW}$——路段行程车速，km/h；

A_{WE}——测试车从西向东行驶时，与之相会的来车数，辆；

B_{EW}——测试车从东向西行驶时，超越测试车的车辆数，辆；

C_{EW}——测试车从东向西行驶时，被测试车超越的车辆数，辆；

t_{WE}——测试车从西向东行驶时的行驶时间，min；

t_{EW}——测试车从东向西行驶时的行驶时间，min。

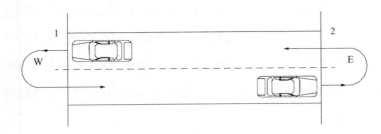

图 4-1 浮动车调查法示意图

二、自动采集技术

自动采集技术是指利用传感器、摄像头、雷达等设备自动获取交通信息，无需人工干预，其不仅具有更高的准确性和实时性，能够实时、高效地监测交通状况并及时更新数据，同时也可以实现大规模不间断的数据采集和处理，覆盖更广泛的区域和更多的交通信息。

根据交通采集信息方式的，交通信息自动采集技术可分为路基型交通信息采集技术、车基型交通信息采集技术、空基型交通信息采集技术。

1. 路基型交通信息采集技术

目前常用的路基型交通信息采集技术有地磁线圈信息采集技术、超声波信息采集技术、视频图像信息采集技术、微波雷达信息采集技术、RFID 技术、毫米波雷达等。

1）地磁线圈信息采集技术

地磁线圈是目前智慧交通中检测车流量应用较为广泛的一种检测器，其传感器是埋在路面下且通有一定工作电流的环形线圈。采集参数包括：交通流量、速度、车辆占有率、交通密度、车型等。它基于电磁感应原理和检测器周围磁场变化的规则，当车辆靠近传感器时，传感器感应到周围磁场相对地球磁场的变化，再经微处理器分析计算，判断车辆存在和通过状态。基于环形线圈的车辆识别技术一般采用模式识别的方法对车辆进行分类。检测装置主要由传感器、中央处理器、检测卡、输入输出4部分组成。

传感器部分。传感器采用模块化设计，体积极小，与地面垂直安装，在地面向下挖掘一个 2m×1.5m 左右的沟槽，沟槽宽度约 10mm，用导线沿沟槽绕若干圈，构成电感线圈。通过地下沟道，用低阻导线将线圈的两个接头引到处理箱中，如图 4-2 所示。当车辆通过线圈部分时，线圈电感量发生变化。根据不同的车辆通过线圈上方时电感量的变化幅度可以评估车型。电感量的变化引起振荡频率变化，电感量减小，振荡频率增大，频率变化的相对量基本

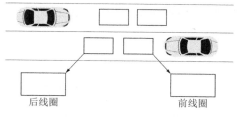

图 4-2　地磁线圈埋设示意图

上是电感量变化量的一半。当车辆通过环形地埋线圈或停在环形地埋线圈上时，车辆的铁质部分切割磁通线，引起线圈回路电感量的变化，检测器通过检测该电感量就可以检测出车辆的存在，检测电感变化量有两种方式：一种方式是利用相位锁存器和相位比较器，对相位的变化进行检测；另一种方式是利用由环形地埋线圈构成回路的耦合电路对其振荡频率进行检测。

中央处理器部分。中央处理器是对采集信号进行计算的模块，一般是一个带嵌入式操作系统的单片机，具备较强的数字计算能力、存储能力，且具备通信接口，通过对端口的扫描捕捉电平的变化时间，可以计算得到相应的交通数据。

检测卡部分。检测车辆位于感应线圈的检测域时，通过感应线圈的电感量会降低，检测卡的功能即检测这一变化并精确输出相应的电平。线圈式车辆检测器采用的检测卡一般为欧标卡式接口。就线圈感应的角度而言，检测卡应具有响应时间稳定，并与车辆经过实际情况相吻合的高精度电平跳变性能。车辆高速通过时的检测时间非常短，一般通过两个线圈的时间仅为 100~200ms，单个线圈的响应时间更短，并且车型底盘质量、底盘高度都会影响检测卡的电平响应时间，而响应时间和响应开始时间是计算车长与车速的主要参数。因此，车辆高速通过时会存在检测卡测得的车长、车速不准确的情况，需要使用一定的补偿值，进行灵敏度调节后才能保证检测精度。

输入输出部分。传感器信号输入为车辆通过时引起的信号频率振荡,信号输出为检测器的工作状态指示。

在交通控制系统中,常用的交通参数主要有交通流量、车道占有率、排队长度、速度、平均车长、平均车间距和密度等。这些参数部分可以直接测量,部分则需要根据其他检测量计算得到,下面介绍如何利用地磁线圈检测和计算各种交通参数。

交通流量。地磁线圈检测器的计数周期为T,N_i为观测期内车道i检测器的计数值,则车道i在该周期内的交通流量:

$$q_i = \frac{N_i}{T} \tag{4-2}$$

速度。行程车速用于判断道路的畅通情况。为了准确测量车速,通常要在车流方向埋设两个性能相同的环形线圈,线圈的同边间距为3~5m,如图4-3所示。

图4-3 线圈检测车速示意图

当车辆进入线圈A时,脉冲计数开始;当车辆进入线圈B时,脉冲计数结束,经微处理器获得基准时间脉冲,如P(ms)的时间脉冲,得到车辆通过距离s所需的脉冲计数为n,则车辆的速度为:

$$v = \frac{s}{P_n/1000} \tag{4-3}$$

其中,v的单位为m/s。设在某观察期内,共有n辆车通过观测点,且每辆车的速度分别为v_1,v_2,v_3,…,v_n,则该段时间内交通流的平均速度为:

$$\bar{v} = \frac{1}{n}\sum_{i=1}^{n}v_i \tag{4-4}$$

式中:v_i——第i辆车通过的速度,m/s;

n——观测期内通过的车辆数,辆。

空间平均速度是指在某一时间段内通过一段路的所有车辆的速度平均值。设路段长度为Δl,在一个观察期内共有N辆车通过该路段,则N辆车通过该路段的平均行驶时间为:

$$t_m = \frac{1}{N}\sum_{i=1}^{N}\frac{\Delta l}{\bar{v}} \tag{4-5}$$

于是,该观测内的空间平均速度为:

$$v_{\mathrm{m}} = \frac{\Delta l}{\bar{t}} = \frac{N}{\sum_{i=1}^{N} \frac{1}{v_i}} \tag{4-6}$$

即空间平均速度等于所有通过车辆速度的调和平均值。

车辆占有率。车辆占有率的定义为路段内车辆占用的道路长度总和与路段长度之比。由于难以测量，通常用时间占有率代替。用地磁线圈检测器测量占有率要将检测器置成方波工作方式，设在某个观测期T内，共有N辆车通过线圈，测得车道i车辆j通过环线线圈的方波宽带，则该时间段内车道i上车辆的占有率为：

$$\sigma_i = \sum_{j=1}^{N} \frac{t_{ji}}{T} \times 100\% \tag{4-7}$$

交通密度。交通流密度指在单位长度车道上某一瞬时所存在的车辆数，也可用某个行车方向或某路段单位长度上的车辆数度量。只要测出交通流量和车流的空间平均速度，则可以测得观测期T内的交通密度为：

$$\rho = \left(\frac{N}{T}\right)/v_{\mathrm{s}} = \left(\frac{N}{T}\right)\frac{\sum_{i=1}^{N} \frac{1}{v_i}}{N} = \frac{1}{T}\sum_{i=1}^{N} \frac{1}{v_i} \tag{4-8}$$

式中：v_{s}——空间平均速度，m/s。

车型。车型信息的采集主要通过模式识别对车长进行判断。采集线圈的信号输出和脉冲技术进行车速计算，车长则是基于所得到的车速进行计算，其具体计算原理是根据车辆通过前后两个线圈的时间平均值进行计算，若整个车身通过前后线圈的时间平均值为$\bar{t}$，车速为v，线圈宽度为l，则结合式(4-3)，根据$L + l = \bar{t} \times v$估算车长L为：

$$L = \bar{t} \cdot v - l = \frac{\bar{t}s \times 1000}{p_n} l \tag{4-9}$$

地磁线圈信息采集技术的优缺点见表4-2。

地磁线圈信息采集技术的优缺点　　　　表4-2

优点	缺点
①成熟、广泛的实践基础，可满足多种实施状况的需求，并提供基本的交通参数。与非地埋型检测器相比，设备价格便宜； ②采用高频励磁的型号可提供车辆分类数据； ③相较于感应线圈，适用范围更广（如桥面等地）； ④对路面车辆压力的敏感度低于某些感应线圈； ⑤可通过无线电传输数据	①安装和维修需要封闭车道，对交通流造成干扰； ②路面翻修和道路设施维修时可能需要重装检测器； ③检测特定区域的交通流状况时需要多个检测器； ④当车辆类型变化比较大时，精确性会降低； ⑤检测静止车辆时，需借助特殊的传感器或使用专门的信号处理软件

2）超声波信息采集技术

超声波检测器可发射频率为 25~50kHz 的声波，大多数超声波检测器发射脉冲波，可提供车辆计数、速度、道路占有率等交通信息。其利用反射特性，超声波发生器发射一定频率的超声波在遇到障碍物后产生反射波，超声波接收器接收到反射波信号，并将其转换成电信号，测量发射波与回波之间的时间间隔t，并根据式(4-10)计算距离R（v为超声波传播速度），再根据距离变化量与两次测量时间间隔之比计算车辆行驶速度。

$$R = t \times v/2 \tag{4-10}$$

超声波测距的常用方法有渡越时间法、频差法、幅值法等。其中，渡越时间法因其原理简单、实现方便而被广泛采用。利用超声波渡越时间法测量距离的基本原理是：超声波测距仪控制器通过发送一定频率的脉冲信号激励超声波发送器产生超声波，超声波通过介质到达物体表面并形成反射波，反射波再经介质传播返回接收器，由接收器把声波信号转换为电信号，由控制器测出超声波从发射声波到接收所需的时间，再根据超声波在介质中的传播速度用式(4-11)计算出距离。

$$s = \frac{1}{2} \times 331.4 \Delta t \sqrt{\frac{T}{273} + 1} \tag{4-11}$$

式中：s——物体距离超声波测距仪的距离，m；

Δt——从发射超声波至接收到回波脉冲的时间间隔，s；

T——环境温度值，℃。

超声波信息采集技术的优、缺点见表 4-3。

超声波信息采集技术的优、缺点　　　　　　　表 4-3

优点	缺点
①操作安全； ②实时性好； ③精确度高； ④功能可扩展性强，可以根据需要适当改进，从而采集车辆间距以及车长、车高等信息； ⑤可采取模块化设计，便于裁剪和组建传感器网络，符合物联网要求； ⑥成本较低	①温度变化、强烈的气流紊乱等环境因素都会影响传感器检测性能； ②当车辆以中速或高速行驶时，检测器采用大的脉冲重复周期会影响占有率的检测

3）视频图像信息采集技术

视频图像处理是近年来在传统电视监视系统基础上逐步发展起来的一种新型道路

信息采集方法,主要由监控摄像机、微处理器以及计算机处理技术等构成,涉及计算机视觉、视频图像处理、信号处理、模式识别以及模式融合等多个领域,通过闭路电视和数字化技术分析交通数据。其可提供的交通信息最为丰富,包括实时交通数据(车速、车辆数、车身长度、车队长度等)、统计性交通数据(平均速度、车流量、道路占用率等)、交通事故信息(停车、交通堵塞情况、等候车队长度等)以及智能化识别数据(交通参与者人脸识别、车辆车牌识别、车辆车型识别等)。如图4-4所示,视频图像检测器的基本原理是由摄像机在短时间内连续拍摄两幅图像,然后对图像进行比较,若差异超过一定阈值则说明有运动车辆。

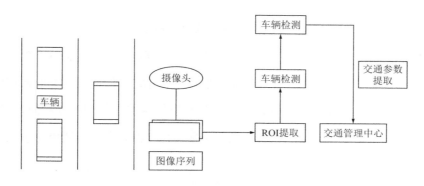

图 4-4 视频图像检测器基本原理

视频车辆检测信息采集技术的优缺点分析见表4-4。

视频车辆检测信息采集技术的优缺点　　　　　表 4-4

优点	缺点
①仪器设备安装方便,布设时不影响正常的道路交通; ②可获取丰富的道路交通信息; ③覆盖面大,易于调整检测区域; ④便于道路交通管理部门使用	容易受到恶劣天气以及光照环境变化的影响,摄像机镜头上的水迹、冰霜等都可能影响检测性能

4)微波雷达信息采集技术

微波车辆检测器是一种利用数字雷达波检测技术实时检测交通流量、平均车速、车型及车道占用率等交通数据的产品。它向行驶的车辆发射调频微波,波束被行驶的车辆阻挡而发生反射,反射波通过多普勒效应使频率发生偏移,根据这种频率的偏移可检测出有车辆通过,经过接收、处理、鉴频放大后输出检测信号,从而达到检测道路交通信息的目的，如图 4-5 所示。

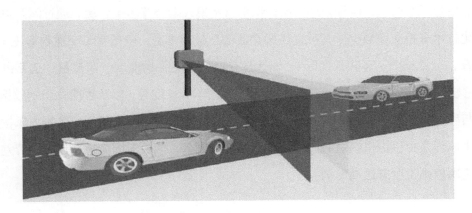

图 4-5　微波车辆检测器工作示意图

当车辆从雷达波覆盖区域穿过时，雷达波束由车辆反射回雷达天线，然后进入接收器，通过接收器完成车辆监测并计算相应交通数据，并将数据通过现有的通信网络实时传输到客户终端显示。典型的 X 波段微波雷达传感器主要由射频前端和前置电路组成。其中，射频前端包括收发天线、微波振荡器、环流器、混频器，前置电路包括发射前端和前置放大电路，如图 4-6 所示。

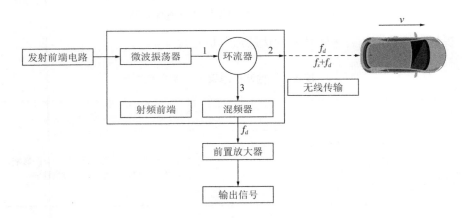

图 4-6　微波雷达传感器结构原理

微波振荡器生成频率为 f_s 的微波信号，经环流器 1 端环流到 2 端并由发射天线发射（部分泄漏到环流器 3 端）。当目标车辆与传感器之间有相对速度 v 时，根据多普勒原理，反射波会发生频移。假设频移量为 f_d，则接收天线收到的反射波频率为 $f_s + f_d$，并经环流器环流到混频器。最后发射波与反射波在混频器的作用下输出频率等于多普勒频移为

f_d 的电信号。根据多普勒原理：

$$f_d = \frac{2v}{\lambda_s} \tag{4-12}$$

式中：v——目标车辆的相对速度；

λ_s——微波信号的波长。

因此，只要检测出混频输出信号的频率即可通过式(4-11)计算得到目标车辆的相对速度。

在实际工作场景中，微波车辆检测器可以安装在车道附近的路灯杆上，高度为4~8m。微波雷达向下对各车道发射连续的调频波，并经各车道反射回来，与发射信号混合产生具有一定频率差的中频信号。由于各个车道相对微波雷达的距离不同，产生的中频信号的中心频率也不同。雷达根据不同车道在相邻时刻产生的中频信号的频谱差判断是否有车经过，进而分析车流量、车速、车型等信息，具体分析过程如下。

微波雷达通过天线向外发射一系列连续调频波并接收目标的反射信号。发射波的频率随时间按调制电压的规律变化。一般调制信号为三角波信号，发射信号与接收信号的频率按照一定规律变化。从目标反射回来的回波频率和发射频率的变化规律相同，发射频率和回波频率之差可以表征探测目标与雷达之间的距离。目标距离：

$$R = \frac{\Delta t c}{2} = \frac{c}{2} \times \frac{T}{2\Delta F} f \tag{4-13}$$

式中：R——目标离雷达的距离，m；

c——光速，m/s；

T——三角波调制信号的周期，s；

ΔF——VCO调制带宽，Hz；

f——混频器输出的中频信号频率，Hz。

从上式可以看出，目标与雷达间的距离与中频信号频率呈正比。由于不同车道的目标与雷达距离不同，对应的中频频率范围也不同，而且车辆经过雷达检测区域需要一定时间，因此通过分析中频信号的功率谱随时间的变化情况便可对车流量、车速、车道占有率、车型等参数进行统计。

微波雷达信息采集技术的优缺点分析见表4-5。

微波雷达信息采集技术的优缺点   表 4-5

优点	缺点
①在用于交通管理的较短的波长范围内，微波雷达对恶劣天气不敏感； ②可直接检测计算车速； ③可实现多车道检测	①天线的波速宽度和发射的波形必须适合具体应用的要求； ②微波雷达不能检测静止车辆； ③微波雷达对交叉路口的车辆计数效果不好

5）无线射频识别技术

无线射频识别（Radio Frequency Identification，RFID）是一种非接触式的自动识别技术。它通过射频信号自动识别目标对象并获取卡片自身记录的相关数据，可识别高速运动物体并可同时识别多个标签。采集数据包括车辆 ID、通过检测点时间、车型代码、号牌种类、使用性质、车牌归属地。通过多个无线射频识别采集装置构成的网络化系统，可采集如下交通参数，断面流量（分车型、分使用性质、分号牌种类）、关键通道车辆流量流向构成、车辆起止点、车辆旅行时间、任意两个段间行程车速、车辆出行规律。

无线射频识别系统由阅读器（Reader）、电子标签（Tag，应答器）及应用软件系统 3 部分组成，如图 4-7 所示。其工作原理是，标签进入磁场后，接收解读器发出的视频信号，凭借感应电流所获得的能量发送存储在芯片中的产品信息（无源标签或被动标签），或者主动发送某一频率的信号（有源标签或主动标签）；解读器读取信息并解码后，送至中央信息系统处理有关数据。

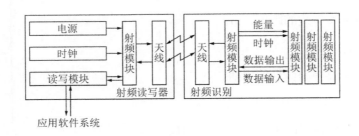

图 4-7　无线射频识别系统组成

阅读器根据结构和技术的不同可以分为阅读装置和读写装置，是无线射频识别系统的信息控制和处理中心。阅读器通常由耦合模块、收发模块、控制模块和接口单元组成。阅读器和应答器之间一般采用半双工通信方式进行信息交换，同时阅读器通过耦合为无源应答器提供能量和时序。在实际应用中，可进一步通过以太网（ethernet）或无线局域网（WLAN）等实现对物体识别信息的采集、处理、传送等管理功能。应答器是无线射频识别系统的信息载体，通常由耦合原件（线圈、微带天线等）和微芯片组成无源单元组成。

无线射频识别信息采集技术的优、缺点分析见表4-6。

无线射频识别（RFID）信息采集技术的优、缺点　　　　　　表4-6

优点	缺点
①非接触式、非视距测量，不会侵犯待测目标隐私； ②RFID信号以电磁波的方式进行传播，传播速度接近于光速，可在检测范围内快速获取标签的相关信息，并可在单位时间内快速识别多个标签； ③标签体积小、抗污染能力强、信息可人为写入，并可反复修改	①技术成熟度不够，RFID技术出现时间较短，在技术上还不够成熟，由于超高频RFID电子标签具有反向反射性特点，使得其在金属、液体等物体中应用比较困难； ②成本高，RFID电子标签相对于普通条码标签价格较高，为普通条码标签的几十倍，如果使用量大的话，就会造成成本太高，在很大程度上降低了市场使用RFID技术的积极性； ③存在安全风险，RFID技术面临的安全性问题主要表现为RFID电子标签信息被非法读取和恶意篡改； ④技术标准不统一，RFID技术目前还没有形成统一的标准，市场上多种标准并存，致使不同企业产品的RFID标签互不兼容，进而在一定程度上造成RFID技术应用的混乱

6）毫米波雷达信息采集技术

毫米波是指长度在1~10mm的电磁波，波长为短波长，对应的频率范围为30~300GHz，毫米波位于微波与远红外波相交叠的波长范围，因此毫米波兼有两种波谱的优点。毫米波雷达的基本结构主要包括：MMIC芯片、天线PCB板、信号处理模块等。其利用高频电路产生特定调制频率（FMCW）的电磁波，并通过天线发送电磁波和接收从目标反射回来的电磁波，通过发送和接收电磁波的参数来计算目标的距离、速度以及方位。

毫米波雷达主要有以下几点优势：与厘米波导引头相比，毫米波导引头具有体积小、质量轻和空间分辨率高的特点；与红外、激光等光学导引头相比，毫米波导引头穿透雾、烟、灰尘的能力强，具有很好的环境适应性；与其微波导引头相比，毫米波导引头的抗干扰、反隐身能力强，能同时识别多个目标，具有成像能力，机动性和隐蔽性；检测精度高，毫米波雷达系统能够检测到物体零点几毫米的移动。

毫米波雷达数据处理方式主要包括信号处理、目标检测和目标追踪。信号处理是毫米波雷达数据处理的基础，包括信号采集、滤波、去噪、解调等步骤，以提高数据的质量和准确性。目标检测是指通过对毫米波雷达数据进行分析和处理,实现对周围物体的检测和识别,从而提供实时的交通信息。目标跟踪是指对检测到的目标进行跟踪和预测,以实现对交通流量的监测和控制。

近年来交通毫米波雷达在智慧高速类项目中得到广泛应用。新型毫米波雷达对车辆的探测距离可以扩展到500m以上,实时探测行驶车辆的位置、速度,准确识别停车、超速、缓行、拥堵等事件,具有全天时、全天候稳定工作的特点,弥补了高速公路管理部门在夜间或光线不足情况下的全路段监控难题。

毫米波雷达信息采集技术具有测距功能,雷达调频器通过天线发射毫米波,当毫米波遇到障碍物时产生回波信号,发射信号与回波信号形状相同,只存在时间差。发射信号和回波信号如图4-8所示,发射信号和回波信号混频后的中频信号如图4-9所示。

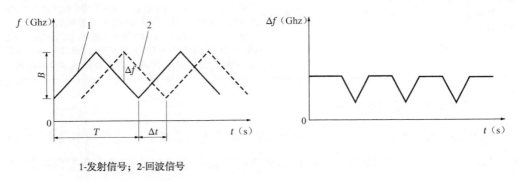

1-发射信号;2-回波信号

图4-8 发射信号和回波信号频率图　　图4-9 中频信号频率图

由于光速可知,毫米波雷达与障碍物之间的距离计算见式(4-14)。

$$R = \frac{\Delta t \times c}{2} \tag{4-14}$$

式中:R——毫米波雷达与障碍物的距离;

Δt——发射信号与回波信号时间差;

c——光速。

由图4-10几何关系可得:

$$\frac{\Delta t}{\Delta f} = \frac{T}{2 \times B} \tag{4-15}$$

式中:Δf——发射信号和回波信号混频后的中频信号频率;

T——发射信号周期；

B——雷达调制带宽。

将式(4-13)代入式(4-14)中，即可得到雷达到障碍物的距离与中频信号的关系式：

$$R = \frac{c \times T}{4B} \times \Delta f \tag{4-16}$$

当发射信号周期和雷达调制带宽一定时，通过发射信号和回波信号混频后的中频信号频率即Δf可计算出雷达到障碍物的距离。

毫米波雷达信息采集技术具有测速功能，当测量动态障碍物时，雷达与障碍物之间存在相对运动，发射信号与回波信号之间除了产生时间差外，还会产生多普勒位移，发射信号与回波信号如图4-10所示，发射信号和回波信号混频后的中频信号如图4-11所示。

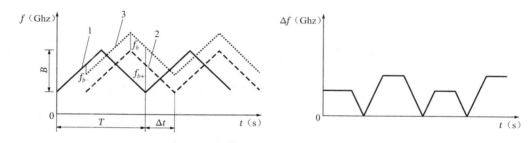

1-发射信号；2-静止目标回波信号；3-运动目标回波信号

图 4-10 发射信号和回波信号频率图　　图 4-11 中频信号频率图

如图 4-11 所示，中频信号在上升阶段的频率f_{b+}和下降阶段的频率f_{b-}可表示为：

$$\begin{cases} f_{b+} = \Delta f + f_b \\ f_{b-} = \Delta f - f_b \end{cases} \tag{4-17}$$

式中：Δf——静止状态发射信号和回波信号混频后的中频信号频率；

f_b——发射信号与回波信号的多普勒位移。

由多普勒原理可以得到运动目标的相对速度，见式(4-17)。

$$v = \frac{c}{4f}(f_{b-} - f_{b+}) \tag{4-18}$$

式中：v——运动目标相对速度；

f——中频信号中心频率。

毫米波雷达信息采集技术的优缺点分析见表4-7。

表4-7 毫米波雷达信息采集技术的优缺点

优点	缺点
①与微波相比，毫米波的分辨率高、指向性好、抗干扰能力强、探测性能好； ②与红外线相比，毫米波的大气衰减小、对烟雾灰尘具有更好的穿透性、受天气影响小	在传播过程中，毫米波会受到空气中水蒸气及氧分子的影响，这些气体产生的谐振会造成毫米波频率被吸收或者散射，产生严重的衰减

2. 车基型交通信息采集技术

车基型交通信息采集技术包括浮动车交通信息采集技术和基于手机定位的交通信息采集技术。

专栏4-1　电子导航系统的路况信息采集

随着现代科技的不断进步，人们出门即便不认识路，也能依靠电子导航系统到达目的地，并且途中还可以选择避开拥堵路段。那么问题来了，虽然电子导航系统录入了既有交通线路的信息，但它是如何获取到实时路况信息的呢？

在用户打开电子导航软件的一瞬间，其位置信息就上传至数据平台，而在这个庞大而精密的数据平台中，每隔几秒便会计算位移距离。平台会根据道路级别、周围设施情况，以及历史统计结果作出精密分析，整合相关数据后回传至用户使用界面，为出行者提供道路的拥堵信息。即在具有实时信息提示功能的电子导航系统中，出行者既是数据的使用者，也是数据的提供者。换言之，其精准程度取决于其在线用户数量。

电子导航系统所提供的道路交通情况一定是正确的吗？其实也不尽然。德国艺术家西蒙·韦克特（Simon Weckert）曾在2020年做过一个实验，他拉着一辆装有99部智能手机的手推车行走在柏林某条街道上，车上所有手机的谷歌地图全部处于运行状态。随着时间的推移，谷歌地图上显示街道出现了严重的交通堵塞，但现实中该条街道实际上几乎没有流动的车辆。他的实验成功地骗过了谷歌地图导航系统，产生了虚拟交通堵塞，使其判定道路有上百辆汽车缓慢移动。

1）浮动车交通信息采集技术

浮动车也被称作"探测车（Probe Car）"，是近年来国际智慧交通系统中所采用的获取道路交通信息的先进技术手段之一。

浮动车交通信息采集技术的工作原理是在车辆上装备信号定位接收装置，以一定的采样时间间隔记录车辆的三维位置坐标和时间数据，这些数据传入计算机后与地理信息系统的电子地图结合，经过重叠分析计算出车辆的瞬时速度及通过特定路段的行程时间和行程速度指标，具体如图4-12所示。

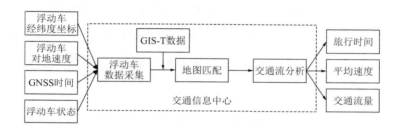

图 4-12　浮动车交通信息采集技术工作原理

浮动车交通信息采集技术的优缺点分析见表4-8。

浮动车交通信息采集技术的优缺点　　　　表 4-8

优点	缺点
①通常结合调度和诱导系统建设，投资成本低，采集数据多样、准确，有利于交通诱导服务系统的建设； ②技术平台众多、应用对象广泛，出租车、公交车均可成为载体； ③流动性强，几乎可以渗透到道路网各部分	①难以大规模、集中改装浮动车，改装困难； ②检测特定区域的交通流状况时往往需要安装多个检测器，对道路造成破坏，降低道路寿命； ③对路面车辆压力和温度敏感，当车辆类型变化较大时，精确性会降低

采用浮动车交通信息采集技术时，安装车辆上的信号定位接收装置是基于全球导航卫星系统对车辆的位置信息进行实时跟踪与监测。全球导航卫星系统（Global Navigation Satellite System，GNSS）是能在地球表面或近地空间的任何地点为用户提供全天候的三维坐标和速度以及时间信息的空基无线电导航定位系统。GNSS全面地面连续覆盖、通用性强、实时定位、定位精度高以及操作简单，其包括一个或多个卫星星座及其支持特定工作所需的增强系统。

GNSS系统组成包括空间、用户、地面监控三个部分。

空间部分（导航卫星）：导航卫星接收地面注入站向卫星发送的导航信息。包括卫星星历、时钟校正参数、大气校正参数等。卫星装有精密的原子钟，与地面的原子钟相互同步，建立了导航卫星的精密时系。

用户部分（地面接收器）：接收定位卫星发送的导航电文包括卫星状态、卫星星历、卫星钟偏差校正参数等。

地面监控部分（管理控制中心）：包括主控站、注入站、监控站。主控站的主要职能是根据各监测站送来的信息计算各卫星的星历及卫星钟修正量，按规定的方式编制导航电文，以便于通过注入站注入卫星，监测站的主要职能是在主控站的控制下接收卫星信号，收集当地的气象数据，由信息处理机处理收集到的全部信息，并传送给主控站，注入站的主要职能是当卫星通过其视野时，注入站将导航信息注入卫星，同时还负责监视卫星的导航信息是否正确。

GNSS 定位采用空间被动式测量原理，即在测站上安置用户接收系统，以各种可能的方式接收卫星系统发送的各类信号，由接收机解算出站星关系和测站的三维坐标。实现定位通过至少 4 颗已知位置的卫星（图 4-13）来确定接收器的位置，通过欧式距离公式建立方程，求解经度、纬度、高度及接收机的时钟误差等四个参数。

由于存在电离层延迟、对流层延迟、星历、接收机等诸多误差以及受地球自转的影响，GNSS 定位存在不同程度的误差，难以满足智慧交通时代的高精度定位需求。差分 GNSS（Differential GNSS，DGNSS）解决了这个问题。其将一个已精确测定的已知点作为差分基准点，在此点安装 GNSS 接收机，连续接收卫星定位信号，通过处理再与已知的精确位置作比较，不断确定当前的误差，然后把它通过通信链传送至该地区的所有移动 GNSS 用户，以修正它们的定位解。按照基准站作用距离，DGNSS 实时定位技术基本上可分为局域差分（作用距离小于 150km）和广域差分（作用距离大于 1000km）两种类型。DGNSS 定位原理图见图 4-14 所示。

全球卫星导航系统国际委员会公布的全球四大卫星导航系统供应商，包括美国的全球定位系统（GPS）、俄罗斯的格洛纳斯卫星导航系统（GLONASS）、中国的北斗卫星导航系统（BDS）、欧盟的伽利略卫星导航系统（GALILEO）。其中，北斗和 GPS 两大系统在性能方面尤为突出，定位精度和覆盖范围都明显优于其他系统。

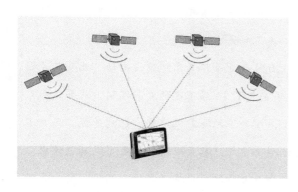
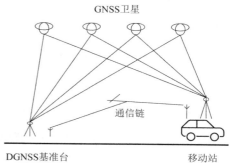

图 4-13 GNSS 接收器位置确定示意图　　图 4-14 差分 GNSS 定位原理图

（1）中国北斗卫星导航系统（BeiDou Navigation Satellite System，BDS）是中国自行研制的全球卫星导航系统，也是继 GPS、GLONASS 之后的第三个成熟的卫星导航系统。2020 年，北斗系统第 55 颗导航卫星，暨北斗三号最后一颗全球组网卫星在西昌卫星发射中心点火升空，北斗三号全球卫星导航系统星座部署全面完成，北斗三号全球卫星导航系统正式开通。

> **专栏4-2　北斗系统开发历程**
>
> 　　1993 年 7 月 24 日，我国一艘名为"银河号"的货轮在中东航线上正常行驶，美国方面对外声称"银河号"上运输有违禁化学品，而且这些化学品将会被运送到伊朗制造化学武器。银河号货轮在被美国盯上之后，直接关闭了银河号货轮上的 GPS 导航系统。银河号货轮失去了方向，在这种完全被动的情况下，只能同意让美方代表及其中间人登船搜查。这就是震惊中外的"银河号事件"。此后，我国开始研制自己的卫星导航系统。
>
> 　　自 20 世纪 90 年代开始，北斗系统启动研制，按三步走发展战略：先有源后无源。先区域后全球。先后建成了北斗 1 号，北斗 2 号，北斗 3 号系统，走出一条中国特色的卫星导航系统建设道路。北斗系统建设的三步走是结合我国在不同阶段技术经济发展实际提出的发展路线。
>
> 　　北斗一号：实现卫星导航从无到有。1994 年，北斗一号系统建设正式启动，2000 年发射两颗地球静止轨道卫星北斗一号系统建成并投入使用。2003 年又发射了第三颗

地球静止轨道卫星，进一步增强系统性能。北斗一号系统的建成迈出了探索性的第一步，初步满足了中国及周边区域的定位、导航和授时需求。

北斗二号系统：区域导航服务亚太。2004年北斗二号系统建设启动。北斗二号创新构建了中高轨混合星座架构，到2012年完成了14颗卫星的发射组网。北斗二号系统在兼容北斗一号有源定位体制的基础上，增加了无源定位体制。也就是说，用户不用自己发射信号，仅靠接收信号就能定位解决了用户容量限制，满足了高动态需求。北斗二号系统的建成不仅服务中国，还可为亚太地区用户提供定位、测速、授时和短报文通信服务。

北斗三号系统：实现全球组网。2009年北斗三号系统建设启动，到2020年完成三十颗卫星发射组网全面建成北斗三号系统。北斗三号在北斗二号的基础上进一步提升性能，扩展功能，为全球用户提供定位导航授时、全球短报文通信和国际搜救等服务。同时，在中国及周边地区提供星基增强、地基增强、精密单点定位和区域短报文通信服务。2020年后，北斗系统服务以北斗三号系统为主提供。

北斗卫星导航系统可在全球范围内全天候、全天时为各类用户提供高精度、高可靠定位、导航、授时服务（表4-9）。报文通信功能是北斗区别于其他卫星导航定位系统的一大优点，特别适用于在缺乏常规地面通信能力的地区建立数据通信。

北斗卫星导航系统精度参数　　　　　表4-9

服务区域	全球
定位精度	1.2m
测速精度	0.2m/s
授时精度	20ns
服务可用性	优于95%，在亚太地区，定位精度水平5m、高程5m

①北斗系统特点包括以下方面：

北斗系统空间段采用三种轨道卫星组成的混合星座，与其他卫星导航系统相比高轨卫星更多，抗遮挡能力强，尤其低纬度地区性能优势更为明显；

北斗系统提供多个频点的导航信号，能够通过多频信号组合使用等方式提高服务精度；

北斗系统创新融合了导航与通信能力，具备定位导航授时、星基增强、地基增强、精密单点定位、短报文通信和国际搜救等多种服务能力。

②随着交通的发展，高精度应用需求加速释放，北斗系统在多个领域发挥重要作用，主要包括：

陆地应用：车辆自主导航、车辆跟踪监控、车辆智能信息系统、车联网应用、铁路运营监控等；

航海应用：远洋运输、内河航运、船舶停泊与入坞等；

航空应用：航路导航、机场场面监控、精密进近等。

（2）GPS（Global Positioning System）全称为导航卫星测时和测距/全球定位系统。目前在地球上空已有 27 颗 GPS 卫星（包括 3 颗备份卫星）在运行。这些卫星分布在三个轨道平面上，每个轨道平面设置 8 颗。每颗卫星发射两种频率的无线电波用于定位，第一种频率 L1，1575.42MHz；第二种频率 L2，1227.6MHz。对于地球上任何一点，能同时有 6~9 颗卫星可供观测，可选择 4 颗最佳卫星进行定位，预期定位精度可达 10m。

（3）GNSS 浮动车（Floating Vehicles Equipped with GNSS）也称为 GNSS 探测车，它应用卫星定位技术，借助安装于车辆内的接收机，对车辆的位置和速度进行测量，通过无线通信，获取自由行驶在实际道路中的车辆实时位置和速度数据。GNSS 浮动车交通检测技术采用 GNSS 浮动车为交通数据采集工具，采集浮动车的 GNSS 定位数据，获取浮动车交通运行状态的检测值，以此获取道路交通信息。

利用 GNSS 的实时交通信息采集的系统框架结构如图 4-15 所示，主要包括车载 GNSS 设备、差分基站、中继站和信息中心 4 部分。其中，信息中心主要由数据采集服务器、数据存储服务器、数据处理/分析/融合服务器、GIS 地理信息系统、大型数据库管理系统、无线通信收发装置等部分构成。

基于 GNSS 的动态交通流信息采集技术的基本工作流程为：

①车载 GNSS 接收机利用至少四颗卫星确定车辆的当前位置；

②车载计算机存储信息并等待差分信息的校正；

③GNSS 基准站计算差分信息；

④利用基准站的差分信标数字转发器发送差分信息；

⑤数字转发器将差分数据发送到下一个通信站或者它所覆盖的所有车辆；

⑥浮动车辆通过移动通信板接收到差分数据信息，并将差分数据信息解码；

⑦利用差分数据校正车载计算机中存储的 GNSS 定位信息；

⑧校准的车辆位置信息以数字包的形式传送到基准站的数字转发器；

⑨数字转发器核实数据传输的质量，然后将其传送到控制中心或者将其转发到下一个通信站直到控制中心；

⑩控制中心的计算机系统对数据进行存储，通过数据的融合处理并与 GIS 数据相匹配，将控制中心接收到的数据信息通过一些处理分析，获得所需要的交通流参数。

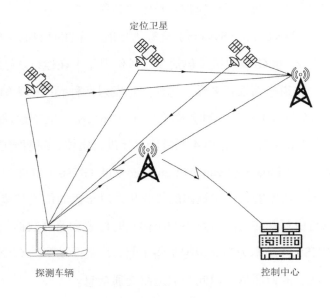

图 4-15　GNSS 浮动车原理

2）基于手机定位的交通信息采集技术

手机作为普及性极高的现代通信工具，贯穿人类学习、交流、交易、出行等多领域的生产和生活活动。相应地，可以从相关数据中分析出包括个人生活习性、出行轨迹等具备较强应用价值的信息。利用移动终端定位技术和应用成为当下的热点研究问题，未来，移动定位技术的市场需求将分布在全球诸多行业，如基于位置的信息服务、车队管理、财产跟踪、警队管理、个人安全、急救、物流等。

基于手机定位的交通信息采集技术为：手机定位技术以道路上行驶车辆的车载手机

为检测对象，检测器仅获得手机 ID 号和经纬度信息。随着手机用户数量的迅速增加，一辆车上存在多部手机的情况比较普遍，故而无法从上述手机信息直接获得独立车辆行驶信息。因此，需对移动通信网络提供的车载手机信息进行数据处理，以获得手机运行信息和所在车辆的行驶信息。通过手机定位采集到可用的交通信息需要经过以下 3 个环节：手机定位，即通过无线定位技术初步确定手机的位置，这样的定位同样是不精确的；地图匹配，将获取的手机定位数据与电子地图中的道路数据以一定的算法进行匹配，使车辆位置和道路相吻合；交通信息估计，限于经济和技术等考虑，能够通过手机定位的浮动车数量非常有限，抽样点也不会很多。需要根据这些数据，综合其他交通信息和对交通行为的理解，估测道路交通信息。

在已有信息平台和数据处理模块基础上，对数据库中所得时间位置数据信息进行处理，得到 OD 出行矩阵、位置信息、时间信息、平均行程车速、交通量等交通数据，如图 4-16 所示。

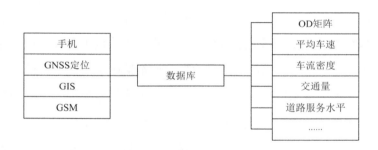

图 4-16　使用手机定位技术采集到的交通数据

基于手机定位交通信息采集技术是在高效的网络通信系统、精确的卫星定位导航技术和先进的计算机技术的基础上提出的。手机普及率高，集成卫星定位技术手机日益普及，个人导航功能的使用者剧增。卫星定位导航系统民用化、费用低、精度高，确保了利用手机定位技术所采集到的交通流参数的精确度，可采集多种交通流参数，是传统固定式交通信息采集设备所无法比拟的。

相对于传统固定式交通信息采集方法，基于手机定位交通信息采集技术优势非常明显，主要有以下几点。

①覆盖率高。由于手机用户的流动性，能够采集道路网络中很多路段的交通信息，具有覆盖范围广的优势。

②成本低。手机的位置数据来自手机信令、卫星定位系统，从而无需为数据采集付出更多额外成本，只需要支付数据传输所使用的流量费用。

③可采集多种交通流参数。通过对手机位置变化数据的处理，可以获得平均行驶车速、密度、交通量等交通流参数。

④精确度高。手机定位所获得数据处理后较传统固定交通信息采集方式所获得的交通数据的精确度高。

⑤适应性强。手机定位技术可在恶劣天气情况中正常工作，受环境影响小，可随时获得实时交通信息。

⑥能实时调查动态OD。交通出行OD一直是交通基本信息调查的一项难点，人工调查获取的OD信息是一种静态信息，准确性不高，而手机定位所采集的OD信息是一种动态信息，对交通监控、诱导具有非常重要的意义。

手机信令是指根据移动通信网络的覆盖特性及其需求提供给移动用户连续服务的功能，移动用户的手机终端会和移动通信网络主动或被动地、定期或不定期地保持着联系，移动通信网络将这些联系识别成一系列的控制指令，即为手机信令。手机信令数据是手机用户与发射基站或者微站之间的通信数据，只要满足手机正常开机运行并且与运营商建立通信联系两个条件，便开始产生信令数据。通常情况下，当手机处于开机状态时，手机会不断地向周围的基站进行频率的发射，搜索附近信号最强的三个基站。手机信令数据是通过手机在基站之间的信息交换获取的，这种属性将手机信令数据分成空闲态和连接态。空闲态是指即使是在不使用手机的状态下，只要手机开机、信号正常，就会定时接收附近基站系统信息，更新信令；连接态是指手机在使用基站搭建的语音通路、数据通路主叫、被叫、挂机、接收短信、发送短信、上网等行为时被记录的手机信令数据。

能够采集到手机信令数据的必备要素包括基站、第三方交通信息采集公司、移动定位中心。确定出行者位置，在理想情况下至少需要三个基站，其特点包括：

①手机信令数据具备覆盖性广的特点。随着手机的普及，越来越多的人拥有一台甚至多台智能手机，高持有率带来了广覆盖性。

②手机信令数据具备非自愿性特点。手机信令的传输与记录是不随人的意志而转移的，无论手机用户是否愿意，只要该用户开启手机并与通信运营商建立联系，其信令数据就会被记录。这种特性让用户难以干预结果，很大程度上避免数据谎报或遗漏等现象。

③手机信令数据具备时效性和连续性高的特点。手机信令数据的生成与采集是一个

实时、持续的动作。因为手机信令数据的收集是动态实时的,且只要手机开启、信号可用,无论是否使用都会或主动或被动地与基站取得联系,产生信令数据。

④手机信令数据具备冗余性强的特点。因为手机信令数据是通过数量庞大的基站连续不断地追踪手机用户的位置、状态等信息,会出现同时被多个基站记录的现象,产生重复数据备份。

⑤手机信令数据具备私密性高的特点。运营商提供的多为数据清洗后的脱敏数据,不涉及个人属性信息,不侵犯个人隐私。

手机信令在交通领域中的典型应用主要包括交通枢纽客流监测、高速公路出行服务、交通出行特征分析等。此外,依托覆盖面大的特点,手机用户可依托众包模式进行数据采集。

专栏4-3 众包信息采集模式

用户众包(User Generated Content,UGC)是指企业利用互联网将工作分配出去以发现创意或解决技术问题。交通信息用户众包是由出行者通过移动终端反馈交通信息,是交通信息采集的一种重要手段,可分为主动众包和隐性众包两种方式。

智能终端设备(如智能手机、Pad等)持有者下载安装特定的应用,并通过该应用提供的信息上报功能,主动将交通现场的交通信息以文字、语音、图片、视频等形式上传至应用运营后台。这种用户主动上报的方式称为主动众包;用户启动智能终端设备上安装的特定应用,并授予应用获取位置信息的权限,应用运营后台通过获取的实时位置信息以一定算法计算出交通现场道路交通流状况,这种获取用户实时位置信息的采集方式称为隐性众包。隐性众包的交通信息采集方式与浮动车原理类似,可以认为是一种广义的浮动车交通信息采集方式。

3. 空基型交通信息采集技术

空基型交通信息采集技术主要包括遥感技术和无人机技术两种。遥感技术是通过高空摄影方式,捕捉地面发来的各种波段的光子形成不同种类的图像。从遥感图像中获取交通数据可以分为两种,一种是从遥感图像中自动或半自动提取道路信息,建立较大区域内的道路网;另一种是从遥感图像中获取交叉口排队长度、路段车流密度等具体数据。

下面分别对基于遥感技术的道路图像提取技术和路段交通密度提取技术进行介绍。

1）基于遥感技术的道路图像提取技术

基于遥感技术的道路图像提取技术的提取流程如图 4-17 所示。数字图像的灰度是计算机进行图像处理的基础，计算机对图像进行处理实际上就是对图像的灰度数据进行处理。

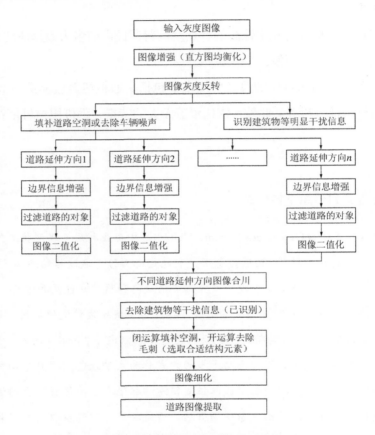

图 4-17 基于遥感技术的道路图像提取技术

图像增强处理是数字图像处理的基本方法之一，这里图像增强处理的目的是突出需要的信息，弱化或消除不需要的信息，即干扰信息。遥感图像进行图像增强处理后的结果是某些方面的信息得到突出，而另外一些信息则被削弱。图像增强算法很多，如直方图均衡化算法、基于模糊理论的图像增强算法、基于小波变换的图像增强算法等，这些算法可归纳为线性变化和非线性变化两大类。

道路上的车辆信息使得道路的颜色特征不是很均匀，所以需要对图像进行去噪处理。去噪算法多种多样，如中值滤波、均值滤波、小波变换去噪等。

在城市遥感图像中，异物同谱的现象很普遍，比如需要突出的是道路信息，但是图像中很多建筑物屋顶或是阴影的颜色特征与道路的颜色特征很相近，这就会在一定程度上影响道路识别的准确度。由于建筑物屋顶或者是阴影的形态特征与道路的形态特征往往是不同的，因此可以应用数学形态学，根据这些干扰信息的形态特征选取合适的结构元素，对图像进行适当的形态学运算处理，就可能识别出这些干扰信息，进而去除它们。

最后，需要对过滤出道路的遥感图像进行二值化分割，即把灰度图像转化为二值图像。灰度图像二值化主要用于将需要的目标信息与图像背景相分离。目前对灰度图像二值化的算法很多，可以分为自适应图像二值化法和非自适应二值化法两类，或者分为全局阈值算法和局部阈值算法两类。

以上遥感图像中的地物信息识别结束以后，往往要建立相应的地理信息数据库，因此，需要对图像进行细化操作。

2）基于遥感技术的路段交通密度提取技术

基于遥感技术的路段交通密度提取技术流程如图 4-18 所示。

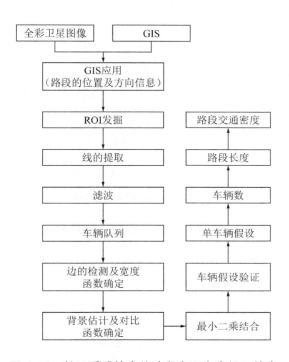

图 4-18　基于遥感技术的路段交通密度提取技术

下面对基于遥感技术的路段交通密度提取技术的关键环节进行简单介绍。

（1）车辆的提取。

图 4-19 显示了从遥感图像中取得的关于道路位置和方向的先验信息，位置精度约为 2m。路边各道路的位置都不包含在数据库中。因此，道路宽度需要从车道的数量或是各路段平均宽度这些特性来估计。所产生的 ROI（Region of Interest，感兴趣区域）仅被看作真实道路区域的一种近似值。线提取通过应用 steger 的微分几何方法得以实现。该算法主要是基于第二衍生图像的理论计算，即像函数的曲率。线提取过程的参数与车辆几何参数（车辆宽度：ω）和开放性测量（路的期望对比：c）保持一致。

图 4-19　遥感图像交通信息提取示意图

因此，线提取所必需的输入参数 σ、t_L 和 t_H 可以按照如下公式计算：

$$\sigma = \frac{\omega}{2\sqrt{3}} \quad t = c\frac{-\omega}{\sqrt{2\pi\sigma^3}} e^{-\frac{1}{2}\left(\frac{\omega}{2\sigma}\right)^2} \tag{4-19}$$

$$t_L = c_L \frac{-\omega}{\sqrt{2\pi\sigma^3}} e^{-\frac{1}{2}\left(\frac{\omega}{2\sigma}\right)^2} \tag{4-20}$$

$$t_H = c_H \frac{-\omega}{\sqrt{2\pi\sigma^3}} e^{-\frac{1}{2}\left(\frac{\omega}{2\sigma}\right)^2} \tag{4-21}$$

式中：σ——初步平滑因子，可以从最大期望宽度（如 2.5m）计算得到；

t_L、t_H——在像函数的每个点上的第二偏导数的迟滞闭值，如果值超过 t_H 一个点，就立刻被接收为一个线点，所有的二阶微分小于 t_L 的点将被拒绝，二阶微分介于 t_L 和 t_H 之间的点若能和已经被接受的点连接起来，则也将被接受；

c_L——可被接受的最小反差值；

c_H——可被明确接受的队列反差值。

（2）路段长度的计算方法。

路段长度的计算过程如图 4-20 所示，图中各栅格代表图像像素，灰色栅格为路面，取路段同侧边缘两个点，坐标分别为 (x_1, y_1) 和 (x_2, y_2)，单位均为像素数。则以像素数表示的路段长度为：

$$z = \sqrt{(x_1 - x_2)^2 + (y_1 - y_2)^2} \quad (4\text{-}22)$$

将上式换为长度单位 m，则路段长度 l 的计算公式为：

$$l = zf = f\sqrt{(x_1 - x_2)^2 + (y_1 - y_2)^2} \quad (4\text{-}23)$$

式中：f——遥感图像空间分辨率。

（3）路段交通密度的确定方法。

设路段单向车道数为 lane，则路段交通密度 k 为：

$$k = \frac{n}{2l \times \text{lane}} \quad (4\text{-}24)$$

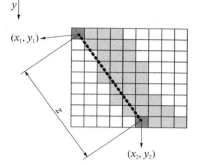

图 4-20　路段长度计算示意图

式中：n——通过单幅遥感图像提取的路段车辆数，辆；

　　　l——路段长度，m。

根据上述的路段密度确定方法，当某一路段 k 值较大时可以认为该路段有堵塞发生。

3）基于无人机技术的交通信息采集

随着无人机技术的不断发展，结构简单、成本低、风险小、灵活机动、实时性强等独特优点使得无人机的应用更加广泛，特别是在交通信息采集领域，无人机的使用使得移动式交通信息采集技术在空间上得到了进一步拓展。

通过 GNSS 定位导航技术，借助先进的无人机飞行控制系统和无线通信系统，可实现无人机与地面交通监控中心的实时数据传输，并从多高度、多角度、多方位对道路交通流进行实时监控和信息采集。

利用无人机进行交通信息采集，主要是指借助无人机平台搭载的高清视频设备拍摄的视频及照片对交通信息进行提取。其中，交通信息通常包含车辆检测、交通密度和流量以及车辆轨迹与车速三大类，如图 4-21 所示。

交通密度提取的流程大致为：获取无人机拍摄的视频，选取需要提取交通密度的区域，计算出实际长度与图像像素密度的比例并进行标定，利用车辆检测算法检测车辆，最后计算交通密度。

车辆轨迹提取的主要流程为：将无人机视频图像转换成某一类色度图像（HSV/HSL），

使用相应算法对图像进行处理，找到车辆坐标，处理下一帧图像，确定新坐标，然后记录每帧图像中的车辆坐标并在当前帧图像中显示，最终得到车辆轨迹。

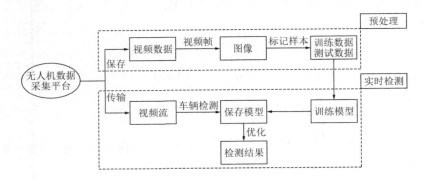

图 4-21 基于无人机视频的交通检测

无人机信息采集技术的优缺点见表 4-10。

无人机信息采集技术的优缺点　　　　　　　　表 4-10

优点	缺点
①检测范围广； ②采集信息多样化； ③平台机动灵活、便于部署； ④无需考虑人员风险，危险任务风险低； ⑤出动准备时间短，效率高； ⑥成本低，小型无人机价格较低廉	①荷载有限，搭载设备受限； ②续航时间、对天气要求较高、平台震动较大，检测精度受限； ③视线可能被树木、建筑物等遮挡

第三节 新形势下交通信息采集的要求

交通信息采集在新形势下面临着许多新的问题。首先，现代交通信息采集依赖于多种数据来源，如 GNSS 设备、交通摄像头、社交媒体、智能手机应用和物联网设备，而这些数据格式各异，如何有效整合和统一处理成为一大挑战。其次，不同来源的数据质量和精度差异较大，存在数据冗余、不完整和错误数据，如何确保数据的一致性和可靠性是交通信息系统有效运行的前提。此外，交通信息采集过程中涉及大量个人隐私数据，如车辆位置、行驶路径和驾驶习惯，如何保护这些隐私数据不被滥用是一个重要问题。

智慧交通利用先进的信息技术和通信技术，通过多种手段实现交通信息的高效采集。这些手段包括物联网（IoT）传感器、交通摄像头、卫星导航系统、无人机等设备。物联网传感器可以嵌入道路、桥梁、停车场等交通基础设施中，实时监测和传输数据，提供交通流量、车速、车牌识别等信息。交通摄像头则通过视频监控和图像处理技术，获取道路状况、交通事故等数据。卫星导航系统可以提供车辆的实时位置、行驶速度和路线信息。而无人机则能够覆盖大面积区域，进行高空拍摄和监测，特别是在交通事故或大型活动时起到快速响应的作用。这些数据采集手段相互补充，形成了一个综合的交通信息网络，能够实时、准确地反映交通状况。此外，智慧交通还利用大数据分析和人工智能技术，对采集到的信息进行处理和分析，预测交通流量变化，优化交通管理和调度，减少交通拥堵，提高出行效率。通过这些手段，智慧交通不仅提升了交通信息采集的全面性和精确性，也为智能交通系统的建设和发展提供了坚实的数据基础。

在新形势下，道路交通的智慧化相较于传统行业的智能化是颠覆性的，其对交通信息的采集提出了新要求。人、车、路，气象、路侧设备都要在互联网上进行连接，并且相互之间形成通信联系，信息在各要素间无时无刻地交换。而建成的路径、实现的功能，都需要面向管理和出行用全新的空间和逻辑思维去做好顶层设计。管理的基础是对底层信息的全盘掌握，底层信息的基础就是人、车、路、环境，也可称为"道路交通全环境要素"。比如在道路匝道这个场景下，可以对流量、车速、车辆排队、路面健康状况、事件号牌、行人闯入等进行分析，进行上下游联动，联动以后可以提供高精度位置服务和行驶服务，能知道车要去哪里，知道车在高架上希望从哪个出口下去，这对平衡快速路网流量可以起到一定作用。在路侧有了智能网联传感设施之后，能够对感知到的各类设备与车辆的碎片化信息流进行快速整合和分发，给到相应的控制节点和车辆上，来为它们提供服务，见图4-22。

通过运用5G通信、传感器、云计算等现代科技手段及工具，基于高精度数字化路网、构建附属于路侧的交通标志标线及信号灯、示警、防护、减速、诱导、照明等管控设施的数字化身份信息，建立智能网联、数字在线、全息感知的"主动的道路""开放的道路"，通过互联网实现人与车主动交互感知、服务于出行。

全息感知下运行开放的道路是希望让道路交通全环境要素都有方向、位置、速度、空间、身份等数字传感，通过互联网实现在线且闭环。全息感知道路的前提是科学合理的场景。首先应当设计出一条安全的道路；全息感知是一个升级增强版的道路交通设施系统，面向人工驾驶和自动驾驶去研究，把开放的道路交通环境变成闭环的感知道场，让各个不同主体安全、高效地运行。

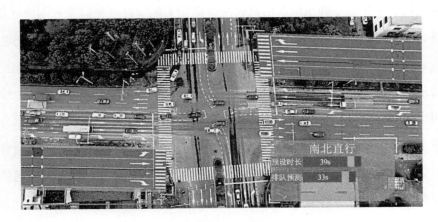

图 4-22　路侧与车辆的共同感知场景

 思考题

1. 交通信息按信息变动的频率的分类方法及对应包含的信息有哪些？
2. 交通信息自动采集技术包括哪些？各自的优缺点是什么？

第 五 章
Chapter 05

智慧交通信息传输技术

第一节 交通信息传输的构成

在城市智慧交通信息管理与服务系统中，交通信息的传输起着至关重要的作用。将交通信息采集系统得到的信息，根据使用场景、时间要求等传输给信息处理端，是智慧交通提供决策准确性和及时性的决定因素之一。智慧交通中常用的信息传输方式主要包括以下三类。

车—车通信。主要利用安装在车辆上的车载无线信息收发设备，实现车辆之间的信息交互，使行驶中的车辆能够相互感知，以确保它们在各种行驶条件下的安全性和高效性。

车—路通信。主要利用安装在车内的无线通信设备与路侧交通基础设施进行交互，使通过基础设施的车辆能够实时获取当地路网的路况信息和服务信息，实现车辆的安全顺畅行驶。

车（路）—指挥中心通信。主要是指交通控制中心与车辆（道路）间的通信，可以有效地利用蜂窝网络或无线网络，实现行驶车辆与交通控制管理中心的通信；也可使用FM调频广播，发送相关道路交通信息，如交通阻塞信息、突发事故信息等；此外，还可通过红外线进行双向通信，车辆可以向交通控制中心发送交通信息，包括行程时间、排队时间、OD信息等。车辆装有车内导行装置、红外接发器、车辆定位装置和显示器等，除获取实时信息外，还能够计算最佳出行路径。

一、交通信息传输的构成要素

交通信息传输的构成要素主要包括信息源、发送设备、信道、接收设备和信息宿。

（1）信息源。信息源是信息或信息序列的产生源，它泛指一切信息发布者，可以是人也可以是机器设备，能够产生诸如声音、数据、文字、图像、代码等电信号。信息源发出信息的形式可以是连续的，也可以是离散的。

（2）发送设备。发送设备是指将信息源发出的信息转换成便于传输的形式，使之适应于信道传输特性的要求并送入信道的机器设备。发送设备是一个整体概念，包括电路、器件与系统,比如将声音转换为电信号的麦克风、将基带信号转换为频带信号的调制器等。

(3) 信道。信道是指传输信号的通道。根据传输媒质的不同,可以分为有线信道(明线、对称电缆、同轴电缆、光纤等)和无线信道(电磁波、卫星等)。明线和电缆可用来传输速率低的数字信号,其他信道均要进行调制。只经信道编码而不经调制就可以直接送到明线或电缆中去传输的数字信号称为数字基带信号,经调制后的信号称为频带信号。信道噪声,可能是进入信道的各种外部噪声,也可能是通信系统中各种电路、器件或设备自身产生的内部噪声。

(4) 接收设备。接收设备是接收信道传输的信息,并将其转换成信息宿方便接收的形式的机器设备。与发送设备类似,接收设备也是一个整体概念,包括许多电路、器件与系统,比如将频带信号转换为基带信号的解调器、将数字信号转换为模拟信号的数/模转换器等。

(5) 信息宿。信息宿是指接收发送端信息的对象,它泛指一切信息接受者,可以是人,也可以是机器设备。

二、交通信息传输系统的分类

依据交通信息传输的组成可以将其分为模拟信息和数字信息两种。所谓的模拟信息是指在信道中所传递的信息是模拟量,相应的电信号是模拟波形;数字信息则是指采用数字信号进行数据传输的方法。因此,可将信息传输系统分为模拟信息传输系统和数字信息传输系统。

1) 模拟信息传输系统

模拟信息传输系统模型如图 5-1 所示,发送端从信源采集到信号后经过调制器直接传输至广义信道,接收端则将广义信道传输的信号经过解调器恢复成原始信息后传输至信宿。

2) 数字信息传输系统

如果信源输出的是数字信号,或信源输出的仿真信号经过了模数转换成了数字信号,再进行处理和传输,则这样的通信系统称为数字通信系统。数字信息传输模型如图 5-2 所示。

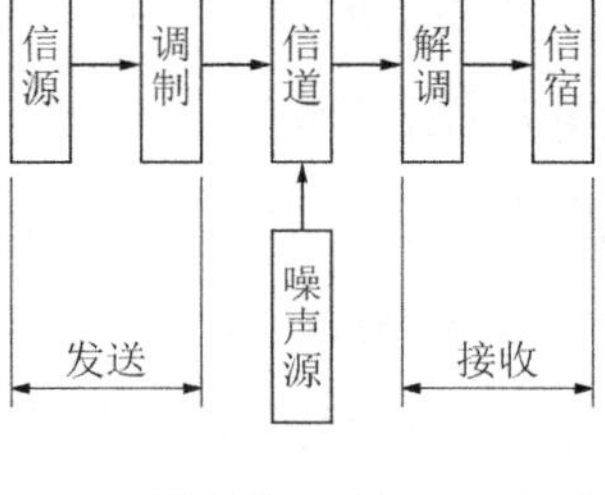

图 5-1 模拟信息传输系统模型

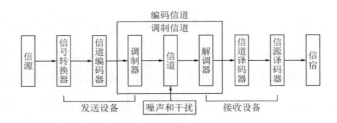

图 5-2 数字信息传输系统模型

在发送端,信源输出的消息经过信源编码得到一个具有若干离散取值的离散时间序列。信源编码的功能为:将仿真信号转换为数字序列;压缩编码,提高通信效率;加密编码,提高信息传输安全性。

信源编码的输出序列将送入信道编码器,信道编码的功能如下所述。

(1)负责对数字序列进行差错控制编码,如分母编码、卷积编码、交织和扰乱等,以抵抗信道中的噪声和干扰,提高传输可靠性。

(2)对差错控制编码输出的数字序列进行码型变换(也称为基带调制),如单双极性变换、归零-不归零码变换、差分编码、AMI 编码、HDB3 编码等,其目的是匹配信道传输特性,增加定时信息,改变输出符号的统计特性并使之具有一定的检错能力。

(3)对输出码型进行波形映射,以适应于带限传输信道,如针对带限信道的无串扰波形成的成形滤波、部分响应成形滤波等。

调制器完成数字基带信号到频带信号的转换,数字调制方式有多种,如幅移键控(ASK)、相移键控(PSK)、频移键控(FSK)、正交幅度调制(QAM)、正交相移键控(QPSK)等,还可能包括扩频调制。调制器输出的频带信号经过功率放大后送入物理信道。传输信号在物理信道中发生衰落,波形畸变,并混入噪声和干扰。

在接收端,接收信号经过滤波、变频、放大等信号调理后,送入解调器。解调器完成频带数字信号到基带数字信号的变换。

基带数字信号在信道译码器中完成译码,即完成与发送端信道编码器功能相反的变换,其输出的数字序列将送入信源译码器中进行译码,即完成解密、解压缩以及数模转换等功能,最终向信宿输出接收消息。在接收端,为了完成解调,通常需要提取发送的调制载波,而为了完成译码,必须使收发双方具有相同的传输节拍,也就是需要定时恢复,从而完成收发双方的同步,同步包括位同步和分组同步(帧同步和群同步)等。如果数字通信系统中不使用调制器和解调器进行信号的基带-频带转换,则这样的系统称为数字基带传输系统。

与模拟信息传输相比,数字信息传输具有以下优势。

①易再生,防止干扰累积;

②便于连接各种数据终端,特别是计算机终端;

③易于加密,可靠性高;

④易于实现信息传输业务综合化,有利于组网传输;

⑤电子器件易于高度集成化,有利于通信设备的小型化和灵活性布局;

⑥数字信息易于加工处理,有利于扩大信息传输内容,提高传输质量。

第二节 通信实现的基本形式

信息传输在智慧交通系统中的信息采集、处理、提供及应用中具有重要作用。通过通信技术,可以实时传输交通信息,车辆之间和车辆与基础设施之间可以实现通信和数据交换,提供更加智慧的交通运输服务。可以说,没有先进的通信技术,就没有先进的智慧交通系统。通信技术与通信系统正逐步成为智慧交通系统技术体系的重要组成部分,成为其发展和优化升级的强大推力。通信技术实现的基本形式主要包括:调频广播、移动通信、专用短程移动通信、无线射频识别等。

一、调频广播

调频广播是以调频方式进行音频信号传输的,调频波的载波随着音频调制信号的变化而在载波中心频率(未调制以前的中心频率)两边变化,每秒钟的频偏变化次数和音频信号的调制频率一致,如音频信号的频率为 1kHz,则载波的频偏变化次数也为每秒 1k 次,频偏的大小是随音频信号的振幅大小而定。

调频广播是高频振荡频率随音频信号幅度而变化的广播技术。具有抗干扰力强、失真小、设备利用率高等优点,但所占频带宽,因此常工作于甚高频段。

由交通部门与广播电台联合打造的调频广播台不是传统意义的广播,而是跨行业、利用"多路段、差异化、定制化插播"技术,实现基于智能位置信息的差异化信息服务,是对普通调频同步广播系统的创新应用。它具有紧急广播和数据推送功能,可全面提升现有道路网络的信息服务水平和效率，提高应对道路交通突发事件和应急处置能力。

二、移动通信

移动通信是指移动体之间的通信，或者是移动体与固定体之间的通信。移动体是指可在移动状态中的物体，典型代表有人、汽车、火车、轮船等。

移动通信是进行无线通信的现代化技术，这种技术是电子计算机与移动互联网发展的重要成果之一。移动通信技术经过技术的多次更新迭代，目前已经发展至第五代—5G移动通信技术。

（1）移动通信的优点主要有方便快捷、移动性、多样性、互动性。

①方便快捷：移动通信可以随时随地进行通信，不受时间和地点的限制，方便快捷。

②灵活性：移动通信可以选择不同的通信方式，包括短信、电话、视频通话等，满足不同用户的需求。

③多样性：移动通信可以通过不同的设备进行通信，包括手机、平板电脑、笔记本电脑等，满足用户对不同设备的需求。

④互动性：移动通信可以通过社交网络等平台进行互动和交流，增强沟通效率。

（2）移动通信的应用场景。移动通信技术在交通运输领域的应用场景十分广泛，如车联网、交通事故处理以及交通流诱导等，下面作简要介绍。

①在车联网中应用。与不同城市智慧交通项目之间的交互、车与车之间的交互、不同种类的信息平台之间交互等，选择更为合理的出行路线，合理规避交通堵塞。

②在交通事故处理中应用。交通管理部门可以通过远程视频完成事故现场勘察。可以快速处理交通事故，及时解决事发路段的交通拥堵状况，并节约交管部门成本。

③在交通流诱导中应用。车载导航系统与5G网络技术进行结合成为交通流诱导系统中的接收或发送设备，移动定位可以实现援助服务、基于位置的信息服务、追踪服务等多种业务。

三、专用短程移动通信

专用短程移动通信（Dedicated Short Range Communication，DSRC）是一种无线通信系统，它将数字信号调制在高频副载波上，再以此搭载有信号的副载波调制到频率、幅值固定的厘米波上，由天馈线在路面通信站和运动车辆之间来回传播。DSRC标准主要涉及路测单元（Road Side Unit，RSU）和车载单元（On Board Unit，OBU）两种设备。通过建立 RSU 与 OBU 之间的通信，应用于电子不停车收费系统（Electronic Toll Collection，ETC）。

专用短程移动通信是智能交通系统的基础通信技术，通过信息的双向传输将车辆和道路连接起来，主要用于控制车辆运动和征收通行费。它可以实现小范围内图像、语音和数据的实时、准确和可靠的双向传输，将车辆和道路有机连接，因而成为智能交通系统的重要通信平台。

（1）DSRC 技术的特点主要包含以下几点。

①通信距离：10m～30m；

②工作频段：ISM5.8GHz、915MHz、2.45GHz；

③通信速率：500kbps/250kbps，能承载大宽频的车载套用信息；

④完善的加密通信机制：支持 3DES、RSA 算法；高安全性数据传输机制，支持双向认证及加/解密；

⑤适用领域宽广：不停车收费、出入控制、车队管理、车辆识别、信息服务等；

⑥具备统一的国家标准，各种产品之间的互换性、兼容性强；

⑦具备丰富的技术支持，产品多样化、专业化。

（2）信标。信标可以用于车辆定位和导航、电子收费、车辆自动识别、商业车辆运营、交通管理和车辆与车辆之间的相互通信。DSRC 技术短距离信标可以提供短程通信，几种常见的短距离信标特性见表 5-1。

短距离信标特性表　　　　　　　　　　表 5-1

生产厂	系统	距离	数据率	发送块大小
休斯（Hughes）	主动通信	61m（200in.）	550kB/s	512bit
安迈特（Amtech）	被动通信	23～30m（750～100in.）	300 或 600kB/s	128bit
西门子（Siemens）	红外	60～80m（197～262in.）	125kB/s	256byte（上行链路）128byte（下行链路）

车—路旁的信标类型有三种：定位信标、信息信标以及单独通信信标，这些信标均可用来收集交通数据和引导车辆。

①定位信标。发送信号以确定其位置、地图坐标、路段取向以及信标数目。

②信息信标。既发送定位信号又通过电缆中继当前路况和交通信息。

③单独通信信标。用于和车辆进行双向通信。

当一辆配置完备的车辆经过通信信标时，就可以通过信标向中心主机发送测量的行程时间和经历信号灯的等待时间。同时它可从信标接收到返回的相关定位和引导信息，如图 5-3 所示。

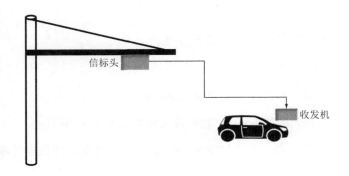

图 5-3　信标通信

DSRC 协议是 DSRC 的基础，是应用于智慧交通领域道路与车辆之间的通信协议，由路边单元和车载单元、控制中心以及一些辅助设备组成。目前国际上的收发器大多数工作在微波阶段，少数工作在红外波段，通过路边单元收发器和车载单元收发器，就可以实现车辆与道路之间的信息交互；信息卡里面存储了很多该车的信息，通过车载单元收发器可以将存储的信息发给路边单元，也可以从路边单元下载有关信息。

四、无线射频识别

1. 无线射频识别技术简介

无线射频识别（Radio Frequency Identification，RFID）技术是一种非接触式的自动识别技术，它通过射频信号自动识别目标对象并获取相关数据。其基本组成有标签、阅读器和天线，工作原理为阅读器通过天线发送射频信号，标签接收到信号后将其内部存储的标识信息反射出来，阅读器再通过天线接收并识别标签发回的信息，最后阅读器再将识别结果发送给主机。

RFID 技术作为一种新兴的非接触式自动识别技术，具有防水、防磁、耐高温、使用寿命长、读取距离远、标签数据可加密、数据存储容量大、存储信息可更改等特点。将 RFID 技术应用于智慧交通领域，可充分发挥其自动识别及动态信息采集的巨大优势，能够有效解决城市交通信息化建设的瓶颈问题。与基于视频和图像处理的车牌识别技术相比，基于射频识别技术的车辆识别准确性较高，不易受环境的影响。通过环形感应线圈、雷达、图像传感器、红外线传感器等交通信息采集方式，只能获取道路交通信息，不能获取车辆本身的信息，而采用 RFID 技术，则可准确且全面地获取单车的状态信息以及路网交通状况。

近年来，随着大规模集成电路、网络通信、信息安全等技术的发展，射频识别技术显示出巨大的发展潜力与应用空间。由于具有高速移动物体识别、多目标识别和非接触识别等特点，RFID 技术在交通、电信、农牧、票据、防伪、安全和医疗等领域得到了广泛推广及应用，并取得了良好的效果。与其他识别技术相比，RFID 技术具有自动化、适应恶劣工作环境、可读写标签、数据安全性高等诸多优势，对改善用户生活质量、提高企业效益、保障公共安全生产具有重要的意义。

2. 无线射频识别技术应用

RFID 技术在交通领域的应用包括智能停车场管理（如图 5-4 所示）、车辆智能交通管理、车辆调度管理、港口码头车辆管理、车辆智能称重管理、智慧公交管理、非法车辆稽查管理、海关车辆通关管理、机动车尾气排放控制管理等。此外，RFID 技术也广泛应用于不停车收费、交通意外救援和特殊车辆监控、交通流检测及交通违章取证以及车联网应用等方面，并取得了良好的应用成效。RFID 系统通过车—路间通信实现车辆的智能管理，可充分利用车辆数字化信源，构建"车联网"管理平台，从而培育和创建与涉车管理相关的服务功能及其服务产业。

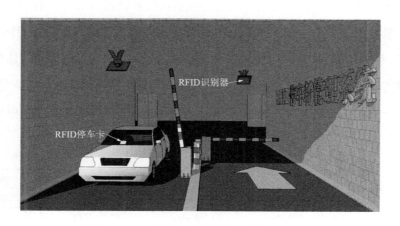

图 5-4　RFID 技术在智能停车场管理的应用

3. 无线射频识别技术分类

如图 5-5 所示,无线射频识别技术可以按照供电方式、数据调制方式、系统工作频率、可读可写性进行进一步分类。

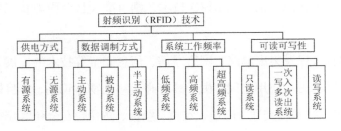

图 5-5 RFID 技术分类

(1) 按供电方式划分。RFID 技术可分为有源系统和无源系统。有源系统的电子标签使用电子标签内部电池供电,主动发射信号,识别距离较长,但使用寿命有限,并且成本较高,无法制成薄卡。无源系统的电子标签不含电池,利用阅读器发射的电磁波进行耦合为自身提供能量,重量轻、体积小、寿命长、成本低,可以制成多种类型薄卡或挂扣卡,但识别距离受到限制。

(2) 按数据调制方式划分。RFID 技术可分为主动系统、被动系统和半主动系统。主动系统使用自身的射频能量主动地给读写器发送数据;被动系统使用调制散射方式发送数据,必须利用读写器的载波调制自身信号;半主动系统自身携带电池,电池只对读写器内部数字电路进行供电,通过反向散射调制方式传送自身数据。

(3) 按系统工作频率划分。RFID 技术可分为低频系统、高频系统、超高频系统和微波系统。低频标签通过电感耦合的方式进行能量供应和数据传输,一般为无源标签,其阅读距离一般情况下小于 1m。高频标签工作能量的获取方式与低频标签相同,一般也采用无源方式,低频标签存贮数据量较多,数据传输速度较快,阅读距离一般情况下为 1m。超高频标签传输速度快、读取距离远、存储容量大,可一次读取多个标签,可重复使用,其阅读距离一般为 4~6m,最大可达 10m 以上,3 种频率系统的特性分析可见表 5-2。

RFID 工作频率分类　　　　　　　　　　表 5-2

分类	频率范围	典型频率	通信距离	耦合类型
低频	30kHz~300kHz	125kHz~133kHz	0.5m 以内	电感耦合
高频	3MHz~30MHz	13.56MHz	1.5m 以内	电磁耦合
超高频	300MHz~3GHz	860~960MHz	3~10m	电磁耦合

（4）按可读可写性划分。RFID 技术可分为只读系统、一次写入多次读出系统和读写系统。只读系统的内容识别时只能读出，不可写入，其存储器一般由只读存储器（Read-Only Memory，ROM）组成。一次写入多次读出系统一般用于标签一次性使用的场合，如航空行李标签、特殊身份证件标签等。读写系统内部除包含只读存储器和缓冲存储器（Cache）外，还包含非活动可编程记忆存储器，一般是带电可擦可编程只读存储器（Electrically Erasable Programmable Read-Only Memory，EEPROM），也可能包含有随机存储器，用于存储数据传输过程中临时产生的数据。

第三节 第五代通信技术（5G）与智慧交通

一、5G 发展的驱动力

第五代移动通信技术（5th Generation Mobile Communication Technology，以下简称 5G）的发展主要有两个驱动力。一是以长期演进技术（LTE）为代表的第四代移动通信系统已全面商用，二是用户对移动数据的需求呈爆炸式增长，现有移动通信系统难以满足未来需求。

早在 2013 年底，工业和信息化部就正式向中国移动、中国联通和中国电信颁发了分时长期演进技术业务许可证，以 LTE 为代表的 4G 网络提供的业务数据大多为全 IP 化网络，能在一定程度上满足移动通信业务的发展需求。然而，随着经济社会及物联网技术的迅速发展，云计算、社交网络、车联网等新型移动通信业务不断产生，对通信技术提出了更高层次的需求。在 5G 应用场景下，移动通信网络将会完全覆盖目标区域，并且能够满足不同区域的个性化通信需求。具体而言，相较于 4G 网络，5G 网络的优势主要体现在以下几个方面。

（1）从速度方面来看，5G 相较于 4G 有着显著的优势。理论上，5G 网络的峰值下载速度可以达到 20Gbps，而 4G 网络的峰值下载速度仅为 1Gbps。这意味着在相同的网络环境下，5G 可以更快地下载和上传数据，为用户提供更流畅的网络体验。

（2）从网络延迟方面看，5G 较 4G 延迟更小。5G 网络的延迟可以降低到 1ms，而 4G 网络的延迟通常在 30～50ms 之间。

（3）从应用场景来看，5G 应用范围比 4G 更广泛。由于 5G 的高速度和低延迟特性，它可适用于自动驾驶汽车、远程医疗等领域。例如，在自动驾驶汽车领域，5G 的低延迟和高速度可以保证车辆与道路基础设施之间的实时通信，提高驾驶的安全性和效率。

（4）从连接密度上看，5G 网络比 4G 连接更多的网络设备。理论上，5G 网络可以支持每平方公里内连接 100 万个设备，而 4G 网络只能支持每平方公里内连接 10 万个设备。

5G 的快速发展除了受 4G 在全球成功商业化应用的推动以外，也得益于广大用户对移动数据日益增长的需求。随着移动互联网的发展，越来越多的设备接入到移动网络中，新的服务和应用层出不穷，移动数据流量的暴涨将给网络带来严峻的挑战。首先，按照当前移动通信网络发展，容量难以支持千倍流量的增长，网络能耗和比特成本难以承受；其次，流量增长必然带来对频谱的进一步需求，而移动通信频谱稀缺，可用频谱呈大跨度、碎片化分布，难以实现频谱的高效使用；此外，要提升网络容量，必须智能高效利用网络资源，例如针对业务和用户的个性进行智能优化，但目前这方面的能力不足；最后，未来网络必然是一个多网并存的异构移动网络，要提升网络容量，必须解决高效管理各个网络，简化互操作，增强用户体验的问题。为了解决上述挑战，满足日益增长的移动流量需求，亟需发展新一代 5G 移动通信网络。

4G 与 5G 的区别分析见表 5-3。

4G 与 5G 的区别　　　　　　　　　　　　表 5-3

4G	4G 技术支持 100Mb/s～150Mb/s 的下行网络宽带； 仍处在 3GHz 以下的频段范围内； 无线接入技术的设计仅针对移动互联网的需求，故不够多元
5G	超容量带宽、高频段频谱资源将被大量应用于 5G，进而使得传输速率（短距离）可以按 G 来计量； 4G 网络下的流量限制将被打破，速度快、范围广且稳定的流量被接入； 与 4G 相比，整个系统的性能提升都будет成倍增长，融入了绿色理念，提高资源利用率和系统安全性是亮点，同时传输、无线、通信等能力都得到数倍提高； 无线技术将融合多种技术，集成化代替原来的单一接入技术是发展趋势之一，形成融合的新的通信技术

二、5G 技术新特性

1. 国内相关情况

2013 年，工业和信息化部、发展改革委和科技部共同支持产业界成立了 IMT-2020

（5G）推进组，其组织架构基于原 IMT-Advanced 推进组，是聚合移动通信领域产学研用力量、推动第五代移动通信技术研究、开展国际交流与合作的基础工作平台。IMT-2020 推进组将 5G 技术应用的主要场景归纳扩充为四个主要技术场景。

（1）连续广域覆盖。连续广域覆盖场景，以保证用户的移动性和业务连续性为目标，为用户提供无缝的高速业务体验。该场景的主要挑战在于在复杂条件下随时随地为用户提供 100Mbps 以上的用户体验速率。

（2）热点高容量。热点高容量场景主要面向局部热点区域，为用户提供极高的数据传输速率，达到 1Gbps 用户体验速率、10Gbps 级的峰值速率和 $10Tbps/km^2$ 级的流量密度，满足网络极高的流量密度需求。

（3）低时延高可靠。低时延高可靠场景，主要面向车联网、工业控制等垂直行业的特殊应用需求，这类应用对时延和可靠性具有极高的指标要求，需要为用户提供达到毫秒级时延要求的端到端服务和接近百分之百的通信连接可靠性保证。

（4）低功耗大连接。低功耗大连接场景，主要面向智慧城市、环境监测、智能农业、森林防火等以传感和数据采集为目标的应用场景，具有小数据包、低功耗、海量连接等特点。这类终端分布范围广、数量众多，不仅要求网络具备超千亿连接的支持能力以满足每平方公里百万连接终端设备数的密度级指标要求，而且还要保证终端设备的超低功耗和超低成本。

其中，连续广域覆盖和热点高容量场景主要满足未来的移动互联网业务需求，也是传统的 4G 技术主要应用场景。而低功耗大连接场景主要面向物联网业务，是 5G 新拓展的应用场景，重点解决传统移动通信技术与物联网及垂直行业适配性不强的问题。

2. 国外相关情况

为了促进第五代移动通信技术的发展，欧盟在 2013 年 5 月份正式启动 METIS（Mobile and Wireless Communications Enablersforthe Twenty-Twenty (2020) Information Society）计划。METIS 计划中提出了 5G 网络应该达到的关键指标（KPI），共分为 6 个性能指标和 3 个效率指标。性能指标包含用户体验速率、连接数密度、端到端延时、移动性、流量密度和用户峰值速率，相关定义见表 5-4；效率指标包含频谱效率、能源效率和成本效率，相关定义见表 5-5。

5G 性能指标 表 5-4

名称	定义
用户体验速率（bps）	真实网络环境下用户可获得的最低传输速率
连接数密度（km^2）	单位面积上支持的在线设备总和
端到端时延（ms）	数据包从源节点开始传输到被目的节点正确接收的时间
移动性（km/h）	满足一定性能要求时，收发双方间的最大相对移动速度
流量密度（bps/km^2）	单位面积区域内的总流量
用户峰值速率（bps）	单用户可获得的最高传输速率

5G 效率指标 表 5-5

名称	定义
频谱效率（bps/Hz/cell 或 bps/Hz/km^2）	每小区或单位面积内，单位频谱资源提供的吞吐量
能源效率（bit/J）	每焦耳能量所能传输的比特数
成本效率（bit/Y）	每单位成本所能传输的比特数

三、5G 在智慧交通中的应用

5G 就像是一种催化剂，将加快物联网、大数据、云计算、人工智能等高新技术在智慧交通场景下的深度融合，使整个交通行业迎来前所未有的变革。5G 网络在智慧交通领域赋能的关键技术包括高性能无线接入技术、端到端网络切片和多接入边缘计算。

高性能无线接入技术。5G 网络通过大规模天线技术大幅提高天线效率，增强上下行的覆盖能力并利用空分复用的方式提高系统容量。无线空口采用灵活的帧结构配置，满足大带宽、低时延业务的需求，例如要求超短时延的业务，可以通过配置大子载波间隔，结合超短时隙，可以达到符号级的资源调度，降低时延。

端到端网络切片。核心网侧通过合理部署 5G 网元，针对智慧交通不同业务场景需求配置网元架构，可支持网络功能定制、切片定制、网络资源分配。每个切片网络都包含逻辑上隔离的接入网、传输网和核心网，保障不同服务需求的时延、带宽、安全性和可靠性等网络性能，以灵活地应对不同的智慧交通应用场景。在高保障场景，定制化切片的通信可靠性达 99.99%，并提供高服务质量优先保障。根据智慧交通业务场景需求自动化编排网络切片并随需求动态调整，实现对网络进行综合化管理。针对同一应用场景可在同一网络接入下提供不同的业务保障。5G 网络切片是信息通信行业与交通行业相联结的利器，具有可定制、可测量、可交付、可计费的特性。而对于行业用户来说，可以通过与运营商的业务合作，在运营商网络内部署自己的切片网络，无须建设专网即可更方便、快捷地使用 5G 网络，快速实现数字化转型。

多接入边缘计算。边缘计算是指靠近现场应用数据源头的一种超低时延的计算模式，通过计算力下沉的方式减少承载网传输与核心网元转发的时延。多接入边缘计算作为云计算的演进，将应用程序托管从集中式数据中心下沉到网络边缘，更接近消费者和应用程序生成的数据。5G 网络接入与边缘计算节点融合，提供一体化计算服务，可快速满足用户对边缘节点及云上基础设施即服务、平台能力即服务和应用即服务层不同能力的需求，满足智慧交通行业如危险场景预警、连续信号灯下绿波通行、路侧智能融合感知、高精度地图下载、视频直播、车辆远程控制等功能的应用需求。

基于 5G 在智慧交通领域赋能的主要关键技术和场景应用，5G 与智慧交通的契合之处可总结为以下几点。

1. 5G 与车联网

车联网是一种新型的智慧交通系统，其依托车用无线通信技术（Vehicle to Everything，V2X）、车辆与车辆之间（Vehicle to Vehicle，V2V）、车辆与人（Vehicle to Person，V2P）、车辆与网络（Vehicle to Network，V2N）等新一代信息技术实现人、车、路、云、网、环境等交通参与物理要素的连接。

车联网是近年来的热点技术之一，得益于 5G 的诸多优势，"安全"和"智能"这两大车联网技术主线得到了快速发展。5G 可以为 V2X（Vehicle to X）应用提供低时延、高带宽和高可靠性的运行环境，同时使用移动边缘计算技术可以实现应用、服务和内容的本地化、近距离、分布式部署。另一方面基于 V2X 实现车与车、车与路通信，可支持 L1~L3 级别的自动驾驶，主要承载基本交通安全业务，如交通事故提醒、紧急制动预警、交叉路口碰撞预警等。一种基于 5G 和 V2X 网络融合的车联网系统架构如图 5-6 所示。

车联网应用以车辆的信息通信为基础，通过 V2X 网络形成 V2V、V2I 及 V2P 之间的通信连接，包含被测车辆、背景车辆、路侧单元及路侧基础设施，同时通过 5G 技术实现对低延时、高可靠性应用的处理。

车联网系统架构及主要功能模块包括以下几部分。

①被测车辆。装有 V2X 通讯终端、车载摄像头、激光雷达等传感器，用于实现 V2X 通信及单车功能等应用；

②背景车辆。装有 V2X 通讯终端，用于与被测车辆进行 V2X 通信；

③路侧基础设施。包含信号灯、监控摄像机等，用于向被测车辆提供路段信息，实现闯红灯预警、弱势交通参与者碰撞预警等场景；

④路侧单元。用于接收路侧基础设施或边缘计算设备发送的信息，与周围车辆进行 V2X 通信；

⑤边缘计算平台。提供低时延数据处理业务，对车辆数据或路侧数据进行本地化处理；

⑥5G 核心网。采用服务化架构为 V2X 终端提供通信策略和具体参数配置、签约信息及鉴权信息管理等服务。

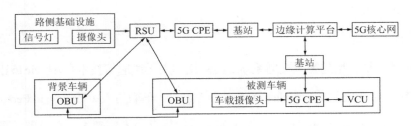

图 5-6　一种基于 5G 和 V2X 网络融合的车联网系统架构

2. 5G 与智能车路协同系统

智能车路协同系统是基于无线通信、传感探测等技术获取车路信息，并通过车与车、车与路的信息交互和共享来实现车辆和基础设施之间智能协同与配合，保证交通安全，提高通行效率，减少城市污染，从而形成安全、高效和环保的道路交通系统。智能车路协同系统的内涵有三点，一是强调人—车—路系统协同，二是强调区域大规模联网联控，三是强调利用多模式交通网络与信息交互。由此可以看出，无线通信网络在智能车路协同中的重要地位。车路协同系统如图 5-7 所示。

随着 5G 时代的到来，智能车路协同系统将逐渐完善，并将加快促进道路网、传感网、控制网、能源网以及管理数据基础平台五网融合，实现不同等级的智能车辆在同一道路上同时运行，从而达到车路协同。

第五章 智慧交通信息传输技术

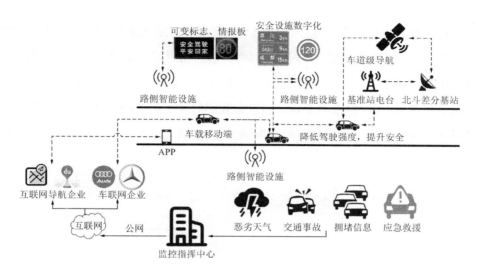

图 5-7 车路协同系统

3. 5G 与智慧路况监测

基于 5G-V2X 网络构建的智能路况监测平台可实现道路环境监控、流量分析、基础设施故障监控、智慧执法等业务。智能路侧设备对路面积水、路面结冰、雾霾天气、施工维护、隧道实景、车道异物、事故提醒、车速管控交通路况实施采集，通过 5G 网络将信息上传至云平台实时分析决策后，再通过 5G-V2X 将信息传输至车辆和行人，用于恶劣天气预警、道路施工预警、限速预警、闯红灯预警、车内标牌、拥堵提醒、绿波通行等场景。对于交通部门可用于道路精准监控、智能交通流量分析、路段环境同步监测、可变限速信息发布、交通事件预警、违章抓拍、迅速响应指令的下发和执行，有效规避、减少交通拥堵和事故，保障出行安全、提高通行效率。

智能路况监测平台包括信息采集层、信息传输层、信息决策层。

信息采集层：主要通过路侧设备进行实时信息采集，实现道路特殊事件发现和交通管控。路侧设备主要包括：①摄像头，实时识别车辆、行人、障碍物；②微波检测器，感知交通运行状态；③气象站，获取天气情况和路面条件；④智能红绿灯和电子路牌，获取信号灯显示情况、道路限速提示等。

信息传输层：5G 网络实现采集信息的传输，LTE-V 实现车路云之间的信息交互。

信息决策层：一般包括移动边缘云计算（Mobile Edge Computing，MEC）和中心云平台。MEC 下沉到网络层对低时延的业务进行实时分析并快速决策；远端的中心云平台则汇聚各类信息，实现路径的整体动态规划、管控以及驾驶行为分析。

智慧路况监测系统的上行业务流如图5-8a）所示，路侧感知设备（如高清摄像头、激光雷达等）与5G终端对接，通过5G网络将信息实时发送给智慧交通业务管理平台；下行业务流如图5-8b）所示，智能交通业务平台通过光纤直连RSU设备，将路况相关事件信息通过RSU实时推送给车辆，通过车载终端和手机APP给车主提示或者预警。如不具备光纤环境，也可以机通过蜂窝网络（5G或者LTE-V）与RSU连接。

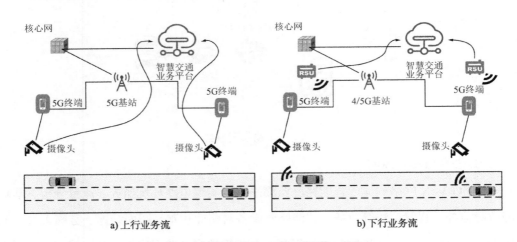

图5-8 智慧道路监测业务流示意图

4. 5G与智慧高速编队行驶

智慧高速编队行驶，指在高速专用道路上，将多辆车辆编成队列连接行驶，领队车辆为有人驾驶或一定条件下的无人驾驶，跟随车队为基于实时信息交互的无人驾驶车。

基于5G编队行驶方案如图5-9所示，车载摄像头、雷达采集车辆周边环境，OBU实现车—车之间及车—路之间信息交互，5G终端将采集的感知信息及车辆状态信息实时上传，平台基于上报的信息做出决策，并将决策指令下发，帮助车辆识别路况、变换行驶速度和方向。5G超低时延（<10ms）与超大带宽（下行500Mbps/上行100Mbps）的网络能力可显著提升物流运输效率，大幅降低油耗，实现节能环保驾驶。

2023年4月，卡尔动力率先获得北京市智能网联汽车政策先行区自动驾驶卡车编队行驶测试通知书，获准在北京开放道路上进行L4级别的编队自动驾驶测试，如图5-10所示。通过车载雷达和云端监控技术，无人车可跟随领航车实现自动驾驶，队列自动驾驶可应用在救灾巡查、旅游观光等多种场景。测试场景包括：加速、减速、停车、转弯，外部车辆编导插队，紧急情况下切换人工驾驶模式。

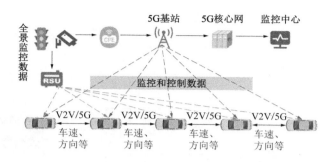

图 5-9　基于 5G 编队行驶网络解决方案

图 5-10　卡尔动力智能编队行驶在京台高速上

5. 5G 与远程驾驶

（1）基于 5G 的远程驾驶系统分为以下三层。

①远程车端。配有摄像头、雷达、高精度定位产品及 5G 终端。

②驾驶舱。包括多块显示器拼接而成的显示屏，模拟驾驶员正前方的视野；驾车控制组件，实现对远程车辆的控制。

③网络传输层。车端通过 5G 终端利用网络切片能力和服务质量（Quality of Service，QoS）保障能力，连入无线网和核心网，将信息传输给驾驶舱。

（2）基于 5G 网络的远程驾驶解决方案如图 5-11 所示，远程驾驶汽车的步骤如下。

①远端车体在车内布置摄像头实时拍摄各角度的路面视频，将视频实时同步到驾驶舱屏幕，为保证驾驶视频同步体验，摄像头要求 1080P，5 路摄像头包括路前方、左方、右方、全景、车内等；

②显示屏以及驾车控制组件位于驾驶员一侧，接收车端回传的各类信息，实时呈现给驾驶员，供其及时判断车况、路况等；同时接收驾驶员的各种操作，通过网络实时下发到车端，完成对远程智能汽车的控制。

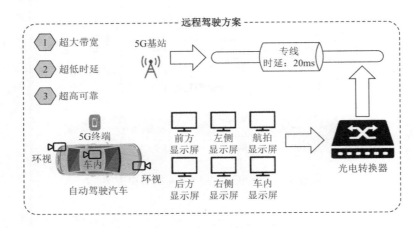

图 5-11 远程驾驶网络解决方案

2018 年中国联通分别在上海世界移动通信大会、南非 ITU 世界通信展、北京国际通信展等展会进行基于 5G 的远程驾驶实车演示，如图 5-12 所示。中国联通 5G 创新中心将持续在 5G 远程驾驶领域的技术和产品研发，后续将开发一整套远程驾驶系统，提出标准化解决方案，并研发车载远程驾驶产品。

图 5-12 远程驾驶演示

第四节 物联网、车联网

一、物联网

物联网是通信网和互联网的拓展应用和网络延伸，其利用感知技术与智能装置对物理世界进行感知识别，通过网络传输互联，进行计算、处理和知识挖掘，实现人与物、物与物之间的信息交互和无缝衔接，达到对物理世界进行实时控制、精确管理和科学决策的目的。物联网核心理念为建立整个物理世界的感知网络，对整个物理世界进行实时控制、精确管理和科学决策。

（1）物联网的基本特征。

从通信对象和过程来看，物与物、人与物之间的信息交互是物联网的核心，物联网的基本特征可概括为整体感知、可靠传输和智能处理。

①整体感知。可以利用射频识别、二维码、智能传感器等感知设备感知获取物体的各类信息。

②可靠传输。通过对互联网、无线网络的融合，将物体的信息实时、准确地传送，以便信息交流、分享。

③智能处理。使用各种智能技术，对感知和传送到的数据、信息进行分析处理，实现监测与控制的智能化。

（2）物联网的信息处理功能。

根据物联网的以上特征，结合信息科学的观点，围绕信息的流动过程，可以归纳出物联网信息处理包括以下四个功能。

①获取信息。主要是信息的感知、识别，信息的感知指对事物属性状态及其变化方式的知悉和接收；信息的识别指能把所感受到的事物状态用一定方式表示出来。

②传送信息。主要是信息发送、传输、接收等环节，最后把获取的事物状态信息及其变化的方式从时间（或空间）中的一点传送到另一点的任务，即常说的通信过程。

③处理信息。是指信息的加工过程，利用已有的信息或感知的信息产生新的信息，实际是制定决策的过程。

④施效信息。指信息最终发挥效用的过程，有很多的表现形式，比较重要的是通过调节对象事物的状态及其变换方式，始终使对象处于预先设计的状态。

二、物联网的基本架构

物联网有四层基本架构，分别是感知识别层、网络构建层、管理服务层、综合应用层，如图 5-13 所示。

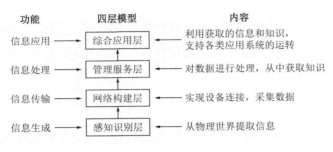

图 5-13 物联网四层架构图

感知识别层、网络构建层、管理服务层和综合应用层是形成物联网基本架构的关键，缺一不可。物联网技术通过此架构能够实现网络各要素的智能化识别和管理，以及要素间的信息传输与发布。

（1）感知识别层。位于物联网四层架构的最底层，是所有上层结构的基础。通过相关的传感设备感知采集环境信息，通过感知识别技术，让物品"开口说话、发布信息"是融合物理世界和信息世界的重要一环。感知层是物联网基础和核心的一层，是信息采集的关键部分，是物联网区别于其他网络的根本特征。感知层一般包括传感器技术、射频识别（RFID）技术、二维码（QRCode）技术、蓝牙（Bluetooth）技术、紫蜂（ZigBee）技术。通俗来讲，人类通过触觉、视觉等感知外界环境信息，而感知层就像物联网的触手，用于识别外界物体和采集信息，再利用前面所提到的相关技术进行数据的传递。其技术应用设备有射频识别、无线传感器等信息自动生成设备，以及各种智能电子产品，如智能手机、平板电脑、笔记本电脑、智能可穿戴设备等。

（2）网络构建层。主要负责传递和处理来自于感知层的数据信息，进行相关处理后再传输给管理服务层，具有强大的纽带作用，可以高效、稳定、及时、安全地传输上下层的数据。网络构建层是物联网架构的中间层，也是标准化程度最高的一层，是物联网最重要的基础设施之一。网络层建立在现有的移动通信网和互联网基础上，主要包括互联网、有线/无线通信网、网络管理系统和云计算平台等。

（3）管理服务层。主要将收集到的信息在数据中心进行有效整合和利用。数据中心不仅包括计算机系统和配套设备（如通信、存储设备），还包括冗余的数据通信连接、环境控制设备、监控设备和安全装置，是一种大型的系统工程，通过良好的安全性和可靠性提供及时持续的数据服务，为物联网应用提供良好的支持。

（4）综合应用层。处于物联网架构的最顶层，基于物联网技术提供丰富的物联网应用，实现不同行业物联网的智能运用，满足不同行业的个性化应用需求，是物联网技术的根本目标。应用层利用经过分析处理的感知数据可为用户提供丰富的特定服务，如环境监测、智慧医疗、智能家居、智慧物流等。以智慧物流为例，现代物流系统利用海量的感知设备，如射频识别技术、传感器和定位系统等与互联网结合形成庞大的物流信息化网络，能够在互联互通的物流网络中实现物流系统分析决策和智能执行，提升整个物流系统的智能化和自动化水平。

三、物联网在智慧交通领域的应用

物联网的出现为智慧交通产业的突破提供了难得的机遇。物联网的概念为智慧交通的发展带来了新的视角。

物联网在交通领域的应用强调将各类交通运输方式的交通基础设施、运输工具和对象统筹考虑，开发各类智能管理和服务系统。这一理念推动了智慧交通从面向特定业务发展的方式转变为面向信息资源共享平台和开发特定业务需求的方式。物联网技术为智慧交通提供了更广阔的发展空间，在物联网技术应用背景下，信息采集量将呈指数级增长，网络接入时间和控制时间将达到毫秒级。轻量化、多模式、低成本、长寿命、高可靠性、下一代互联网、云计算等新技术的发展，为下一代智慧交通的发展提供了重要的技术支撑。目前，物联网技术在智慧交通领域主要有以下几类应用场景。

1. 高速公路交通应用场景

高速公路机电工程一般包括交通收费系统、监控系统和通信系统，三者是密切相关的，其在建设和发展过程中是同步进行，协调发展的，从而在高速公路网建成后，达到统一运行、统一管理、统一组织收费和管理交通的目的。

（1）收费系统。高速公路收费系统具有系统性和复杂性，包括诸多子系统，如闸杆控制系统、收费显示系统、冲卡警报系统等。每个系统中蕴含着规模庞大的数据信息，如车辆信息、车辆行驶信息、载重信息等。利用无线射频识别等技术实现高速公路的智能收费管理，可减轻高速公路相关管理部门的工作压力、提高工作效率，同时能够有效缓解高速公路收费站排队拥挤的现象。

（2）监控系统。在高速公路机电设备中，监控系统是尤为重要的组成部分，通过监控系统能够对高速公路进行全程监控，发现异常情况及时定位，快速传输和发布信息，并及时处理，同时对车辆的违章行为进行监控，及时发布处罚措施。在高速公路上，违法驾驶的情况屡见不鲜。这种行为不仅会对自身的生命安全造成威胁，而且会对他人的生命安全构成威胁。监控系统可以督促车辆按照规定行车，提高高速公路运行的安全性。利用监控系统可以形成强大的信息数据库，为相关工作提供有效的数据支持。

（3）通信系统。在高速公路机电设备中，通信系统发挥着尤为重要的作用，高速公路上的任何功能系统都离不开通信系统的支持。通信系统能实现高速公路的信息传输，为高速公路的安全、有效运行提供及时的数据、信息支持。目前，高速公路的通信系统主要是通过光纤传输、数字控制、图像影音等信息的传输来完成通信功能。利用物联网技术，可提高信息采集与传输的效率和准确性，实现声音、图像和数据的有效传输。例如，通信系统与监控系统紧密配合，当前方路段发生紧急事件时，通过信号系统向后方车辆发布信息，引导其改道或进行其他行为，实现人车交互和车车交互。

2. 城市道路交通应用场景

影响城市道路通畅的基本因素为：人、车、路、环境这四个基本元素。城市道路交通系统应该分为信息监测感知系统、信息网络系统和信息处理与决策系统。

（1）信息监测感知系统。通过借助地磁传感器、射频识别、卫星定位等检测道路车辆实时流量；通过借助雷达传感器等监测车辆实时车速；通过借助视频传感器实时监测交通事故事件；通过使用射频识别技术和传感器技术获取接入物体的状态信息，建立物理世界的虚拟映射。

（2）信息网络系统。传感器采集的信息可以通过互联网或其他方式将数据发送至数据处理中心，组成大规模网络。建立虚拟世界后可以通过采集实时数据，经过大量的网络智能化的计算形成物和物相连，形成整个系统的协同运作。

（3）信息处理与决策系统。包括网络数据收集中心、数据智能处理分析中心、智能路线诱导系统、交通控制系统、交通环境控制系统等。

通过物联网的视频识别技术、传感器网络、移动通信等支撑技术，可以建设城市道路交通智能管理平台，包括城市流量实时监测与动态诱导系统、机动车定点测速系统、闯禁车辆智能抓拍系统和交通信号灯智能控制系统等子系统。同时，还可以建设停车场智能引导管理系统，实现信息查询、车位预约、自动收费等功能。多个终端节点通过汇聚节点将各自收集并初步处理的信息汇聚到网关节点进行数据融合，获得道路交通流量、车速等信息,为路口交通信号控制提供准确的输入信息。通过在终端节点安装温度、湿度、照明、气体检测等传感器,还可以检测道路状况、能见度、车辆尾气污染等。

3. 铁路运输应用场景

早在 21 世纪初,铁路车号自动识别系统就已经引入射频识别技术,成为物联网在我国铁路运输领域最早的成熟应用典范。该系统主要由车辆标签、车号地面识别设备、信息物理系统、列检复示系统、铁路车号自动识别监控中心设备、标签编程网络等部分组成。近年来,随着我国高速铁路、客运专线建设步伐的加快,对铁路信息化水平的要求越来越高,铁路通信信息网络也正朝着数据化、宽带化、移动化和多媒体化的方向发展,物联网技术在铁路运输领域的应用更加深入广泛,其主要应用领域集中在客票防伪与识别、集装箱追踪管理与监控仓库管理等方面。

(1)客票防伪与识别。铁路部门采用基于射频识别技术的电子客票,其电子芯片所包含的内部数据经过加密处理,只有使用特定设备才能够读取数据,安全性和保密性极高。此外,铁路部门只需对车票上的射频识别电子标签进行读取,并与数据库中的数据进行比对就可以辨别车票的真伪,大大加快了旅客进出站的速度,为客流组织提供了极大便利。

(2)集装箱追踪管理与监控。集装箱运输是铁路货物运输的发展方向,是能够有效提高铁路服务质量的运输方式,蕴藏着巨大的业务增长空间。目前国际集装箱管理基本均采用箱号图像识别,即通过摄像装置识别集装箱表面的印刷箱号,通过图像处理形成数字箱号采集至计算机后台。这种方法识别率较低,而且受天气及集装箱破损的影响较大。将射频识别技术应用到铁路集装箱,开发出信息化集装箱,不仅能够随时观测到集装箱在运输途中的状态,防止货物丢失和损坏,而且能极大提高铁路集装箱利用的效率和效益。例如,大连大窑湾港区,将 RFID 标签粘贴或者镶嵌在集装箱或者托盘上,通过入口处的悬空读头,或者安装在叉车上的读头,或者手持机来读取标签,实时信息在显示器上被显示或者直接进入数据库,进而实现对集装箱货物的实时追踪管理与监控。

(3)监控仓库管理。在铁路的货运仓库管理方面,射频识别技术也可充分发挥其电子标签穿透性、唯一性的特点,借助嵌在商品内发出无线电波的标签所记录的商品序号、日期等项目信息,减轻了工作人员逐一开箱检查物品是否完整的负担,同时也可以预防仓库货物被盗、受损等问题的发生。

4. 水上运输应用场景

利用传感网络和地理信息服务等技术对航道等固定设备进行监控，对船舶等移动设备进行定位、跟踪，当出现问题时及时传输信息，进行预警、报警和紧急救援。例如，船员随身携带基于物联网技术的便携式节点终端，解决了水下复杂情况下的无线信息发送问题。通过在船员生活必备用品中安置该监控设备，其平时处于静默待机状态，而一旦发生水上交通事故，船员落水时自动进入工作状态，向外发送救援信息。

四、车联网

车联网的概念源于物联网，即车辆物联网，是以行驶中的车辆为信息感知对象，借助新一代信息通信技术，实现车与 X（即车与车、人、路、服务平台）之间的网络连接，提升车辆整体的智能驾驶水平，为用户提供安全、舒适、智能、高效的驾驶感受与交通服务，同时提高交通运行效率，提升社会交通服务的智能化水平。

1. 车联网体系结构

车联网技术是在交通基础设备日益完善和车辆管理难度不断加大的背景下被提出的，到目前为止仍处于初步的研究探索阶段，但经过多年的发展，当前已基本形成了一套比较稳定的车联网技术体系结构。在车联网体系结构中，主要由三大层次结构组成，按照其层次由低到高分别是感知层、网络层和应用层，如图 5-14 所示。

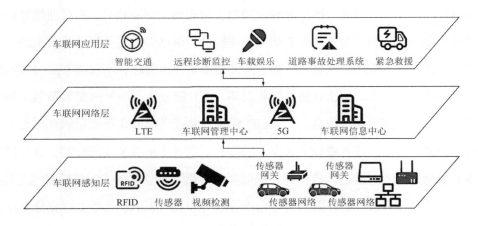

图 5-14 车联网体系结构

（1）感知层。感知层被称作车联网的"神经末梢"，通过车载传感器、雷达以及定位系统的协同感知，将收集到的车内外行驶状态信息、交通状况信息和道路环境信息反馈给驾驶员，驾驶员根据收到的反馈信息作出行驶决策，实现感知数据辅助驾驶的功能。以车辆前方防撞预警技术为例，根据传感器接收到的前方障碍物感知信息，行车人员可以预先作出下一步的行驶决策，防止车辆追尾。

（2）网络层。网络层是车联网的"大脑"，主要通过车载网络、互联网以及无线通信网络分析处理感知层所收集到的数据，实现车联网网络接入、数据分析、数据传输以及车辆节点管理等功能。网络层还为终端用户提供实时的信息交互以及无线资源的分配，实现信息负载的平衡以及异构网络的无缝衔接访问。

（3）应用层。应用层是车联网体系架构的最高层，主要根据不同用户的需求提供不同的应用服务，如车载娱乐、远程监控以及紧急救援等功能。

2. 车联网应用

（1）感知车辆、环境和道路信息。实时感知车辆运行状态及驾驶行为，实时感知车外道路上其他运行的车辆、行人或周边的物体等信息，实时感知和准确采集全路网的车辆位置、速度、行程时间和交通流信息，实时感知或监测道路沿线的气象与路况信息。

（2）交通数据的传输。实现车与车、车与路旁设备之间的短距离通信及数据传输，将采集到的交通数据或经车载计算机处理后的交通异常信息实时、可靠地传送给交通监控中心，或将交通控制方案向下发送至控制设备，实现车路与监控中心之间的远距离数据传输。

（3）数据处理与智能决策。对上传后的海量交通数据，应能实现快速、精确地分析与综合数据处理；根据上传的气象、交通数据，分析各路段和区域路网的交通状态，为制定科学合理的管理决策提供依据；根据车辆对车况、路况的感知信息，分析单车工况和运行状态，提供个性化服务和安全行驶服务。

（4）交通状态显示和交通异常预警。监控中心实时监控路网中特定车辆的行驶轨迹或判定其违章行为，实时分析和判定路网各监测路段发生或潜在的交通异常现象，及时发布预警提示和管制方案，并在电子地图上标记有关目标，避免引发交通事故。

（5）信号控制与信息发布。根据监测到的道路交通异常状况，及时启动控制预案，能够面向路网中的特定车辆实时发布有针对性的预警信息，规避潜在交通隐患；面向特种车辆发布实时引导信息，指引其快速通行；面向路段或路网中的群体车辆实时发布道路交通信息、路况信息和交通控制与诱导信息。

3. 车联网技术体现

车联网技术是构建智慧交通体系的重要技术支撑,其在智慧交通领域中主要有以下技术应用场景。

(1)车辆安全方面。车联网可以通过提前预警、超速警告、逆行警告、红灯预警、行人预警等相关手段提醒驾驶员,也可通过紧急制动、禁止疲劳驾驶等措施有效降低交通事故的发生率,保障人员及车辆安全。

(2)交通控制方面。将车端和交通信息及时发送到云端,进行智能交通管理,从而实时播报交通及事故情况,缓解交通堵塞,提高道路使用率。

(3)信息服务方面。车联网为企业和个人提供方便快捷的信息服务,例如提供高精度电子地图和准确的道路导航。车企也可以通过收集和分析车辆行驶信息,了解车辆的使用状况和问题,确保用户行车安全。其他企业还可通过相关特定信息服务了解用户需求和兴趣,挖掘盈利点。

(4)智慧城市与智能交通方面。以车联网为通信管理平台可以实现智能交通。例如交通信号灯智能控制、智慧停车、智能停车场管理、交通事故处理、公交车智能调度等方面都可以通过车联网实现。而随着交通的信息化和智能化,必然有助于智慧城市的构建。

专栏5-1　推进绿色化数字化转型赋能交通运输高质量发展

推动交通运输行业数字化与绿色化深度融合,是实现交通运输高质量发展的必由之路。近年来,江苏交通深入学习贯彻党的二十大精神和习近平总书记对江苏工作重要讲话重要指示精神,立足"双碳"目标,加快推进绿色交通与数字交通建设,交通基础设施建管养运绿色化、智慧化水平显著提升,高新技术与传统交通融合发展不断加强,绿色智慧交通新兴业态蓬勃发展。

1. 科技支撑构筑绿色智慧基础设施网络

依托在建高速公路、普通国省干线公路、农村公路改扩建和养护项目,推进基础设施绿色低碳建设以及"智改数转网联"。一是开展绿色公路示范建设。先后建成524国道常熟段、342省道无锡段等绿色智慧公路,全面推进近零碳公路服务区创建,启扬高速公路姜堰白米服务区建成近零碳高速公路服务区。二是推进绿色智慧航道建设。基本建成京杭运河绿色现代航运综合整治工程主体工程，建成4000多公里内河干线航道电子航道图，启用全国首个内河船舶手机导航系统。三是建设具有江苏特色绿色港口。出台全国首个省级绿色港口评价指标体系，推动港口岸线资源集约高效利用，在苏州太仓港、南通吕四港推进无人驾驶集卡示范应用，6个码头获评2023年中国港口协会"绿色港口"。

2. 以人为本探索客货运输服务新兴业态

聚焦"人享其行、物畅其流"美好愿景，加快建立高品质、多样化、人性化的出行服务系统，持续推进交通物流降本提质增效。一是深入推进运输结构优化调整。打造省级铁水联运信息服务平台，推动多式联运"一单制""一箱制"发展，2023年全省社会物流总费用为16919亿元，与GDP的比率为13.2%，比上年下降0.3个百分点，低于全国1.2个百分点。二是积极引导城市绿色出行。截至2023年年底，全省5个城市获得"国家公交都市建设示范城市"称号，11个城市获评全国绿色出行创建达标城市，绿色出行比例达到73.6%。三是促进互联网货运平台经济发展。培育运满满、中储智运、南京福佑等一批全国知名网络货运龙头企业，全省共有205家网络货运企业，数量居全国前列。

3. 数据赋能提升综合交通协同治理效能

强化信息技术赋能绿色发展，全力推进数据中心基础设施、业务网络、数据资源、信息系统和移动应用的深度融合。一是提高数据应用水平。采用电商模式创新打造全国首家交通"数据超市"，建立省市县一体化交通运行监测系统、道路运输安全风险动态评估预测系统。二是建成绿色交通云平台。实现交通基础设施、交通工具、运输服务、能源消耗、碳排放、资源占用、环境监测等关键数据的有效整合，有效支撑能耗"双控"向碳排放总量和强度"双控"转变。三是健全绿色低碳交通标准体系。先后出台绿色公路评价规范、绿色航道建设指南、多式联运运营服务规范、机动车维修业节能环保技术规范等30余项绿色交通地方标准。

4. 应用牵引培育绿色数字交通产业集群

以重大工程和试点示范项目为载体，积极培育绿色智慧交通领域具有较强竞争力的产品线和龙头链主企业。一是推动产学研用深度融合。成立江苏"智慧交通产业联盟""纯电动运输船舶产学研用发展联盟",推动全省智慧交通产业和纯电动运输船舶产业持续发展。二是以交通重大工程牵引交通装备制造业发展。支持徐工集团研发无人驾驶压路机、摊铺机等成套养护装备,在高速公路养护施工中规模化应用。三是打造智慧交通产业集群。印发《数字交通产业园认定标准》,支持苏州相城、南通等数字交通产业园建设,推动南京江心洲"未来出行示范岛"建设,打造一批在全国具有重要影响力的产业基地。

五、车载自组织网络

车载自组织网络(Vehicle Adhoc Network,VANET)是一种特殊类型的无线移动自组织网络(Mobile Adhoc Network,MANET),具有自组织、无中心、信息多跳传输的特点。作为网络,其节点就是在交通道路上移动的车辆,通过相邻车辆节点之间自动连接,建立一个临时多跳通信网络,每个车辆节点不仅是一个信息的发送和接收节点,还是信息的中继节点,采用多跳传输方式将数据发送给更远的车辆节点,使一定范围内的车辆节点可以交换各自的信息(车辆位置、速度、车载传感器感知的数据)并从外界获取其他信息,提高道路交通运输的安全与效率。车载自组织网络作为车联网的一个子集,它们是相互补充的关系,通过车载自组织网络的搭建可以实现更为高效的车联网系统。

VANET的网络架构包括3个部分,如图5-15所示。一是车辆间的通信,即车对车(Vehicle to Vehicle,V2V);二是车辆与固定设施(即路边节点)之间的通信,即车路通信(Vehicle to Infrastructure,V2I);三是车辆混合网络,即前两种网络结构的混合组网(Vehicle to Everything,V2X)。装有车载单元(On Board Unit,OBU)的车辆,通过车载单元与外界通信。固定设施主要指在道路边缘设置的路侧单元(Road Side Unit,RSU)。

目前国际上VANET所采用的物理技术主要是802.11和UTRA-TDD技术,大多数的通信物理层都是基于802.11技术。IEEE802.11p标准是在IEEE802.11a的基础上根据车辆节点高速移动的特点作出的改进,成为车联网通用的通信协议之一。

VANET是一类特殊的移动自组织网络,具有广阔的应用前景。网络中车辆节点的高速移动性、网络拓扑结构的快速变化给网络体系结构的设计以及相关协议的设计均带来了严峻的挑战。随着VANET的深入研究,架构得到优化、网络协议标准化等问题的解决必将有助于提升车辆智能化行驶,提高道路交通安全,为交通出行带来更多便利。

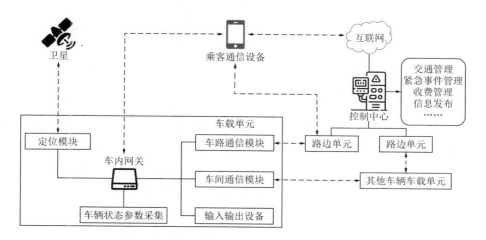

图 5-15　VANET 基本架构

 思考题

1. 相较于模拟信息传输，数字通信的地位和优点是什么？
2. 简述交通信息通信基本形式及适用的场景。
3. 5G 通信的技术特点有哪些？5G 技术在智慧交通中还有哪些应用？
4. 物联网在交通中有哪些应用？
5. 车联网的体系结构包括哪些内容？其包括哪些应用场景？
6. 车载自组织网络的优点有哪些？其包括哪些基本构成？

第六章 Chapter 06

智慧交通信息处理技术

第一节 交通信息处理概述

交通信息处理是基于交通信息采集和交通信息传输进行的，其面向特定的应用目标和场景，主要包括数据预处理和交通信息融合两个基本步骤。

1）数据预处理

数据预处理是交通信息处理中不可或缺的前置工作，包括异常数据处理和缺失数据处理。其中异常交通数据主要指平滑异常数据，缺失数据处理主要指修复残缺数据。异常交通数据处理的方法主要有阈值分割（Optimum Thresholding）、交通流机理法、显著性检验（Significance Test）、格拉布斯（Grubbs）统计法、有序样本聚类（Fisher Optimal Segmentation）算法等。缺失数据处理方法主要有简单均值（Simple Average）法、车道比值法、时间序列（Time Series）法、自相关（Autocorrelation）分析法、遗传算法（Genetic Algorithm）等。

2）交通信息融合

交通信息融合是指在一定准则下，对多传感器的数据进行自动分析和综合，以完成所需的决策和评估的信息处理过程。交通信息融合方法大致分为两类，分别为人工智能（Artificial Intelligence）方法和概率统计（Probability and Statistics）方法。其中，人工智能方法又分为逻辑推理（Logical reasoning）方法和机器学习（Machine Learning）方法。常采用的与概率统计有关的方法包括估计理论（Estimation Theory）、卡尔曼滤波（Kalman Filter）、假设检验（Hypothesis Testing）、贝叶斯（Bayesian）方法、统计决策理论（Statistical Decision Theory）等。

根据数据抽象的三个层次，信息融合技术在智慧交通中的应用可分为以下 3 个层级。

①检测级交通信息融合。指在采集到的原始数据层上进行融合，在各种传感器的原始测报未经处理之前就进行数据的综合和分析，保证基础交通参数的准确与可

靠性。

②特征级交通信息融合。指先对来自于传感器的原始信息进行特征提取，然后对特征信息进行综合分析和处理。利用上一层次融合之后的准确、可靠的基础交通参数，融合出交通状态信息，为交通管理者和交通参与者提供更有决策价值的交通信息。

③决策级交通信息融合。指直接针对具体决策目标的最终结果。通过不同类型的传感器观测同一个目标，每个传感器在本地完成基本的预处理、特征抽取、识别等操作，然后通过关联处理进行决策层融合，最终获得联合推断结果。

第二节 多源数据与大数据技术

一、大数据与多源数据特征

从文明起源之初的"结绳记事"，到文字发明后的"文以载道"，再到近现代科学的"数据建模"，数据一直伴随着人类社会的发展变迁，承载了人类基于数据和信息认识世界的努力和取得的巨大进步。"大数据"作为一种概念和思潮由计算领域发端，之后逐渐延伸到科学和商业领域。

大数据（Big Data）是指所涉及的数据规模复杂巨大，难以利用人工或者现有的数据采集、数据储存及数据处理方法处理的数据集合。人们用大数据来描述和定义信息爆炸时代产生的海量数据，并命名与之相关的技术发展与创新。

大数据的特点可概括归纳为 6V：Volume（大量）、Velocity（高速）、Variety（多样）、Value（低价值密度）、Veracity（真实性）、Valence（连通性），详情见表 6-1。

大数据特征 表 6-1

特征		作用
大量	Volume	数据的大小决定所考虑的数据的价值和潜在的信息
高速	Velocity	指获得数据的速度
多样	Variety	数据类型的多样性

续上表

特征		作用
低价值密度	Value	合理运用大数据,以低成本创造高价值
真实性	Veracity	数据的质量
连通性	Valence	多源数据的交叉融合

专栏6-1　从 IT 时代到 DT 时代

IT（Information Technology）即信息技术,是一项基于计算机和互联网用来提升人们信息传播能力的技术,IT 技术的核心本质是"信息的传播";DT（Data Technology）即数据技术,本质就是对数据进行存储、清洗、加工、分析、挖掘,从数据中发现事物的发展规律。简单地说,IT 以控制管理、积累数据为主,提供信息传播能力,DT 以数据创新、激发生产力为主,提供数据决策能力。

从 IT 发展至 DT 不光是技术的提升,本质上是两个时代的竞争,标志着一个新的时代的开始。2020 年中共中央、国务院发布《关于构建更加完善的要素市场化配置体制机制的意见》,明确了数据作为生产要素之一的定位。人类正在进入一个以数据为新驱动力能源的时代,在未来,计算能力将会成为一种生产能力,而数据将会成为基本生产资料,会成为像水、电、石油一样的公共资源。

多源指数据的来源具有多源性。多源数据来自多个数据源,包括不同数据库系统和不同设备在工作中采集的数据集。不同的数据源所在的操作系统、管理系统不同,数据的存储模式和逻辑结构不同,数据的产生时间、使用场所、代码协议等也不同,这造成了数据"多源"性。在交通行业中,在总数据量一定的情况下,将各个小型数据集,合并后进行分析可得出许多额外的信息和数据关联性,可以用来缓解城市拥堵、提高运输效率、增强交通安全水平、保障城市交通信息畅通、提供环境监测方式等。

二、多源交通时空大数据

传统数据与新出现的数据一起构建了多源交通时空大数据的数据观测体系,主要包括传统集计统计数据、个体连续追踪数据与地理空间信息数据,如图 6-1 所示。传统集计统计以小区或群体为基本单位展开问题的讨论;个体连续追踪数据详细而繁杂,高效的数据处理技术是其研究核心;地理空间信息数据是获取静态交通网络、动态交通热点等十分重要的空间信息。

图 6-1 多源交通时空大数据观测体系

1. 传统集计统计数据

传统集计统计数据分为两大类:一类是通过随机采样手段获取的调查数据;另一类是通过自动化手段采集的,不包含个体身份标识的集计数据。

传统的"四阶段"模型需要较为完备的数据基础,其分析能力受限于基础数据的采集能力。在传统的交通调查中,由于缺乏获取全体样本的手段,常常采用"随机调研数据"方法进行调查抽样。理论上来说,抽取样本越随机,越能代表样本整体。然而,随机调研过于耗时耗力,一个城市大规模交通调查一般只能 5~10 年进行一次,这样的数据更新频率远不能适应快速城镇化和机动化带来的巨大变化。2009 年上海市第四次综合交通调查主要调查项目及实施规模见表 6-2。

2009 年上海市第四次综合交通调查主要调查项目及实施规模　　表 6-2

调查分项	实施规模
人口和就业岗位调查	人口、就业岗位全样调查
居民出行调查	6 万户约 15 万人,抽样率 0.75%
流动人口出行调查	居住在居民家中 1.5 万人,宾(旅)馆 4000 人,枢纽点流量人口 3300 人

续上表

调查分项	实施规模
对外客运枢纽交通调查	9个点,共1.1万个样本
吸引点交通调查	317个样本,约2万份问卷
出行方式链调查	40个轨道站点,1万份问卷
小汽车方式出行调查	私人客车近1.6万辆,单位客车0.8万辆
居民出行意愿调查	5个典型区域,5000份问卷
世博园游客交通意愿调查	居民2万人,宾(旅)馆游客0.4万人,枢纽点游客1.1万人
机动车拥有量和停车设施分布调查	全样调查,覆盖全市0.9万个居住小区,2004年后竣工的所有非居住建筑
出租汽车出行特征调查	GNSS数据分析样本共1.7万辆车,载客人次调查样本共4000辆车
货运交通调查	实施了1.7万辆营运性货车出行情况调查,另对约7000辆集卡GNSS数据进行了分析
对外道口车辆调查	11个典型道口,共2.4万份问卷
典型停放车设施特征调查	全市24个重点区域共63个停车场(库)
公共交通客流特征分布调查	90条线路跟车调查,97个校核线调查,98个客流走廊连续12h公交车载客情况观测
道路交通流量调查	中心城110个断面、52个路口流量人工观测,并收集快速干道、公路道口和主要路段流量采集数据
道路车速调查	覆盖市域范围各等级道路
交通基础设施调查	各交通系统全样调查

自动化采集的单次计量观测数据,包括道路断面流量监测数据、出租车运营数据中所记录的乘客上下车地点信息、轨道交通票务数据中所记录的乘客进出站信息等,其仅可以说明单次交通行为的数量、位置等,但不能够对交通行为主体进行一段时间内空间上的连续追踪,经过集计后可以反映车流、客流等集计信息。这类数据与下文介绍的个体连续追踪数据、空间地理信息数据将一同构成一个庞大、多元的新数据环境。

2. 个体连续追踪数据

个体连续追踪数据又被称为"时空大数据"或"轨迹数据",它们通常需要包含"人物、时间、地点"三个层次的信息。这三个层次的信息也对应个体、时间与空间三个维度。个体连续追踪数据给数据处理技术带来了巨大挑战,具体分析如下。

(1)个体。在个体层面,需要处理的数据涉及个体级别连续追踪的时空数据。不同个体数据通常会存放在单一的数据表中。在处理多个个体数据时,将个体的数据进行拆分，把每个数据存放在独立的表中运算的方式显然是极其低效的。最理想的方案应该是将不同个体的数据统一进行处理、批量运算，这就对数据处理的思路与方法提出了较高的要求。

（2）时间。在时间层面，数据是连续追踪的轨迹，具有前后时间顺序。相比传统的数据库检索处理，在数据的处理过程中会更加强调连续数据之间时间序列的关系。此时关注的不再只是单一的某条数据，而可能是时间上连续的几条、几十条记录。

（3）空间。在空间层面，要面对的是在空间层面的位置信息，在数据的处理过程中则要求需要能够将经纬度转换、距离计算、空间位置关系判断、空间聚合集计等地理空间数据处理技术紧密、高效、无缝地与整个数据处理流程相衔接。

常见的个体连续追踪数据包括手机信令数据、公交IC刷卡数据、出租车定位数据、共享单车订单数据等。这些交通时空大数据具有数据质量高、收集范围大、精细记录时空信息的特征，它们能够在时间和空间维度上充分捕捉城市中每个人的日常活动和出行。这种时空大数据的出现也为交通领域的潜在需求分析与出行机理解析提供了新的途径。

与传统的数据类型相比，个体连续追踪数据的优势更加明显。新的数据源以低成本获得高采样率的样本，数据集能在更大、更全面的时间和空间范围内完整地捕捉个体的出行信息。同时，多源数据融合也可全面观测个体的移动性，为个体时空路径建模与其机理分析提供有力的数据支持。不过，个体连续追踪数据也存在一定的缺点，具体分析如下。

（1）获取高质量的大规模多源数据是交通大数据领域的一大障碍。要对个体出行进行全面细致地分析，理想的情况是研究者拥有同一观测时间内多种交通方式的个量级轨迹数据，而满足这一数据条件极其困难。虽然网络上存在大量开源数据，但它们通常局限于一定时期内的特定区域。大多数个人轨迹数据的访问受到国家隐私政策或运营公司商业机密的限制。

（2）新数据源大多为被动采集，即数据并非用户自主产生，而是由服务供应商、数据提供商采集用户信息。数据的信息记录往往较为片面，新数据对用户移动性的捕捉往往集中在时间和空间两个维度。数据的产生初衷并非针对学术科研，个体出行的数据无法反映用户出行行为的原因和目的。数据只包含数据提供者的用户群体，难以保证数据采样的均匀性，计算结果可能导致偏差，需要与传统数据进行核对和验证。

3. 地理空间信息数据

近年来，基于互联网的位置信息服务（Location-Based Services，LBS）产生了新的地理空间信息数据来源，也成为多源大数据中重要的一环。LBS将地理位置信息与互联网服务相结合，这类应用主要由在线地图厂商等提供。这些地理信息数据分为四类，包括交通网络数据、矢量数据、兴趣点数据和导航数据。

（1）交通网络数据。交通网络数据是从现实交通系统中抽象出来的一种网络模型，包括道路网络、地铁网络、公交网络等。交通网络的基本结构由点（交叉口、车站、枢纽等）和边（路段、公交线路、地铁线路等）组成。交通网络数据具有相应的属性和元素之间的联系，可以显示交通系统的详细拓扑结构和连通性。

（2）矢量数据。矢量数据是研究地理区域最常用的数据类型。这些数据通常通过卫星遥感获得的遥感图像进行收集和测量。地理矢量数据提供了土地覆盖的信息，包括城市区域、森林、山脉、水系、行政区划、交通小区（Traffic Analysis Zone，TAZ）等。

（3）兴趣点数据。兴趣点（Point of Interest，POI）是指互联网地图服务中的点数据，通常包括名称、地址、坐标和类别四个属性。在这类数据中，为了便于分析，将现实世界中的城市设施抽象为点元素。然而在将三维物体抽象为数据点的过程中，POI数据不可避免地会丢失一些空间信息。为了解决POI的弱点，还引入了兴趣区域数据（Region ot Interest，ROI或Area of Interest，AOI）数据作为补充，即具有空间多边形几何信息的POI数据。

（4）导航数据。导航数据也是LBS提供的一种数据类型，它建立在地图供应商的交通网络上。用户提交出发地、目的地、交通方式等相关信息，LBS会返回相应的导航路径规划信息，通常包括出行路径的地理坐标、出行时间、出行成本等。有些LBS还提供"等时圈"数据。"等时图"工具提供多边形或线特征，显示在指定时间内可从设定位置到达的区域。

在时空大数据研究中，个体连续追踪数据最重要的元素是空间信息。数据中的空间信息与地理空间信息数据的融合，可以提供更为详细的人类活动信息。如图6-2所示是通过多源交通时空大数据的数据观测体系获取的交通领域多源数据。

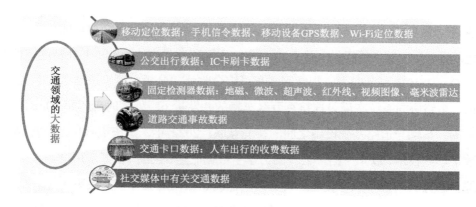

图 6-2 交通领域的多源数据

在各行业对大数据展开的相关探索中,衍生出对大数据相关性分析与因果性分析的研究见表 6-3。但与常规的关系型数据相比,大数据更加关注相关性而非因果性。

大数据因果性　　　　　　　　　　　　　　　　　　　　　　　　表 6-3

要素名称	相关性	因果性
概念	相关性指一个变量与另一个变量的关系和关联	因果性指一个变量导致另一个变量改变,这意味着一个变量依赖于另一个变量
案例	气象条件与交通流量的关系,天气的好坏会影响出行量以及出行方式,但并非直接原因;某高校进行贫困生补助,采用在食堂刷卡消费大数据作为标准,这就是相关性,不追求绝对的准确	做交通需求预测经常采用居民出行总量作为因变量,人口和 GDP 作为自变量,认为人口和 GDP 的增长是推动居民出行量增长的主要原因,这就是因果性

目前,智慧交通领域大数据的处理模式主要分为流体处理模式和批量处理模式两种。流体处理模式是指对于所采集的数据实时动态处理,批量处理模式是储存—处理的过程,即将已生成的数据按照一定规则划分为若干片段,每次处理一个片段,其在信息处理的实时性方面不及流体处理模式。

"数据是 21 世纪的石油",大数据时代是在现代科学技术跨越式发展的过程中逐步衍生而来,大数据诞生以来,全国各地高度重视,积极探索数据的来源、安全等问题,并将其应用于智慧交通、智慧政府、智能金融等各行各业各个领域。在政策方面,我国相继出台了《数字中国建设整体布局规划》《促进大数据发展行动纲要》(国发〔2015〕50号)、《"十四五"大数据产业发展规划》(工信部规〔2021〕179号)等文件,明确提出要全面推进大数据的发展与应用。在实践方面,2016 年以智慧城市为代表的"互联网+交通"项目在全国范围内遍地开花,有效提升了城市的智能化水平。交通大数据是"互联网+交通"发展的重要依据,其发展及应用在宏观层面能为综合交通运输体系的"规、设、建、管、运、养"等提供支撑;2020 年,中国移动发布 OnePoiNT 高精度定位产品,依托于 One Traffic 平台能力,智能网联车可综合收集并分析车辆、道路状况、天气情况等数据,车路协同系统在满足连接百万级车辆的并发量下,处理时延不超 60ms,实现车辆与车辆、车辆与道路基础设施之间的智能互联;2022 年,重庆市永川区依托 AI 能力以及数字孪生技术,以车—路—云—图为孪生数据底座,建设"智慧永川交通大脑 IOC",涵盖综合态势、缉查布控、交通运行、车辆监测、自动驾驶等业务决策主题,赋能交通各类应用,为用户打造了全国首个、具有鲜明特色的交通大脑,形成横向协同、上下联动的智慧交通治理体系;在微观层面能够指导优化区域交通组织,如:优化交通信号、交通诱导、路况融合、规范停车场管理等。交通多源大数据应用见表 6-4。

交通多源大数据应用   表 6-4

交通数据	应用
手机信令数据	城市人口迁移分析、通勤交通分析、OD 需求分析、交通状态估计等
移动设备 GNSS 数据	交通状态估计、交通需求分析、个体出行习惯识别、车队调度优化、旅行时间预测
Wi-Fi 定位数据	停车场导航、兴趣点识别、矢量地图构建、消费者行为分析
IC 卡数据	公交客流需求估计、网络客流状态预测、运营组织优化等
固定检测器数据	交通控制、交通管理等领域
浮动车数据	交通需求分析、交通规划建设、交通运营调度、交通行为识别、旅行时间预测等
卡口数据	交通规划设计、交通管理控制、交通行为分析、交通数据挖掘

第三节 数据库与地理信息系统

大数据需要特殊的技术,以有效地处理大量的数据。适用于大数据的技术,包括大规模并行处理数据库、数据挖掘、分布式文件系统、分布式数据库、云计算平台、互联网和可扩展的存储系统等。

一、数据库

1. 数据库与数据库系统

数据库是指长期保存在计算机存储设备上,并按照特定模型组织起来,可供不同用户或应用共享的数据的集合。数据库是存放数据的仓库。它的存储空间很大，可以存放百万条、千万条、上亿条数据。应用数据库的主要目的是为了解决数据共享问题。数据库中的数据具有"集成"与"共享"的特点，即数据库集中了各种应用的数据，进行统一构造与存储，而使它们可以被不同应用程序所使用。

（1）数据库的含义。数据库是一个按数据结构来存储和管理数据的计算机软件系统。数据库的概念实际包括两层含义。

①数据库是一个实体，它是能够合理保管数据的"仓库"，用户在该"仓库"中存放需要管理的数据，"数据"和"库"两个概念结合成为数据库。

②数据库是数据管理的新方法和技术，它能更合适地组织数据、更方便地维护数据、更严密地控制数据和更有效地利用数据。

（2）数据库的特点。数据库的特点包括集成性和共享性。

①集成性。把数据库看成若干个性质不同的数据文件的联合和统一的数据整体。

②共享性。数据库中的数据可为多个不同的用户所共享。用户是指使用数据库的人，对数据库进行存储、维护和检索等操作，分为终端用户、应用程序员、数据库管理员。

（3）数据库系统。数据库系统（DataBase System，DBS）是指在计算机系统中引入数据库后的系统构成。主要是由数据库、数据库用户、计算机硬件系统、计算机软件系统等几部分组成，如图 6-3 所示。

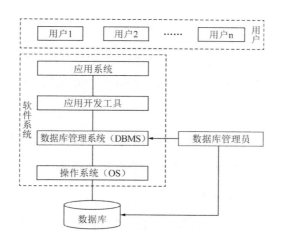

图 6-3　数据库系统的构成

数据库管理系统（DataBase Management System，DBMS）是数据库系统的核心软件，软件系统还包括开发工具、操作系统（Operating System，OS）和应用系统等。在计算机硬件层之上，DBMS 可借助操作系统完成对硬件的访问，并能对数据库的数据进行存取、维护和管理。

数据处理的中心问题是数据管理。数据库系统管理数据的特点有如下几个方面。

①数据结构化；

②数据共享性高、冗余度低；

③数据独立性高；

④有统一的数据控制功能。

2. 数据库类型

在数据库的发展历史上，数据库先后经历了层次数据库、网状数据库和关系数据库等阶段的快速发展，目前关系型数据库已经成为数据库产品中最重要的一员。20 世纪 80 年代以来，绝大部分数据库厂商新推出的数据库产品都支持关系型数据库，另外一些非关系数据库产品也几乎都有支持关系数据库的接口。这主要是传统的关系型数据库可以比较好地解决管理和存储关系型数据的问题。

随着云计算的发展和大数据时代的到来，关系型数据库逐渐无法满足市场用户的应用需求，这主要是由于越来越多的半关系型和非关系型数据需要用数据库进行存储管理。与此同时，分布式技术等新技术的出现也对数据库的技术提出了新的要求，于是越来越多的非关系型数据库如雨后春笋般开始涌现。这类数据库与传统的关系型数据库在设计和数据结构有很大区别，它们更强调数据库数据的高并发读写和大数据存储，这类数据库一般被称为 NoSQL（Not only SQL）数据库。而传统的关系型数据库在一些传统领域依然保持着强大的生命力。

（1）集中式数据库。集中式数据库基本上是一种仅在单个位置存储、定位和维护的数据库。这种类型的数据库是从该位置本身修改和管理的。集中式数据库主要供机构或组织使用，其优缺点分析见表 6-5。

集中式数据库系统是由一个处理器、与它相关联的数据存储设备以及其他外围设备组成，它被物理地定义到单个位置。系统提供数据处理能力，用户可以在同样的站点上操作，也可以在地理位置隔开的其他站点上通过远程终端来操作。系统及其数据管理被某个或中心站点集中控制。

集中式数据库优缺点 表 6-5

优点	缺点
①所有数据仅存储在一个位置，因此更容易访问和协调数据； ②集中式数据库的数据冗余非常少，因为所有数据都存储在一个地方； ③与其他可用数据库相比，其更便宜	①集中式数据库的数据流量更大； ②如发生不可修复的系统故障，整个系统的数据会面临销毁风险

（2）分布式数据库。分布式数据库克服了集中式数据库的许多缺点，并且自然地适应于许多单位地理上分散而逻辑上统一的组织结构，因此，在理论和实践层面都得到了迅速发展，并取得了决定性成果。

分布式数据库（Distributed Data Base，DDB）是分布在计算机网络上的多个逻辑相关的数据集合。其中"分布在计算机网络上"和"逻辑相关"是分布式数据库的两个基本要点。分布式数据库系统除了具备集中式数据库的一些特点外，还有很多其他的性质和特点，如网络透明性、数据冗余和冗余透明性、数据片段透明性、局部自治性、数据库的安全性和一致性等。集中式数据库与分布式数据库示意图见图 6-4。

在分布式数据库系统中，一个应用程序可以对数据库进行透明操作，数据库中的数据分别在不同的局部数据库中存储、由不同的分布式数据库管理系统（Distributed Database Management System，DDBMS）进行管理、在不同的机器上运行、由不

图 6-4 集中式数据库与分布式数据库

同的操作系统支持、被不同的通信网络连接在一起。一个分布式数据库在逻辑上是一个统一的整体，在物理上则是分别存储在不同的物理节点上。一个应用程序通过网络的连接可以访问分布在不同地理位置的数据库。它的分布性表现在数据库中的数据不是存储在同一场地。更确切地讲，数据不存储在同一计算机的存储设备上。这就是与集中式数据库的区别。从用户的角度看，一个分布式数据库系统在逻辑上和集中式数据库系统一样，用户可以在任何一个场地执行全局应用。数据就像存储在同一台计算机上，用户使用体验感与单一数据库管理系统相似。

分布式数据库系统是在集中式数据库系统的基础上发展起来的，它与传统的集中式数据库相比优点和缺点分析见表 6-6。

分布式数据库优缺点　　　　　表 6-6

优点	缺点
①分布式控制； ②增强数据共享； ③系统可靠性高； ④系统性能提高； ⑤扩充性好	①系统实现复杂； ②开销增大

（3）关系型数据库。目前，数据库领域中最常用的逻辑数据模型有层次模型、网状模型、关系模型、面向对象模型和对象关系模型。其中，关系模型、面向对象模型、对象关系模型统称为关系模型，层次模型和网状模型统称为非关系模型。

关系型数据库是支持关系模型的数据库系统，是目前各类数据库中最重要、也是应用最广泛的数据库系统。采用了关系模型来组织数据的数据库，其以行和列的形式存储数据，以便于用户理解，关系型数据库这一系列的行和列被称为表，一组表组成了数据库。用户通过查询来检索数据库中的数据，而查询是一个用于限定数据库中某些区域的执行代码。关系模型可以简单理解为二维表格模型，一个关系型数据库就是由二维表及其之间的关系组成的一个数据组织。而 SQL 语言是标准用户和应用程序到关系数据库的接口。其优势是容易扩充，且在最初的数据库创造之后，一个新的数据种类能被添加而不需要修改所有的现有应用软件。主流的关系数据库有 Oracle、DB2、SQL Server、Sybase、Mysql 等。

关系数据库是数据库应用的主流，许多数据库管理系统的数据模型都是基于关系数据模型开发的。关系数据库分为两类：一类是桌面数据库，例如 Access、FoxPro 和 dBase 等；另一类是客户/服务器数据库，例如 SQL Server、Oracle 和 Sybase 等。一般而言，桌面数据库用于小型的、单机的应用程序，不需要网络和服务器，实现起来比较方便，但它只提供数据的存取功能。客户/服务器数据库主要适用于大型的、多用户的数据库管理系统，应用程序包括两部分。一部分驻留在客户机上，用于向用户显示信息及实现与用户的交互；另一部分驻留在服务器中，主要用来实现对数据库的操作和对数据的计算处理。关系型数据库的优缺点分析可见表 6-7。

关系型数据库优缺点　　　　　表 6-7

优点	缺点
①容易理解； ②使用方便； ③易于维护性	①数据库读写呈现高并发特性，对系统开销大； ②海量数据需求下，对数据库存储和访问效率要求高； ③数据库的可扩展性受限

（4）实时数据库。实时数据库系统（Real-Time Data-base System，RTDBS）是数据库系统发展的一个分支，是数据库技术结合实时处理技术产生的，可直接实时采集、获取企业运行过程中的各种数据，并将其转化为对各类业务有效的公共信息，是数据库与实时系统相结合的一种新型数据库。由于在传统数据库的基础上增加了时序一致性和可预知性的要求，使得设计更加复杂。关系数据库与实时数据库的特点见图 6-5。

图 6-5　关系数据库与实时数据库

实时数据库与关系数据库根本区别在于调度管理、实时事务管理以及高效的压缩算法。实时数据库的一个重要特性就是实时性，包括数据实时性和事务实时性，其结构如图 6-6 所示。在流程行业中，大量使用实时数据库系统进行控制系统监控、系统先进控制和优化控制，并为企业的生产管理和调度、数据分析、决策支持及远程在线浏览提供实时数据服务和多种数据管理功能。实时数据库已经成为企业信息化的基础数据平台，可直接实时采集、获取企业运行过程中的各种数据，并将其转化为对各类业务有效的公共信息，满足企业生产管理、企业过程监控、企业经营管理之间对实时信息完整性、一致性、安全共享的需求。可为企业自动化系统与管理信息系统间建立起信息沟通的桥梁，帮助企业的各专业管理部门利用关键实时信息，提高生产销售的营运效率。

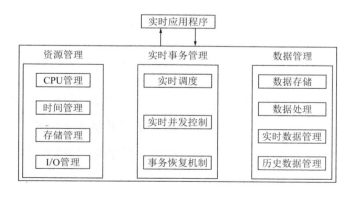

图 6-6　实时数据库结构

（5）数据仓库。支持决策的特殊的数据存储称为数据仓库（Data Warehouse，DW）。它是以单一实时来源存储，出于分析性报告和决策支持目的而创建。借助数据仓库的分析功能，企业可从数据中获得宝贵的业务洞察与改善决策基础。

数据仓库，由数据仓库之父比尔·恩门（Bill Inmon）于 1990 年提出，主要功能是将联机事务处理过程（On-Line Transaction Processing，OLTP）累积的大量资料，通过数据仓库理论特有的资料储存架构，利用各种分析方法如联机分析处理（Online Analytical Processing，OLAP）、数据挖掘（Data Mining）进行系统地分析和整理，进而帮助创建决策支持系统（Decision-making Support System，DSS）、主管信息系统（Executive Information System，EIS）等架构。帮助决策者能快速有效地从大量资料中分析出有价值的资讯，有利于决策拟定及快速回应外在环境变动，帮助建构商业智能（Business Intelligence，BI）。

数据仓库有如下几个特点，一是面向主题的查询，和一般数据库面向表达式的查询相比，具有一定的智能性；二是支持数据集成，底层的数据库一般是异构的，多个数据库通过网络相连；三是数据仓库中的数据具有时间性；四是对数据仓库的操作一般只有查询。

数据仓库由数据源、数据库和分析工具 3 部分组成，如图 6-7 所示。

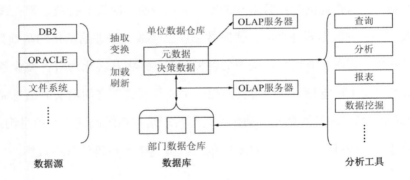

图 6-7　数据仓库结构

二、地理信息系统

地理信息系统（Geographic Information System，GIS），又称"地理信息科学"、"地理信息服务"，是一种服务于地理研究和地理决策的计算机技术系统。GIS 是多种学科交叉的产物，它以地理空间为基础，采用地理模型分析方法，可以实时提供多种空间和动态的地理信息。

GIS 是在计算机硬、软件系统支持下，对整个或部分地球表层（包括大气层）空间中的有关地理分布数据进行采集、储存、管理、运算、分析、显示描述的技术系统。GIS 技术是近些年迅速发展起来的一门空间信息分析技术，在资源与环境应用领域中，它发挥着技术先导的作用。GIS 技术不仅可以有效地管理具有空间属性的各种资源环境信息，对资源环境管理和实践模式进行快速和重复的分析测试，便于制定决策、进行科学和政策的标准评价，而且可以有效地对多时期的资源环境状况及生产活动变化进行动态监测和分析比较，也可将数据收集、空间分析和决策过程综合为一个共同的信息流，明显地提高工作效率和经济效益，为解决资源环境问题及保障可持续发展提供技术支持，见图 6-8。

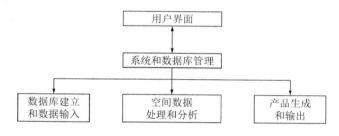

图 6-8　GIS 概念框架和构成

GIS 的基本组成包括 5 个主要部分，分别为系统硬件、系统软件、空间数据、应用人员和应用模型，如图 6-9 所示。其中，空间数据是 GIS 区别于其他系统的关键，可抽象表示为点、线、面三类元素，它们的数据表达可以采用矢量和栅格两种组织形式，分别称为矢量数据结构和栅格数据结构。

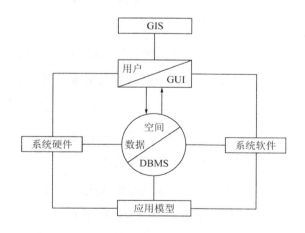

图 6-9　地理信息系统组成示意图

GIS 的功能主要包括数据采集与编辑、数据存储与管理、数据处理和变换、空间分析和统计、产品制作与显示、二次开发和编程，其实现过程如图 6-10 所示。

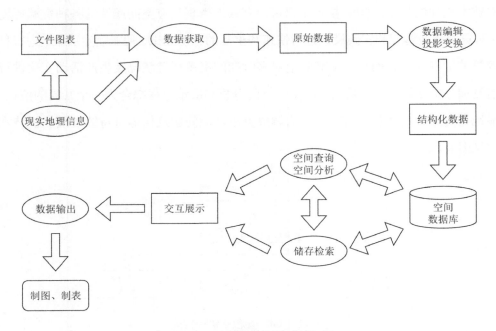

图 6-10　地理信息系统实现过程

交通地理信息系统（Geographic Information System for Transportation，GIS-T）是收集、存储、管理、综合分析和处理空间信息和交通信息的计算机软硬件系统。它是 GIS 技术在交通领域的延伸，集成了 GIS 与多种交通信息分析和处理技术。GIS-T 实质上是一种空间数据库管理系统。它除了具有一般数据库系统的功能之外，如数据输入、存储、查询和显示等，还可进行空间查询和空间分析。

GIS-T 因具有强大的信息服务和管理功能，所以应用范围广泛。具体体现在三个方面，一是它可以应用在交通管理的各个环节，即涉及交通规划、设计、施工到运营和养护的所有阶段；二是它可以广泛应用于国家、省、市等不同层次的交通基础设施信息化管理；三是可以广泛应用于政府管理部门、科研机构、企业事业单位等各部门的日常工作和综合决策。GIS-T 的具体应用主要包括以下领域。

（1）电子地图。GIS-T 采用空间数据和数据库挂接，改变了传统的信息管理方法，地图由传统的静态记录变为信息丰富多样的动态的电子地图，实现了数据可视化。它使交通主管部门对道路等基础设施的管理变得直观、简单和轻松。如通过直接对地图实体进行查询，可以获得道路线路的空间位置和走向，技术标准，交通流量等多方位的信息。通过综合统计和分析各种交通数据以及采用丰富多样的图表显示，可以为决策提供科学快捷的支持。

（2）道路网规划。道路网规划和路线选择是 GIS-T 应用发展的重点领域之一。目前基于 GIS-T 的交通规划模型软件已经开发成功并进入商业化应用阶段，这些软件包括 GIS 软件的全部功能，其应用模型与 GIS 集成为一体，它使交通规划的手段更加丰富。应用 GIS-T 能够更好地考虑和评估道路建设运营对环境的影响，因此在道路路线的选择和初步设计中 GIS-T 将得到有效应用。加拿大已经成功地应用 GIS-T 完成了在温哥华岛的一条长为 127km、规模为 4 车道的公路通道选择和初步设计。在此项目中 GIS 很好地解决了项目涉及的环境分析、公路选址等问题，包括野生动物、森林、水、土壤、植被和土地利用等。

（3）道路设计养护。GIS-T 为道路工程的计算机辅助设计（Computer Aided Diagnosis, CAD）提供了强大的数字化地理平台，基于此，CAD 由早期的平面二维设计跨入了立体三维设计，进入了可视化设计时代，这是 CAD 领域的突破性发展。GIS-T 还与路面管理系统、桥梁管理系统等公路养护管理系统相关联，借助先进的路面和桥梁检测设备和数据收集手段，使道路养护管理更加科学合理，经济高效。如加拿大的阿尔伯塔省（Alberta）建立了公路维护地理信息系统，该系统使用专用检测车辆，定期检测路面的平整度和损坏程度等。这些指标由车载全球定位仪定位装置准确测定道路的位置，检测数据传输至公路养护地理信息系统，由养护模块自动生成路段养护报告。

（4）企业管理。借助 GIS 的运行路径选择功能，运输企业可以对公司的运营线路进行优化，并根据专题地图的统计分析功能，分析客货流量的变化情况，制定行车计划。此外还可以帮助运输管理部门对特种货物（如大件货物、危险货物或贵重货物）运输进行线路选择和监控。

（5）交通数字化平台。交通数字化平台是近年发展起来的智能交通运输管理系统，它有望和交通地理信息系统、全球卫星定位系统一道成为未来十年交通领域快速发展的新技术。基于 GIS-T、GNSS 的交通数字化平台，将能够为道路用户提供实时动态交通信息服务，改善出行方式。其能够为道路管理者提供控制信息，大大提高现有道路的通行能力和安全性，如图 6-11 所示。

图 6-11 交通数字化平台

专栏6-2　GIS-T 技术—TransCAD

TransCAD 是将地理信息系统（GIS）设计运用于交通领域，可以用于储存、显示、管理和分析交通数据，进行交通规划和需求预测。TransCAD 结合地理信息系统 GIS 和交通建模能力于一体，提供了一个独立的集成平台。TransCAD 的主要功能模块有以下几部分。

1. 网络分析

网络分析模型用于解决多种类型的运输网络问题，如最短路径选择、网络分割、旅行商问题。

最短路径选择可以在任何数量的起点和终点之间（含有任何数量的中间点），生成最短、最快或成本最低的路线。

网络分割可以基于易用性的特点新建服务小区，可以分析行驶时间，或评估可能的设施位置。在网络划分时，用户还可以计算一组特定地点的网络距离或行程时间。

旅行推销员模型构建一个高效的出行计划，可以构建网络上的任何节点之间的最有效的访问路线。

2. 交通规划和出行需求模型

交通规划和出行需求模型，用来预测出行方式的变化，以及随着区域发展、人口和交通供给的变化下交通运输系统的利用系数。

出行产生/发生模型（Trip Generation/Production Models）估算出研究范围内的每个分区产生的基于出行目的的出行量。

出行吸引模型（Trip Attraction Models）预测每一个小区或特定的土地使用点所产生的出行吸引量。

出行均衡方法（Trip Balancing Methods）可以使得吸引量与产生量保持均衡。

出行分布模型（Trip Distribution Models）可以预测起终点间出行或流量的空间分布。

方式划分模型（Mode Split Models）分析并预测个体或群体在针对不同出行类型的交通方式选择情况。

P-A 到 O-D 转换和日时间工具（P-A to O-D and Time of Day tools）可以将产生量和吸引量矩阵转换成起讫点的交通需求值，将 24 小时出行矩阵表分解成每小时出行矩阵表，将个人出行转换成车辆出行，并应用高峰小时因子。

交通分配模型（Traffic Assignment Models）估计网络上的交通流量并允许用户建立交通流方式并分析拥堵点。

高级高速公路分配程序（Advanced Highway Assignment Procedures）可以作广义成本的交通分配、HOV 分配、多方式车流分配、多类用户交通分配、与交通分布组合的分配、以及基于流量的转向延误和信号配时优化的交通分配。

3. 公交分析

TransCAD 有特殊的工具和程序来创建和处理公交网络。公交票价可以定义为单一票和区域票通过使用公交网络和费用结构，用户可解决最短路径问题和计算公交路径属性，也可以使用单独或与公交网络完全合一的非机动车出行模式网络。公交网络还可以用来做公共交通分配进而估算公交网络各路段的乘客数量。

4. 车辆寻址和物流

TransCAD 提供了丰富的工具包用来解决各种装卸和接送路径选择问题。这些工具用来输入数据、求解路径问题，并以表格和图形的形式提供计算出的最优路径和车辆调度时刻表。

TransCAD 程序可以解决由传统车辆路径寻找问题而演变出的诸多更为复杂

智慧交通导论

的问题,例如时间和停留点的限制条件、多个中心站的车辆调度、多种类型车辆的使用。

TransCAD 中的车辆寻找路径程序能解决混合取货送货问题。求解得到的解决方案以图片形式显示,用户可以通过添加或移动停留点的交互方式编辑路径。如果添加或移动停留点,用户可以选择再次优化路径,从而减小时间窗的偏移量。

第四节 交通数据处理新技术发展趋势

高质量的决策必须依赖高质量的数据,而从现实世界中采集到的数据大多是格式不完整、结构不一致、含噪声的脏数据(Dirty Read),无法直接用于数据分析或挖掘。数据处理就是对采集到的原始数据进行清洗、填补、平滑、合并、规格化处理以及一致性检查等。此处理过程可以将杂乱无章的数据转化为相对单一且便于处理的构型,以达到快速分析处理的目的。

大数据环境下的数据来源通常资源丰富且类型多样,存储和分析挖掘的数据量庞大,对数据展现的要求较高,并且强调数据处理的高效性和可用性。传统数据处理方法的数据采集来源单一,且存储、管理和分析数据量也相对较小,大多采用关系型数据库和并行数据仓库即可处理。数据处理速度方面,传统的并行数据库技术追求高度一致性和容错性,根据 CAP 理论[Consistency(一致性)、Availability(可用性)、Partition tolerance(分区容忍性)],难以保证其可用性和扩展性。此外,传统的数据处理方法以处理器为中心,而大数据应用背景下,需要采取以数据为中心的模式,减少数据移动成本。因此,传统的数据处理方法,已经不能适应大数据时代的需求。传统数据处理与大数据处理的对比见表 6-8。

传统数据处理与大数据处理的区别 表 6-8

处理方式	方式特点
传统数据处理	SQL 查询语言 + EXCEL,效率低,数据库兼容性不足
大数据处理	智慧交通中大数据信息处理模式为流体处理模式和批量处理模式,快速,智能化,高效率

一、云计算

1. 基本概述

"阿里云""腾讯云""百度云""华为云"中的"云"指的是什么?"云"是网络、互联网的一种比喻说法,其实质是一个网络,具有可以自我维护和管理的虚拟计算资源,通常是一些大型服务器集群,包括计算服务器、存储服务器和宽带资源等。从广义上说,云计算是与信息技术、软件、互联网相关的一种服务,这种计算资源共享池叫做"云"。

云计算是近年来发展起来的一种新的计算形态,体现了一种全新的信息服务模式。凭借其自动化的 IT 资源调度、快速的信息部署和出色的扩展性,云计算已成为解决交通问题的关键技术手段。云计算的概念起源于上世纪 90 年代,在 2006 年 8 月的搜索引擎会议上谷歌提出云计算平台 Google App Engine 后,该领域受到了极大的关注。2009 年,美国国家技术与标准局(NIST)信息技术实验室发布了被业界广泛接受的云计算定义:云计算是基于网络的、可配置的共享资源计算池,包括网络、服务器、存储、应用和服务,并且这些资源池能以最省力或无人干预的方式,或者通过与服务器提供商的交互快速地获取和释放。

云计算是分布式处理、并行计算和网格计算的发展,通过网络将庞大的计算处理程序自动拆分成无数个较小的子程序,交由多台服务器所组成的庞大系统,经计算分析之后将处理结果回传给用户。网络服务提供者可以在数秒之内,处理数以千万计甚至亿计的信息,达到和"超级计算机"同样强大的服务网络。

2. 云计算的基本特征

与传统的网络应用模式相比,云计算具有高灵活性、可扩展性和高性价比等优势,其具体特性分析如下。

(1)以网络为中心虚拟化技术。虚拟化突破了时间、空间的界限,是云计算最为显著的特点,虚拟化技术包括应用虚拟和资源虚拟两种。众所周知,物理平台与应用部署的环境在空间上没有任何联系,而是通过虚拟平台对相应终端操作完成数据备份、迁移和扩展等。

(2)云服务。云服务是基于互联网的相关服务的增加、使用和交互模式,通常涉及通过互联网来提供动态易扩展且经常是虚拟化的资源。过去在图中往往用云来表示电信网,后来也用来表示互联网和底层基础设施的抽象。云服务指通过网络以按需、易扩展的方式获得所需服务。这种服务可以是基础设施服务(IaaS)、软件服务(SaaS),也可是平台服务（PaaS）。它意味着计算能力也可作为一种商品通过互联网进行流通。

（3）资源监控。资源监控即资源的池化与透明化，云系统能够对动态信息进行有效部署，同时兼备资源监控功能，有利于对资源的负载、使用情况进行管理。资源监控作为资源管理的"血液"，对整体系统性能起关键作用，系统资源监管不到位，信息缺乏可靠性，其他子系统引用错误的信息，必然对系统资源的分配造成不利影响，因此资源监控工作就显得尤为重要。资源监控过程中，只要在各个云服务器上部署 Agent 代理程序便可进行配置与监管活动，比如通过一个监视服务器连接各个云资源服务器，然后以周期为单位将资源的使用情况发送至数据库，由监视服务器综合数据库有效信息对所有资源进行分析，评估资源的可用性，最大限度提高资源信息的有效性。

（4）弹性伸缩。云计算具有高效的运算能力，在原有服务器基础上增加云计算功能能够使计算速度迅速提高，最终实现动态扩展虚拟化的层次达到对应用进行扩展的目的。同时，用户可以利用应用软件的快速部署条件更为便捷地拓展已有业务以及新业务。

（5）按需供给。计算机包含了许多应用、程序软件等，不同的应用对应的数据资源库不同，所以用户需要对资源进行合理部署，而云计算平台能够根据用户的需求快速配备计算能力及资源，如图 6-12 所示。

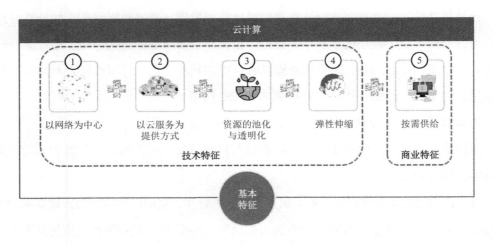

图 6-12　云计算基本特征

3. 云计算的分类

1）按用户部署模式分类

云服务可以将企业所需的软硬件、资料都链接到网络上，在任何时间、地点，使用不同的电子设备互相链接，实现数据存取、运算等目的。当前，常见的云服务有公共云

(Public Cloud)、私有云（Private Cloud）、混合云（Hybrid Cloud）三种。

（1）公有云。公有云由第三方云服务商提供云服务，用户通过互联网使用，核心属性是用户共享资源。代表服务商有亚马逊（Amazon）、微软蔚蓝（Miensoft Azure）、百度云、阿里云、腾讯云、金山云、华为云等。公有云具有资源丰富、扩展性能力强等优点，最重要的是这些云服务商能够赋予用户上下游的生态价值链，而用户可以快捷获取物联网、大数据、人工智能、移动应用等技术服务。虽然公有云数据安全云服务质量由服务商保证，但其用户的管控力度不如私有云。

（2）私有云。私有云是供用户内部（如同一公司的不同部门）使用、独立构建和运维的专有云平台。私有云可部署在政府和企业数据中心的防火墙内，也可以将它们部署在一个安全的主机托管场所。私有云的核心属性是专有资源。私有云可分为内部私有云和外部私有云。内部私有云也被称为内部云，由组织完全在自己的数据中心内构建、有利于标准化云服务管理流程并具有较高的安全性，但需要承担设备成本和维护成本。外部私有云部署在组织外部，由第三方机构负责管理，为该组织提供专用的云环境，并保证隐私和机密性。该方案相对内部私有云成本更低，也更便于扩展业务规模。

私有云可以实现对数据、安全性和服务质量的有效控制。政府和企业拥有基础设施，并可以控制在此之上的应用系统部署。私有云服务稳定、管理方便更容易根据企业的个性化需求定制资源。私有云的自建成本较高、共享性低，对于办公地点分散的大型组织来说，需要重点解决分散的私有云数据中心进行远程访问时的复杂度、安全性、链路成本等问题。

（3）混合云。混合云融合了公有云和私有云各自的优势，是近年来云计算的主要应用模式和主流发展方向。出于信息安全、法律法规、控制力等因素考虑，用户倾向于将数据存放在私有云中，但是同时又希望获得公有云的运算能力和资源。在这种情况下，可将公有云和私有云进行混合搭配，达到既降低成本，又保证信息安全，还符合法律法规要求的目的。但是，由于混合云是不同的云平台、数据和应用程序的组合，整合资源时提高了云计算的技术复杂度，容易产生新的兼容性问题。

2）按云平台的使用者与商业模式分类

（1）运维者，基础设施即服务（Infrastructure as a Service，IaaS）。是由云平台的运维者将硬件设备等基础资源封装分配、调度，对最终用户提供计算、存储、内容分发网络(CDN)、备份和恢复、平台自托管、云安全等基础资源。核心目的是提高基础设施灵活性、降低使用成本。

(2)应用开发者,软件平台即服务(Platform as a Service,PaaS)。面向应用开发者,降低了底层软硬件设施的复杂性,应用程序开发过程、提高软件开发效率。为开发人员提供通过全球互联网构建应用程序和服务的平台。PaaS 为开发、测试和管理软件应用程序提供按需开发环境。

(3)最终用户,应用软件即服务(Software as a Service,SaaS)。终端用户仅需要选择供应商,租赁应用服务,无须购买软硬件产品,即可直接使用该应用软件的云服务。通过互联网提供按需软件付费应用程序,云计算提供商托管和管理软件应用程序,并允许其用户连接到应用程序并通过全球互联网访问应用程序。典型应用如电子邮箱、在线视频会议、云盘等。

4. 云计算与智慧交通

近年来,随着社会经济和科学技术的快速发展以及城市化水平的不断提升,智慧交通正在成为全球各国研究的重点。然而,在实际的应用和研究中,智慧交通仍然存在诸多亟待解决的难题,如系统之间的信息共享、信息传递延缓等。这些问题都制约着智慧交通信息传递的可达性与准确度,影响决策部署、管理调度的效率。值得欣喜的是,云计算技术的出现正在为解决这些难题提供有效途径,云计算技术特有的超强计算能力和动态资源调度、按需提供服务等优势以及海量信息集成化管理机制等,都将促进智慧交通公众服务平台的建立,为人类交通向智慧化方向发展提供有力支撑。

城市道路交通系统是由人车路环境构成,是一个极其复杂、多变、非线性的系统,携带了庞大的交通数据资源。在大数据时代,海量交通数据资源的处理和发布迎来了新的挑战,云计算凭借其独特优势与该类智慧交通系统完美契合。云计算通过虚拟化等技术,整合服务器、存储、网络等硬件资源,优化系统资源配置比例,实现应用的灵活性,同时提升资源利用率,降低总能耗,降低运维成本。

(1)私有云应用:智慧交通的数据中心云计算化。

交通云专网中的智慧交通数据中心,主要是为智慧交通各个业务系统提供数据接收、存储、处理、交换、分析等服务。不同的业务系统随着交通数据流的压力而应用负载波动大,智慧交通数据交换平台中的各子系统也会有相应的波动。为了提高智慧交通数据中心的硬件资源利用率，并且保障系统的高可用性及稳定性，在智慧交通数据中心采用私有基础设施云平台，主要提供以下功能——基础架构虚拟化，提供服务器、存储设备虚拟化服务；虚拟架构查看及监控，查看虚拟资源使用状况及远程控制（远程启动、远程关闭等）；统计和计量；服务品质协议（Service Level Agreement，SLA）服务，如可靠性、负载均衡、弹性扩容、数据备份等。

（2）公共云应用：智慧交通公共信息服务平台。

交通公共云平台主要提供以下功能，提供基于平台的（PaaS）服务；资源服务部署、申请、分配、动态调整、释放资源；SLA服务，如可靠性、负载均衡、弹性扩容、数据备份等；其他软件应用服务（SaaS），如地理信息服务、信息发布服务、互动信息服务、出行诱导服务等。

基于交通公共云以上功能，智慧交通业务系统整合的各类位置及交通信息资源和服务可通过公共云为公众提供多种形式的、便捷的、实时的出行信息服务。该系统还为企业提供相关服务接口，补充公众互相以及与企业、交通相关部门、政府的互动方式，以更好地服务于大众用户。互动信息系统、公众发布系统及交通地理信息系统均可使用交通公共云平台提供服务，最终形成智慧交通公共信息服务平台。

其中，基于交通的地理信息系统（GIS-T）可以作为主要服务通过公共云平台，向广大的市民提供交通常用信息、地理基础信息、出行地理信息导航等服务。该服务直接为大众市民所用，也同时为交通运营企业对针对GIS-T的二次开发提供丰富的接口调用服务。所有在互联网上的应用都属于公共云计算平台，智慧交通把信息查询服务以及智能分析服务作为一个平台服务提供给其他用户使用，不但可以标准化服务访问接口，也可以随负载压力动态调整IT资源，提高资源利用率以及保障系统高可用性及稳定性。

二、边缘计算

1. 基本概述

边缘计算（Edge Computing）也称雾计算，是指在靠近物或数据源头的一侧，采用网络、计算、存储、应用核心能力为一体的开放平台，就近提供最近端服务。其应用程序在边缘侧发起，产生更快的网络服务响应，满足行业在实时业务、应用智能、安全与隐私保护等方面的基本需求。边缘计算处于物理实体和工业连接之间，或处于物理实体的顶端。边缘计算是在网络边缘结点来处理、分析数据，而不是在中央服务器里整理后实施处理，其架构图如图 6-13 所示。而云计算，仍然可以访问边缘计算的历史数据。

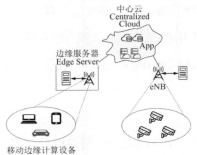

图 6-13　边缘计算架构图

边缘节点主要包括通信基站、服务器、网关设备以及终端设备。与云计算相比，边缘计算在网络拓扑中的位置更低，即更加靠近"用户"数据产生的地方。作为对云计算方式的补充，边缘计算弥补了云计算的诸多缺陷。

综合不同标准组织和产业联盟对边缘计算的定义，边缘计算的技术特征可以总结为以下几个方面。

（1）邻近性。边缘计算的部署靠近信息源，因此边缘计算特别适用于捕获和分析大数据中的关键信息，此外边缘计算还可以直接访问设备，容易直接衍生特定的商业应用。

（2）低时延。移动边缘技术服务靠近终端设备或者直接在终端设备上运行，因此大大降低了延迟。这使得反馈更加迅速，同时也改善了用户体验，极大程度避免了网络在其他部分中可能发生的拥塞。

（3）高带宽。由于边缘计算靠近信息源，可以在本地进行简单的数据处理，不必将所有数据或信息都上传至云端，这将使得网络传输压力下降，减少网络堵塞，网络速率也因此大大增加。

（4）位置认知。当网络边缘是无线网络的一部分时，无论是 WI-FI 还是蜂窝网络，本地服务都可以利用相对较少的信息来确定每个连接设备的具体位置。

（5）分布性。边缘计算天然具备分布式特征。这要求边缘计算支持分布式计算与存储、实现分布式资源的动态调度与统一管理、支撑分布式智能、具备分布式安全等能力。

（6）数据入口。边缘计算作为物理世界到数字世界的桥梁，是数据的第一入口，拥有大量、实时、完整的数据，可基于数据全生命周期进行管理与价值创造，将更好地支撑预测性维护、资产效率与管理等创新应用；同时，作为数据第一入口，边缘计算也面临数据实时性、不确定性、多样性等挑战。

边缘计算的过程如图 6-14 所示。

第六章 智慧交通信息处理技术

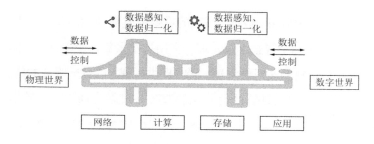

图 6-14 边缘计算过程

2. 边缘计算与云计算

无论是云计算还是边缘计算，本身只是实现物联网、智能制造等所需要计算技术的一种方法或者模式。云计算把握整体，聚焦非实时、长周期数据的大数据分析，能够在周期性维护、业务决策支撑等领域发挥特长；边缘计算则专注于局部，聚焦实时、短周期数据的分析，能更好地支撑本地业务的实时智能化处理与执行，如图 6-15 所示。

因此，边缘计算与云计算互相协同，两者存在紧密的互动协同关系。边缘计算既靠近执行单元，更是云端数据的采集单元，可以更好地支撑云端应用的大数据分析；云计算通过大数据分析优化输出的业务规则也可以下发到边缘侧，边缘计算基于新的业务规则进行业务执行的优化处理。边缘计算与云计算技术特点的区别见表 6-9。

图 6-15 边缘计算与云计算

边缘计算与云计算技术特点的区别　　　　　　　　　　表 6-9

性能	传统云计算	边缘计算/雾计算
时延	高	低
延迟抖动	高	低
移动性支持	不支持	支持
实时交互	支持	支持
地理信息系统	不可感知	可感知
安全性	数据路由被攻击可能性高	数据路由被攻击可能性低
可拓展性	依赖较远的服务器，可扩展性不高	无可扩展性问题

3. 边缘计算与智慧交通

边缘计算在智慧交通中的应用主要集中在以下几个方面。

（1）智慧停车。随着手机网络、全球定位系统、北斗车载导航、车联网、交通物联网的发展,智慧停车系统成为城市"数据大脑"的重要组成部分。而移动边缘计算作为5G网络关键技术之一,将其应用于智慧停车管理,采用近端采集、中端处理、远端管理的分布式部署方案,实现停车资料的实时性管理,同时提供可视、可自选服务的信息化解决方案。

(2)交通管控。基于边缘计算的信号控制服务系统融合通信、传感器接入、数据存储、数据计算、数据控制、数据服务于一体,实现群体智能化、区域协同自适应的虚拟化。其强大的检测器接入能力、基于边缘计算的交通场景辨识、基于全息数据和时空模型的交通信号优化,以及多协议对接能力也可以在不用更换信号机的情况下实现基于路口智能感知的信号实时自适应,以最低的成本实现路口设备的智能化升级。此外,在城市视频监控系统的应用上,可以构建融合边缘计算模型和视频监控技术的新型视频监控应用的软硬件服务平台,以提高视频监控系统前端摄像头的智能处理能力,进而提升城市交通管理水平。

(3)车联网。车联网主要涉及三个端口:车端、路侧端和云端,其中路侧端和云端因为车联网下计算节点下沉至边缘层(即路侧)的需求而经常被同时提及。路侧系统负责路况信息搜集与边缘侧计算,完成对路况的数字化感知和就近云端算力部署;云端负责提供车—车、车—路间实时传输的信息管道,通过低延时、高可靠、快速接入的网络环境,保障车端与路侧端的信息实时交互。高算力需求、高移动性、高可靠性和实时性的边缘计算在车联网领域将会有更多技术突破空间。基于车路协同的云计算系统结构如图6-16所示。

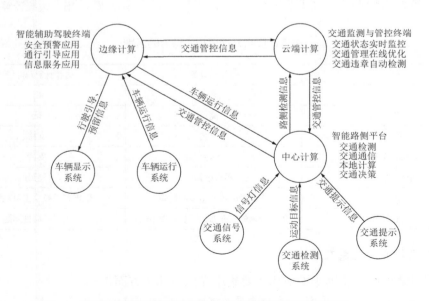

图6-16 基于车路协同的云计算系统结构示意图

三、人工智能

1. 基本概述

人工智能（Artificial Intelligence，AI）技术是 21 世纪世界三大尖端技术的组成部分（基因工程、纳米科学、人工智能）。人工智能是再现人类的思维过程，将人类智能转移到计算机上。

通俗地讲，人工智能是在探索人类智能活动的基础上，运用智能技术创建人工系统，旨在将人的智力赋予计算机系统，用以代替传统的人工劳动。传统模式下只能靠人的智力完成的任务，在人工智能时代借助计算机即可进行高效处理。

人工智能是一门极富挑战性的科学，从事这项工作的人需要掌握计算机学、心理学、哲学等相关知识。人工智能涵盖范围较广，由不同的领域组成，如机器学习、计算机视觉等。总体而言，人工智能研究的主要目标是使机器能够胜任一些通常需要人类智能才能完成的复杂工作，但不同时代、不同人群对这种"复杂工作"的理解是不同的。

智能感知、精确性计算和智能反馈是人工智能的核心部分，如图 6-17 所示，这三个环节依次展示了人工智能在感知、思考、行动维度的特性。

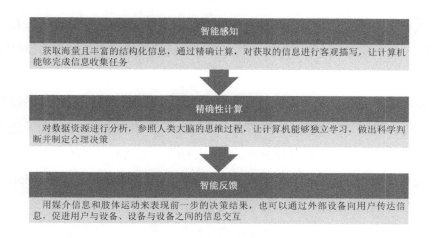

图 6-17 人工智能核心三环节

2. 人工智能与智慧交通

目前，智慧交通治理已从远程发现问题的"眼睛时代"、自动执行决策的"眼手结合"阶段全面迈入可自动发现问题、提出解决方案的"大脑时代"。人工智能在智慧交通场景中的应用成为城市交通的主流发展趋势，相当于为城市的交通系统安装了"智能大脑"，必将在地面、空中以及水路交通的态势预判、多要素交互式控制等方面发挥更大作用。

1）人工智能与地面交通结合

（1）车辆识别。人工智能在交通领域的自动识别方面具有广阔的应用前景，目前的车牌识别，以及由人脸识别演化得到的车脸识别，都是其具体应用。除此之外车牌识别、车辆颜色识别、车辆厂商标志识别、车辆检索、非机动车检测与分类也日趋成熟，如图6-18所示。

图6-18 车辆识别

（2）交通信号系统。用雷达传感器和摄像头监控交通流，然后利用人工神经网络（ANN）和深度（强化）学习（DRL）等人工智能算法确定交通信号灯转换时间，提升交通信号控制水平。

（3）汽车辅助驾驶和无人驾驶。辅助驾驶是车辆通过摄像头、雷达传感器获知周围交通状况，配合机器学习等算法，能够在车道偏离、正面碰撞、盲点碰撞等危急做出警示和干预；而无人驾驶车辆通过摄像头、雷达传感器、激光传感器等感知设备获取道路以及周边交通信息，经过全局路径规划（Route Planning）、行为决策层（Behavioral Layer）、运动规划（Motion Planning）层，实现无人驾驶。

（4）无人物流车。无人物流车主要依靠障碍物识别，低于最小安全追踪距离将自动停车，同时运用先进的感知、传输、控制方法和及时提升无人物流车的运行控制和调度智能化水平，实现路网的整体运行效率全局最优，全面提升快速处理突发事件的能力。

（5）智慧停车。使用摄像头、地磁等感知设备，跨区域、多层级停车余位监控，通过三级诱导系统发布车位信息，并结合实时路网信息，推荐合适停车场至用户联网移动设备。

2）人工智能与空中交通结合

（1）无人机。在传统无人机通信、飞控系统的基础上借助人工智能，开发自主控制技术、自然语言交流技术，自主控制技术也是无人机物流关键技术，包括态势感知技术、规划与协同技术、自主决策技术等方面。这套系统通过各种信息获取，设备自主地对任务环境进行建模，包括对三维环境特征的提取、态势的评估等，从而实现路径规划和协同控制，强大功能覆盖海陆空全面辅助交通管理。

（2）智慧航空。未来智慧民航的基本形态将是"全面感知、泛在互联、人机协同、全球共享"。未来的智慧民航将以数据流为载体，形成由业务流、信息流、资金流、价值流等各类资源要素有机融合的民航生态圈。

3）人工智能与水路交通结合

（1）无人船。目前我国水上环境监测、海洋调查、安防救援、水上割草都有应用无人船，与无人驾驶不同，无人船搭载侧扫或者多波束声纳来作业，但由于水上环境复杂，控制模型不如车辆无人驾驶控制模型丰富。

（2）无人码头。无人码头包括集装箱码头智能生产管理系统（ICTMS）、智能计划控制系统（PCS），通过自动化集装箱码头的完整装卸作业链条以及高精度自动驾驶集装箱卡车实现码头无人化管控。

3. 大模型对交通的支持

与传统的专业垂直领域的小模型 AI 不同，以 ChatGPT 为代表的大语言模型是通用人工智能（General Artificial Intelligence，AGI）发展的最新成果，呈现出颠覆性的革新，这种颠覆不仅体现在数据吞吐能力、计算能力和计算速度有质的提升，更意味着人工智能发展迎来新拐点，机器能够更自然地与人类进行交互和沟通。随着大语言模型的更新迭代，系统已经开始呈现出显著的"知识涌现"能力。人工智能语言模型不仅仅是一个聊天语言应答机器，背后是掌握了人类全部知识的具有强大"智商"的通识性智能体。大模型的应用模式已经不再是面向代码的场景编程、调参、基于样本训练模型的"炼丹"模式，演变为通过人机沟通交流、激励、知识反馈等模式，未来会变成全行业的人机协同的新科学模式。从技术层面来看，传统的 AI 技术面向专一场景，如图像识别，需要足够多的训练样本才能满足模型的识别训练需求；通用 AI 技术面向复杂场景，进行自主学习，可自动获取大量的公开数据和文本资源、丰富的领域知识，用于模型自主训练。

交通大模型既包括了大量的模型，也包括大量数据，可以结合实际交通自主学习、优化模型，其对智慧交通的支持体现在以下方面。

（1）预测交通流量和拥堵。大模型可以通过收集城市交通数据、交通流量、交通事件等信息，应用高级算法、机器学习、数据挖掘等技术，对城市交通进行全面分析和预测，以便为城市交通规划和管理工作提供科学的数据支持。通过大数据分析，可以发现交通拥堵的原因和瓶颈，制定相应的交通管理措施。

（2）交通状态控制。大模型可以通过智慧交通系统，对交通信号灯进行智能调度，以达到降低拥堵、缩短路程时间和减少能源消耗的目的。同时，大模型还能为交通管理部门提供更为细致的交通状况分析，使其可以更好地制定道路建设和维护计划。

（3）公共交通优化。公共交通优化是现代城市发展的重要方向之一。通过大模型可以对公共交通线路规划进行数据模拟，运用可视化技术，为公交运营企业提供更加科学的线路规划，提高公交运营效率。在乘客服务方面，通过大数据分析，可以更好地了解乘客的需求和行为，为改善公共交通的用户体验提供依据。

（4）交通安全。大模型可以通过收集大量的交通事故数据，识别交通事故的高风险区域，分析交通事故的常见因素，制定交通安全规划和措施，使交通更加安全。

（5）环境保护。现代城市交通系统的快速发展，给城市环境带来了一定程度的污染和压力。大模型可以通过模拟交通系统，预测交通拥堵、排放情况，为城市交通的环境优化提供依据，并通过构建包括公交、电动汽车、共享单车等在内的低碳出行链推广绿色出行方式，减少交通对城市环境的负面影响，为城市环保事业作出贡献。

思考题

1. 交通信息预处理技术包括哪两个方面？
2. 交通信息融合的方法有哪些？
3. 以自动驾驶为例，说明智慧交通框架下的信息处理技术在其中发挥的作用。
4. 举例说明交通调查中的大数据分析技术应用。
5. 结合文献说明新技术对于交通数据处理的影响。

第七章 Chapter 07

智慧交通信息发布技术

第一节 交通状态判断及预测技术

一、交通状态的定义

交通系统作为一个具有高度随机性、不确定性及动态性等特征的复杂系统，其状态容易受到突发交通事件影响。突发交通事件通常指临时影响道路通行能力的意外事件，包括交通事故、车辆抛锚、道路施工乃至恶劣天气、自然灾害等。当突发交通事件发生于道路某一位置时，交通流会在不同交通状态间转移。交通状态是交通流在一定的交通需求、供给、控制管理及信息服务等条件下呈现的状态，如畅通、拥挤或阻塞。交通状态演化过程和规律体现为路径级出行活动在路网中随时空变化的情况，包括突发交通事件导致交通拥堵的形成和消散、路径及路网交通流的变换与转移等。快速、科学分析突发事件发生后交通状态演化规律对路网级交通管控、出行信息服务等具有重要意义。同时对道路交通状态进行分析是交通指挥、交通控制和交通诱导的基础，尤其是在发生非常态事件的情况下，交通状态信息的获取对于政府部门应急疏散方案的确定、公共安全部门的抢险救灾以及社会公众的避险或出行等更是必备的支持信息，可以为抢救生命财产、避免事态恶化争取宝贵的时间。因此，界定交通状态概念、建立交通状态评价指标体系、设计合理的交通状态评价指标的计算方法是非常必要的。

从微观上看，交通流运行状态可用一些基本车辆的运行参数描述，一般表现为交通流量、车辆速度、车辆排队长度、延误时间等定量指标。从中观上看，交通流运行状态一般描述为某路段或路口的交通状况综合水平，可划分为正常状态和异常状态两种。正常状态指所有车辆都能够有序、安全、畅通地运行；异常状态即非正常状态、交通拥挤状态。从宏观上看，交通流运行状态可以描述为路网或局部路网的交通拥挤程度，可用交通拥挤指数表示。目前应用最广泛的交通状态指标是《公路通行能力手册》（Highway Capacity Manual，HCM 2000）提出的服务水平，HCM 2000 中关于服务水平的定义为：服务水平是描述交通流运行状况的一种质量测度，通常用速度、行程时间、驾驶自由度、交通中断、舒适和方便等服务指标描述。

二、传统交通流理论方法判别交通状态

1. 基于指标

自 20 世纪 50 年代起，国外相关科研机构开始对交通状态判断体系进行研究，提出了近百种用于评价交通状态的指标。研究者们通常根据多次实验结果为各指标设定某一阈值，将模型的实际运行结果与阈值进行对比，进而判别交通状态。其中传统拥堵状态判别的指标可分为基于出行时间的指标、基于排队论的指标、基于 HCM 2000 的指标。不同指标适用于高速公路或城市道路等不同场景下的交通状态判别。在此基础上，研究人员对不同指标进行组合，衍生出许多更加有效的基于指标的交通状态评价模型。

1）适用于高速公路的指标

行程时间与延误。行程时间与延误是评价高速公路状态的有效指标。行程时间通常由地点车速或浮动车法调查获得。延误是指因道路条件、天气、排队或者交通管制等各种因素引起的行驶时间的损失，表现为车辆通过某一段路时实际行驶时间与理想行驶的时间差。

占有率。占有率包括时间占有率与空间占有率。空间占有率表示某一时刻某一路段内，车辆总长度与车道总长度之比，表明道路实际占用情况。通常情况下很难直接获取道路的空间占有率，因此很少应用此指标。时间占有率代表任一道路上所有车辆通过该段的累计时间与所有车辆观测总时间的比值，反映了该路段车辆的排队时间。根据道路交通流理论，车流密度小时车速快，时间占有率低，车流密度大时车速慢，时间占有率高。

服务水平。服务水平通常根据平均交叉口延误及 V/C 进行判断，其中 V/C 是在理想条件下，最大服务交通量与基本通行能力之比，基本通行能力是四级服务水平上半部的最大交通量。美国交通管理部门根据 V/C 将公路服务水平分为 6 级，当其大于 0.9 时处于不稳定流状态，稍有干扰即处于拥堵状态。

除此之外，区间平均车速也可用于高速公路交通状态的判断，例如 HCM 2000 中使用区间平均车速计算判断高速公路交织区服务水平。区间平均车速需要特定地区长期的大量数据统计结果，不具有普适性，但不同地区可根据实际情况自行制定对应标准，判断交通状态。

2）适用于城市道路的指标

区间平均行程速度。区间平均行程速度可以更好地体现出车辆在某一特定的时间及路段上的行驶状态，该指标不仅能够反映每辆车各自的交通行为，同时能够随着实际的交通供给与需求状态改变而变化。某一特定路段上的区间平均行程速度可使用区间长度除以路段所有车辆的平均行程时间计算获得。2020年我国公安部出台《道路交通拥堵度评价方法》（GA/T 115—2020），城市主干路、次干路不同限速条件下的区间路段平均行程速度与交通拥堵度的对应关系见表7-1。公路或城市快速路不同限速条件下的区间路段平均行程速度与交通拥堵度的对应关系见表7-2。

城市主干路、次干路区间路段平均行程速度与交通拥堵度的对应关系　　表7-1

限速（km/h）	平均行程速度（km/h）			
80	≥45	[30,45)	[20,30)	[0,20)
70	≥40	[30,40)	[20,30)	[0,20)
60	≥35	[30,35)	[20,30)	[0,20)
50	≥30	[20,30)	[15,25)	[0,20)
40	≥25	[20,25)	[15,20)	[0,20)
<40	[25,限速值)	[20,25)	[10,20)	[0,20)
交通拥堵度	畅通	轻度拥堵	中度拥堵	严重拥堵
交通拥堵分级	Ⅳ级	Ⅲ级	Ⅱ级	Ⅰ级

注：城市支路可参照执行。

公路或城市快速路区间路段平均行程速度与交通拥堵度的对应关系　　表7-2

限速（km/h）	平均行程速度（km/h）			
120	≥70	[50,70)	[30,50)	[0,30)
110	≥65	[45,65)	[25,45)	[0,25)
100	≥60	[40,60)	[20,40)	[0,20)
90	≥55	[35,55)	[20,35)	[0,20)
80	≥50	[35,50)	[20,35)	[0,20)
70	≥45	[30,45)	[20,30)	[0,20)
60	≥40	[30,40)	[20,30)	[0,20)
<60	[25,限速值)	[30,40)	[20,30)	[0,20)
交通拥堵度	畅通	轻度拥堵	中度拥堵	严重拥堵
交通拥堵分级	Ⅳ级	Ⅲ级	Ⅱ级	Ⅰ级

最大车均延误。最大车均延误是指车辆在通过交叉口的过程中所产生的平均时间损失的最大值。最大车均延误常被用于评价无信号控制交叉口的交通拥堵度,《道路交通拥堵度评价方法》(GA/T 115—2020)中规定无信号控制交叉口最大车均延误与交通拥堵度的对应关系见表 7-3。

无信号控制交叉口最大车均延误与交通拥堵度的对应关系　　表 7-3

项目	指标类别			
交通拥堵度	畅通	轻度拥堵	中度拥堵	严重拥堵
最大车均延误(s)	[0,35)	[35,50)	[50,70)	≥70
交通拥堵度分级	IV级	III级	II级	I级

最大排队时间指数。最大排队时间指数是指信号控制交叉口车辆排队时间与信号控制周期的比值的最大值。信号控制交叉口可选择最大车均延误或最大排队时间指数作为交通拥堵度的评价指标,《道路交通拥堵度评价方法》(GA/T 115—2020)中规定各指标与交通拥堵度的对应关系见表 7-4。

信号控制交叉口最大车均延误或最大排队时间指数与交通拥堵度的对应关系　表 7-4

项目	指标类别			
交通拥堵度	畅通	轻度拥堵	中度拥堵	严重拥堵
最大车均延误(s)	[0,55)	[55,100)	[100,145)	≥145
最大排队时间指数	[0,0.8)	[0.8,1.5)	[1.5,2.1)	≥2.1
交通拥堵度分级	IV级	III级	II级	I级

流量比通行能力(V/C)。流量比通行能力指理想的道路交通条件下,最大服务交通量与基本通行能力之比,也称道路负荷度。V/C 一般不单独用于交通状态评价,而是与其他参数共同组成评价体系。

3) 综合指标判断道路交通状态

相比上述采用单一指标对交通拥堵状态进行判别,许多复杂情况下的拥堵判别需要采用多种参数进行判断,将各种不同的指标组合在一起,通过系统的模型与算法对交通状态进行判别。

在道路服务水平的评价中,通常根据平均交叉口服务水平及 V/C 两项指标进行判断。在交通流理论中,交通量由行驶速度及车辆密度共同确定。当参数均处于理想状态时,交通流处于临界状态,此时如果车辆数增大,交通流量便会减小,同时行驶速度减小，交通流密度增大，该段道路便被判定为拥堵状态。

单一指标以不同方式组合在一起，可以衍生出许多种行之有效的拥堵状况综合评价模型。与单一指标下的拥堵判别相比，综合判断指标适用范围更广，判断判别的结果也更加可靠。上述指标也常作为机器学习方法的参数，利用机器学习模型与方法，能够更准确地捕捉指标特征的变化，且更有效地利用交通数据，从而更好地判别交通状态。

2. 基于宏观基本图

上述基于指标的方法，通常用于判别局部路网的交通情况，实际应用中具有一定的局限性。随着人们对交通状态的研究从局部区域逐渐转移至整个路网，宏观基本图方法也被随之提出。

宏观基本图（Macroscopic Fundamental Diagram，MFD）的概念最早由德国学者达冈佐等人提出，并且他们在后续的研究中给出了宏观基本图的定义：MFD 被认为可以用于描述城市道路网中移动车辆数量与道路网络运行水平之间的一般关系。MFD 模型通过统计分析路网的历史数据，得到不同参数之间的关系，通常包括密度—速度模型、流量—速度模型和流量—密度模型。其中，最具代表性的密度—速度模型由格林希尔治在 20 世纪 30 年代提出。根据 MFD 理论，现有两种具有代表性的宏观基本图相关参数计算方法，分别见式(7-1)、式(7-2)。

$$\begin{cases} n = \sum_j k_i l_i \\ q^w = \sum_i q_i l_i / \sum_i I_i \\ k^w = \sum_i k_i l_i / \sum_I l_i \\ o^w = k^w s = \sum_i o_i l_i / \sum_i l_i \end{cases} \quad (7\text{-}1)$$

式中：k^w——城市路网范围内的加权密度；

o^w——其加权时间占有率；

i——路网中路段编号；

l_i——路段 i 的长度；

q_i——路段 i 的车流量；

s——路网中行驶车辆的平均长度；

o_i——路段i的时间占有率；

k_i——路段i的密度。

$$\begin{cases} q = \dfrac{1}{N}\sum_i q_i \\ k = \dfrac{1}{N}\sum_i k_i \\ v = \dfrac{q}{k} \end{cases} \tag{7-2}$$

式中：N——分析的路段或者检测断面数量；

k——路网的平均密度；

v——路网的平均速度；

q——路网的平均流量。

任何一个 MFD 曲线一定存在一个高峰值，此时路网中加权车流量q^w等于路网最大加权流量λ，路网中车辆数n等于临界车辆数μ，此时路网处于饱和状态。当$n < \mu$时，路网处于畅通状态，q^w随着n的增大而增大；当$n > \mu$时，路网处于拥堵状态，q^w随着n的增大而减小。与传统方法相比，基于 MFD 的分析方法具有形象、直观的优点，可以明确地展示各种状态下交通流的特点，因此常常应用于交通状态判别。

将 MFD 模型应用于城市道路交通状态实时监测和预警主要包括以下步骤：

①数据采集：从城市交通监控系统、车载设备等获取实时的车流量、车速、路网拓扑等数据。

②模型建立：构建城市道路网络的宏观基本图模型，描述道路段之间的流量和车速关系，然后利用历史数据对模型的参数进行校准和优化。

③实时状态判断：将实时监测数据输入到宏观基本图模型中，计算各路段的拥堵指数，并且根据预设的拥堵阈值，判断当前道路网络的拥堵状态。

④预警功能实现：针对即将出现的拥堵预测，提前向交通管控中心和驾驶员发出预警信息。预警信息包括拥堵程度、持续时间、建议绕行路径等。

⑤结果反馈与优化：收集交通管控部门和驾驶员对预警效果的反馈，不断优化模型参数和预警策略。持续更新模型，提高对动态交通环境的响应能力。

通过以上步骤，可以将 MFD 模型有效应用于城市道路交通状态的实时监测和预警，为智慧交通管理提供重要支撑。

3. 基于元胞自动机模型和元胞传输模型

元胞自动机（Cellular Automata，CA）是粒子在一个由具有离散、有限状态的元胞组成的空间上，按照某种局部规则在离散的时间维度上演化的动力学系统模型。元胞自动机理论最初由"计算机之父"冯诺依曼提出，并在20世纪90年代起成为道路交通流领域的热点研究方向，主要用于交通状态的判别与评估。

最初用于交通研究的一维元胞自动机模型模拟的是单车道的交通状况，其中最具代表性的是在沃尔弗拉姆平台元胞自动机规则基础上建立的一维模型（NaSch，NS）。NS模型将一条单车道用一个一维点阵表示，每个位置点代表一个元胞，其中空置或容纳一辆车，运行状态取决于元胞空闲状态以及车辆速度，所有车辆按照特定的速度规则和位移规则运动，模拟真实的交通状况。NS模型设置了一种较为理想的车辆运行条件，能反映车辆的启动和停止过程，对交通状态的判别有一定辅助作用。但考虑到城市道路往往交错形成路网，一维元胞自动机模型无法更细致地表现其交通特性，因此基于二维元胞自动机的模型（由Biham、Middleton和Levine提出，称为BML模型）应运而生。BML模型设定一个二维周期性边界的正方形网络，每个格点上空缺或者存在仅向东、北两个方向行驶的车辆。不同方向的车流在奇偶时间步上错开运行，若某一辆车的前方格点上有车，则该车不运行。BML模型考虑了交通信号因素，但只模拟了交叉口情况而忽视了路段情况，并且车辆只能选两个方向，与实际的交通状况有很大区别。为了克服上述问题，在BML模型与NS模型结合的基础上，城市交通网络模型（CS Model）应运而生。

总体而言，元胞自动机模型形式简单，且易于在计算机上模拟实现。该模型不仅能够得到车辆的微观特性，而且能表现交通流的宏观特点，从而进行交通拥堵的判别。然而，虽然学界针对元胞自动机的研究比较深入，理论也较为全面，但缺乏真正的落地应用，因此元胞自动机模型在实际应用中还需要进一步的检验。

LWR（Lighthill-Whitham-Richards）模型是一个交通流一阶流体动力学模型，如式(7-3)所示。

$$\frac{\partial Q}{\partial x} + \frac{\partial k}{\partial t} = 0 \tag{7-3}$$

式中：Q——交通量；

x——位移；

k——密度；

t——时间。

LWR 模型从流体力学的角度较好地描述了交通流特性，但是由于其求解过程比较复杂，实际中并没有得到很好的应用。因此达冈佐在此基础上提出了元胞传输模型（Cell Transmission Model，CTM）。元胞传输模型在经典的 LWR 方程的基础上进行了分段线性化处理，并将道路划分为多个等距离的元胞，时间离散为多个时间间隔，将式(7-3)简化为离散形式，如式(7-4)、式(7-5)所示：

$$n_j(\omega+1) = n_j(\omega) + f_j^{j-1}(\omega) - f_{j+1}^j(\omega) \tag{7-4}$$

$$f_j^{j-1}(\omega) = \min\left\{n_{j-1}(\omega), Q_j(\omega), \left(\frac{W}{V}\right)[N_j(\omega) - n_j(\omega)]\right\} \tag{7-5}$$

式中：$f_j^{j-1}(\omega)$——ω时刻元胞$j-1$到元胞j的实际流入率；

$n_j(\omega)$——元胞j上的车辆数目；

$Q_j(\omega)$——元胞j上的流入能力；

W——元胞j上的反向激波传播速度；

V——元胞j上的自由流速；

$N_j(\omega)$——元胞j中能包含的最大车辆数目。

通过上述离散形式，LWR 模型所描述的交通流现象得到了较好的数学解法，因此 CTM 模型能够重现与实际交通流情况接近的现象，并进行拥堵的判别与分析。LWR 模型提出后，达冈佐又在考虑车流滞后效应的基础上提出了迟滞元胞传输模型，该模型具有更高的计算精度。此后，各国学者也进行了大量研究，先后提出了改进型元胞传输模型、状态选择元胞传输模型、非对称元胞传输模型、基于特定位置的元胞传输模型等，逐渐提高了模型的普适性与准确性，使其与真实的交通状态特性越来越接近。由于元胞传输模型与实际交通情况的良好拟合特性，其常用于交通拥堵机理的相关研究，在实践中也常用于交通拥堵的判别与分析。

三、机器学习方法判别、预测交通状态

伴随着时间的延展以及空间位置的改变，交通状态每时每刻发生着变化，而人们对交通流状态变化的感知来源于不断更新的交通数据。随着智慧交通建设进程的不断推

进，传感设备大量普及，提供了大量的多源检测数据，这些数据在时间和空间上相互交错，可用于描述交通状态的动态运行过程。同时，由于交通系统极其复杂，其数据也体现出不同程度的复杂特性，传统的基于先验知识和精确数学模型的交通状态分析方法已经无法满足现代智慧交通的需求。在大数据时代，人们解决问题的方法不再局限于经验知识和精确数学模型，依赖于数据本身的数据驱动方法不断得到重视和应用。同样地，对交通问题的认识与解决也进入数据分析时代，面对越来越复杂的交通系统和海量数据，数据驱动方法为获取交通隐患信息、交通状态变化趋势等规律模式提供了一种全新的途径。因此，基于海量交通数据，结合适应能力、自学习能力较强的数据驱动技术对交通流数据进行处理、分析，进一步挖掘道路交通流动态特性，可提高交通状态预测结果的准确性，从而为智慧交通建设、提高交通运行效率提供有力的技术和信息支撑。

机器学习方法判别和预测交通状态按照时间的发展历程如下：

（1）早期尝试（2000—2010年）：这一时期，研究者最初尝试基于交通流量、车速等基本数据，使用决策树、支持向量机等传统机器学习算法判别拥堵状态。这些方法在一定程度上提高了交通状态识别的准确性，但无法很好地捕捉复杂的交通动态特征。

（2）深度学习突破（2010—2015年）：随着深度学习技术的发展，研究人员开始尝试将卷积神经网络、循环神经网络等应用于交通状态判别。这些方法能自动提取交通流的时空特征，大幅提升了识别准确率，为实时交通状态监测奠定了基础。

（3）多源融合预测（2015—2020年）：研究人员开始关注利用路侧监控、车载传感器、手机轨迹等多源异构交通数据进行融合分析，基于贝叶斯网络、协同过滤等机器学习方法，实现了更加全面的交通状态感知和预测。

（4）自适应在线学习（2020年以来）：近年来，研究者将在线学习机制引入到交通状态预测模型中，使其能自适应道路网络拓扑、信号控制策略等动态变化。通过持续学习更新，模型的预测准确性和鲁棒性得到不断增强，为智慧交通管理提供了更加可靠的决策依据。总的来说，随着机器学习技术的不断进步，特别是深度学习等方法的发展，交通状态的判别和预测能力得到了显著提升，为未来智慧交通管理奠定了坚实的技术基础。机器学习主要分为基于概率图模型和基于非参数统计方法两种方式实现。

1. 基于概率图模型

建立概率图模型是常用的判别交通拥堵，预测交通流状态的一类方法，其中具有代表性的模型包括贝叶斯网络模型、马尔科夫模型等。

1）贝叶斯网络（Bayesian network）

贝叶斯公式是该模型的理论基石，如式(7-6)所示。

$$P(A|B) = \frac{P(B|A)P(A)}{P(B)} \quad (7\text{-}6)$$

贝叶斯网络从形式上看是一个有向无环图，以结点表示变量，有向边表示结点之间的关联关系，边的权值为条件概率（设起点为A，终点为B，则有向边的权值为$P(A|B)$）。构造传统贝叶斯网络的过程主要分为以下3个步骤。

步骤1：确定变量集和变量域。以判别交通拥堵为例，可设置速度、交通量、车道占有率等多种参数为变量。设变量集$\{X_1, X_2, X_3 \cdots, X_n\}$分别代表占有率、交通量、车辆平均速度等交通参数，其中X_i的取值集合为$\{y_i^1, y_i^2, \cdots, y_i^{m_i}\}$，在实际的网络构造中，还需要将各个参数的取值离散化，离散化的方式可依据具体情况而定。

步骤2：确定变量间拓扑关系。形成网络结构、建立网络结构最常见的方法就是从主观的经验出发（通常是依据专家知识），根据变量间的因果关系建立网络结构。

步骤3：确定贝叶斯网络的概率分布。求得目标对象交通状态的值，需首先确定贝叶斯网络的概率分布。确定概率分布的方式常常是从已有的数据和经验出发得到先验概率，然后通过样本训练得到后验分布，多次迭代后得到最终的概率分布。判别交通状态的贝叶斯网络如图7-1所示。

在一般情况下，交通流对时间敏感，具有明显的高峰时段。因而在目前的研究中，经常使用含有时间序列的贝叶斯网络以提高预测准确度。此外，由于单一模型的适用范围小、普适性差，贝叶斯网络通常与其他基本预测模型结合组成贝叶斯组合模型，通过贝叶斯网络的后验概率计算得到各个基本模型的权重，从而实现对交通流的联合预测，提高模型的普适性。

图7-1 判别交通状态的贝叶斯网络

2）马尔科夫模型（Markov Model）

马尔科夫过程是一类随机过程，马尔科夫链的第$n+1$个状态只与第n个状态有关，而与之前$n-1$个状态无关，其核心公式为式(7-7)。

$$P_{ij} = \frac{n_{ij}}{n_i} \quad (7\text{-}7)$$

式中：P_{ij}——第i个状态向第j个状态转移的概率；

n_{ij}——第i个状态向第j个状态转移的样本数；

n_i——第i个状态的样本总数。

当利用马尔科夫链对某一个交通参数进行研究时，可将其取值离散化，根据已有的数据按上述方法求出该参数在各个状态之间转变的概率。

隐式马尔科夫模型较于传统的马尔科夫模型多了一个隐含的状态链，即存在两个随机次过程。利用隐式马尔科夫模型，在考虑特定道路区域本身交通流状态变化的同时，还考虑该区域的交通流状态变化与其他道路区域交通状态的关系，这对于路网的交通拥堵预测具有重要的意义。

2. 基于非参数统计方法

与参数统计方法相比，非参数统计方法对数据和模型的假定更少，适用范围更广，结果也更加稳定，因此也更加适用于复杂的交通系统。

1）支持向量机模型

传统的统计方法通常需要在样本量较大的情况下进行研究，而支持向量机（Support Vector Machines，SVM）能够很好地解决小样本问题，在统计资料较少的交通问题研究中具有良好的表现。该方法最早在20世纪90年代中期被提出，是一种有监督的统计机器学习方法。

SVM理论的核心思想是将输入向量非线性地映射到一个高维度特征空间中，之后在这个空间中构建一个决策超平面，将空间里的多个向量根据设定好的不同特征分为两大类。每个分类中距离分隔平面最近的向量是该分类的边缘向量，即支持向量。当两个分类的支持向量与平面的距离相等且取最大值时，认为该平面是最优的决策超平面，距离和也称为最优间隔。图7-2为一个维支持向量实例，黑色方形点和黑色带框圆形点部分选中的为支持向量，中间的虚线为最优超平面，两端实线间的距离即最优间隔。

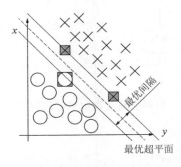

图7-2 二维支持向量实例

SVM算法应用时的两大难点为超参数的选择与核函数的确定。针对前者，将SVM模型与模拟退火算法（Simulated Annealing，SA）和蚁群优化算法（Ant Colony Optimization，ACO）进行组合，能较好地预测交通流状态。

而在针对核函数进行的研究中,将果蝇优化算法(Fruit Fly Optimization Algorithm,FOA)和最小二乘支持向量机模型(Least Squares Support Vector Machine,LSSVM)结合起来,能取得较为理想的结果。最初的 SVM 理论只能用来解决二类分类问题,随着研究的不断深入,多分类 SVM 算法以及与其他数据挖掘方法相结合的理论逐步建立并完善,SVM 的应用也更加广泛,交通拥堵的模式判别就是其应用领域之一。支持向量机有着小样本、高泛化的优点,在交通状态的划分及交通拥堵的判别上有着较好的应用,关键在于与其他数据挖掘方法或优化算法的结合,以提高分类精度,增强判别交通拥堵的准确性。

2)K-邻近算法

K-邻近算法(K-Nearest Neighbors,KNN)是非参数统计算法中一种较为简单的数据挖掘方法。其思想是:某个待测的数据在特征空间中有 k 个距离最近的已知类别的数据,那么这 k 个数据中的大多数属于哪一类,则待测数据也属于这一类。

KNN 算法通过多对象中的占优类别进行决策而非单一决策,因此能更好地进行交通拥堵状态判别,其对于样本的要求高于 SVM 模型。但在实际应用中,相较于 SVM 的非线性映射与构建线性决策超平面,KNN 算法更加易于处理。与决策树模型相比,KNN 算法同样易于理解和使用。

3)人工神经网络

人工神经网络(Artificial Neural Network,ANN)是近 40 年来人工智能领域的研究热点。它作为典型的监督机器学习算法,已被广泛用于交通状态判别。目前应用于交通拥堵判别预测领域的神经网络模型有 BP 神经网络、递归神经网络、多层反馈神经网络、径向基函数神经网络等。

ANN 的基础架构包括输入层、输出层和隐含层,含有多个隐含层的感知器即为深度学习结构,如图 7-3 所示。设有 N 个不重复的输入样本 $\{x_i, t_i\}_{i=1}^{N}$,其中 $x_i = [x_{i1}, x_{i2}, \cdots, x_{in}]^T \in R^n$ 是一个 n 维输入,$t_i = [t_{i1}, t_{i2}, \cdots, t_{in}]^T \in R^m$ 是 x_i 对应的 m 维输出。假设有 L 个隐含层的节点。$G(x)$ 为 sigmoid 函数的标准单隐含层前馈神经网络。

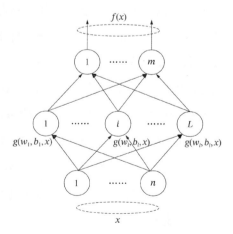

图 7-3 人工神经网络的基础架构

$$f(x_j) = \sum_{i=1}^{L} \beta_i g_{sig}(w_i x_j + b_i) = h(x_j)\beta \quad (j = 1, 2, \cdots, N) \qquad (7\text{-}8)$$

式中：w_i——输入和第i个隐含层节点的连接权重，$w_i = [w_{i1}, w_{i2}, \cdots, w_{in}]^T$；

β_i——第i个隐藏层节点和输出的权重，$\beta_i = [\beta_{i1}, \beta_{i2}, \cdots, \beta_{im}]^T$；

b_i——第i个隐含层节点的偏置。

在各类神经网络模型中，BP（Back Propagation）神经网络检测精度高，但是学习速度较慢，因为随着梯度下降，可能得到局部最优收敛而非全局最优收敛，从而导致网络训练失败。

时间序列交通流量预测要求模型的输入为序列数据，而递归神经网络（Recursive Neural Network，RNN）模型可以用来处理序列数据。递归神经网络记忆历史数据的输出，并且随着网络的外部输入作为下一时刻隐藏层单元的输入，该属性可使网络实现动态记忆。

多层神经网络包括至少一个隐藏层，对于非线性的交通参数预测具有非常好的效果。

径向基函数（Radial Basis Function，RBF）神经网络有全局近似与收敛的特性，所以使得它成为交通流判别预测的主要选择之一。RBF神经网络的隐藏层空间是由径向基函数作为隐单元的"基"构成，隐节点被高斯函数定义。

$$h_i = \exp\left(-\frac{1}{2\sigma_i^2}\right)\sqrt{\sum_{i=1}^{m}(x_i - c_i)^2} \qquad (7\text{-}9)$$

式中：c_i——第i个RBF隐藏集合的中心；

x_i——第i个RBF隐藏集合的宽度。

隐含层将低维的输入矢量映射到高维特征空间。RBF神经网络中的隐含层通过径向基函数将输入矢量从低维空间映射到高维空间，使得原本线性不可分的问题变得线性可分。同时，隐含层还通过计算输入样本与中心点的距离，并通过径向基函数进行变换，形成一个非线性特征空间，为后续的输出层提供基础。其网络结构简单，训练便捷，学习收敛速度快，具有接近任何非线性函数的能力，可以处理复杂的交通系统的拥堵判别问题。

神经网络在交通状态判别与预测问题上表现优异，但神经网络用于交通流预测也存在一定的局限性。如训练需要提供一定数量的数据样本，若数据量过大则训练过于耗时，若数据量过小则结果不够精确。此外，隐层节点的数量需要根据经验确定，节点数量过多会影响计算效率、数量过少则会影响计算精度。

4）聚类

聚类是常见的无监督机器学习算法之一，可以在没有任何先验知识的情况下对交通流量数据进行分类。聚类旨在最小化类别内的差异并使不同类别的差异最大化。聚类优点主要有：不需要预先知道数据集中的类别标签，可以自动发现数据中的模式和结构。其次可以处理各种类型的数据，包括数值型、文本型、图像型等，适合应用于包含多类数据的交通状态识别场景。

而聚类的缺点也同样显著：首先需要预先指定聚类数。许多聚类算法需要用户预先指定要生成的聚类数量。然而，在实际应用中，这个信息往往是未知的，使得算法的选择和应用变得复杂。其次聚类对初始值敏感。某些聚类算法的结果高度依赖于初始中心点的选择。不同的初始值可能导致算法收敛到不同的局部最优解。然后聚类算法可能对数据集中的噪声和异常值敏感，这些值可能会干扰算法的性能和结果。而最显著的缺点是难以评估结果。聚类结果的评估通常是一个挑战，因为没有明确的"正确"答案可供比较。因此，需要使用各种内部和外部评估指标来评估聚类结果的质量。

K-means 聚类是最常见的聚类方法之一，但 K-means 聚类对聚类数目和噪声数据的初始化很敏感，系统聚类缺乏鲁棒性，具有非唯一性且难以解释，因此该算法不能通用。后续出现了嵌套和自组织神经网络映射（Self Organization Mapping，SOM）等聚类方式。嵌套聚类类别数根据数据的统计特性确定，会不断进行分组直到差异过小不能分组为止。自组织映射神经网络聚类是一种竞争学习型的神经网络，它能将高维输入数据映射到低维空间，同时保持其拓扑结构不变，即将高维空间中相似的样本点映射到输出层相邻的神经元。SOM 聚类易于解释和可视化，其在分析具有时变性和充满噪音性质的交通流数据方面具有优势。

第二节 交通信息服务系统

一、交通信息服务系统概述

1. 交通信息服务系统的含义

交通信息服务系统在美国、日本、欧盟等国家及地区的 ITS 体系框架中对应于"先进的出行者信息系统"（Advanced Traveler Information System，ATIS）。但随着技术的不断进步，很多专家和学者认为，出行是交通的一部分，"先进的出行者信息系统"这一名称不能有效体现系统完整的服务内容。目前,学界中较为一致的观点是将该系统称为"先进的交通信息服务系统"。

先进的交通信息服务系统的定义为:由信息终端、交通信息中心及广域通信网络组成,通过收集、分析、传递交通信息,为个体出行者提供实时、优化的出行建议,帮助他们在起点到终点之间更舒适、高效地完成行程,减少出行时间和费用。在此基础上,可以扩充理解为:综合运用多种高新技术,通过无线、有线通信手段,以文字、语音、图形、视频等多媒体形式实时动态地提供与出行相关的各类交通信息,使出行者在完整的行程中能够随时获得有关道路交通情况、行程时间、行程费用、换乘路线等信息,从而指导出行者选择合适的交通方式、出行路线和出发时间,以最高的效率和最佳方式完成出行过程。

2. 交通信息服务系统的目的和目标

交通信息服务系统的目的是使交通参与者能够获得必要的交通信息,提高出行的机动性、方便性和安全性,最终提升整个交通运输系统的社会效益和经济效益。交通信息服务系统使交通参与者的交通行为更具有科学性、计划性、合理性,是智慧交通系统的重要组成部分。

交通信息服务系统的主要目标体现在六个方面:促进以实时准确的交通状态为基础的出行方式选择;减少出行者在陌生地区出行的压力;减少出行者个体在多方式出行中的出行时间和延误;降低整个交通系统的出行时间和延误;提高交通系统的总体效率,降低交通系统的总体成本;减少碰撞危险和降低伤亡事故。

3. 交通信息服务系统的发展

20 世纪 70 年代以来,美国、日本、欧盟等国家和地区在寻求缓解交通拥堵的研究中,提出了以个体出行者为服务对象的综合交通信息服务系统。总体而言,针对个体出行者的综合交通信息服务系统的发展又可划分为两个阶段。

第一阶段为出行者信息系统(Traveler Information System,TIS),是在 20 世纪 70 年代出现的计算机技术和交通监控系统的基础上发展起来的,反映了人们使用通信技术发布交通信息的初始愿景。该系统主要用于提高路网局部的通行能力,例如严重拥挤的交叉口,或者由特别事件和交通事故引起阻塞的部分路口与路段等。公路顾问广播(Highway Advisory Radio,HAR)和可变信息标志(Variable Massage Signal,VMS)是这一阶段出行者信息系统的代表。

第二阶段为先进的出行者信息系统(Advanced Traveler Information System,ATIS),它采用信息采集、传输、处理和发布方面的最新技术成果,可以更广泛的为交通参与者提供多种形式的实时交通信息和动态路径诱导。专用车载诱导系统、在线移动终端、路侧可变情报板等是此阶段综合交通信息服务系统的主要表现方式。

4. 交通信息服务系统的作用、特点和分类

（1）先进的交通信息服务系统的作用主要体现在多种交通方式的出行规划、咨询服务、路径诱导服务、提供相关系统接口等方面。

（2）交通信息服务系统应该具备的特性主要包括以下几方面，一是提供的信息及时、准确、可靠，具有良好的出行决策相关性；二是能够为整个区域提供相关交通信息；三是便于跟智慧交通其他系统相结合；四是系统要配备经过专门培训的操作人员；五是易于被交通参与者和公众接受和使用；六是易于维护，运行成本合理。

（3）交通信息服务系统按照不同分类标准可分为以下几类。

①按照向交通参与者提供信息服务的时间进行分类，详情见表7-5。

按照信息提供时间分类的交通信息服务系统　　　　　　　　表7-5

名称	特点
出行前信息系统	出行前信息服务可以使出行者在出行前获取关于出行的路径、方式、时间，道路交通及公共交通等信息，为出行者规划最佳出行模式提供辅助决策服务
在途驾驶员信息系统	通过各种手段向驾驶员提供关于出行选择及车辆运行状态信息、道路状况信息和警告信息等，为有需要的驾乘人员提供路径诱导功能
在途出行者换乘信息系统	在交通场站利用多种形式为出行者提供换乘信息服务，如始发时间、目的地、出行费用、出行时间等信息，从而优化出行者的出行路径

②按照信息系统所提供信息内容的不同进行分类，详情见表7-6。

按照信息提供内容分类的交通信息服务系统　　　　　　　　表7-6

名称	特点
路径诱导系统	利用先进的信息、通信等技术，为驾驶员提供丰富的行驶信息，引导其选择优化行驶路径，以减少车辆在路网中的滞留时间，从而缓解交通压力、减少交通阻塞和延误。这种服务主要针对城市路网的个体车辆
交通流诱导系统	以交通流量预测和实时动态交通分配为基础，应用现代通信技术、电子技术、计算机技术等为路网上的出行者提供必要的交通信息，为其当前出行决策和路线选择提供信息参考，从而避免盲目出行造成的交通阻塞，达到路网畅通、高效运行的目的。它面向的对象是路网行驶的全部车辆
停车场信息诱导系统	为驾驶员提供区域内停车场的位置信息，以及车位利用信息，从而有利于驾驶员做出合理的停车选择，减少迂回驾驶和由此产生的无意义出行及环境污染
个性化信息服务系统	可以获取与出行有关的社会综合服务及设施的信息，如商场、医院、停车场、加油站等地址，及其营业或办公时间等。帮助出行者制定合理的出行计划，选择合适的出行路径

③按照信息流三要素（信息采集、处理与传输）的集成程度和系统功能分配的不同进行分类，详情见表7-7。

按照信息流三要素分类的交通信息服务系统　　　　　　　　　　表7-7

名称	特点
自动导航系统	自动导航系统融信息流三要素于一体，能对行驶中的车辆进行实时导航。在独立的车辆上装备有定位设备和历史地图数据库，车辆不与信息中心进行通信，使用单独记录历史交通状况、路网信息的数据库。信息收集、分析处理及传送均通过车辆独立完成，与交通信息中心无任何联系
中心式导航系统 （单向通信系统）	由交通信息中心单方面向交通参与者提供实时动态交通信息，交通信息中心通过各种渠道收集道路交通信息，处理后通过信号发射系统定时发送至车辆。出行者借助车载信息接收装置，获取当前关于交通阻塞地区和一般公路状况等信息来实时选择行驶路线
中心式导航系统 （双向通信系统）	车辆和交通参与者摆脱被动信息接收者的身份，成为主动的交通信息采集者。不仅可以获取车辆通过某一路段的行程时间、车速，探测车辆达到一定规模后，还可获取车道占有率、交通流量等交通信息

二、国内外交通信息服务系统发展概况

先进的交通信息服务系统是ITS研究中一个非常重要的领域，许多欧、美、日等国家和地区投入了大量的人力、物力、财力进行研究、开发、实验并积极投入运营，积累了丰富的经验并取得了相当的成绩。下文主要围绕美国、欧洲、中国的交通信息服务系统展开介绍。

1. 美国

美国交通信息服务系统见表7-8。

美国交通信息服务系统　　　　　　　　　　表7-8

项目名称	开发时间	主要功能	关键技术	应用状况
TiavTek	1991年	100辆规模的驾驶人信息系统演示项目，为驾驶人提供导航、路径选择、实时交通信息、本地信息与移动电话服务	定制的移动无线通信系统移动电话车载终端、GPS与语音合成导航	小规模测试
TravLink	1994年	实现德卢斯市道路上公交的计算机辅助调度和自动车辆定位，同时为旅行者提供实时的公交信息	GPS、可变信息板与查询信息亭	特定路段试用
511系统	2000年	提供国家干线公路的施工事故、特殊事件与拥堵信息、公交时刻表与费用信息以及影响交通的气象条件等	呼叫中心、信息门户网站与公路交通流摄像照片	美国国内大规模应用

续上表

项目名称	开发时间	主要功能	关键技术	应用状况
IntelliDrive/VII	2004 年	通过信息与通信技术实现汽车与道路设施的集成，采用试验车获取实时交通数据，支持动态路径规划与诱导，提高行车安全与效率	DSRC、WAVE/IEEE 1609、车-车通信与车-路通信	小规模测试
SafeTrip	2008 年	向驾驶人提供软安全性警告，使其更加及时地调整车行速度，降低高速公路上的事故发生概率	GPS、CAN/OBD Ⅱ雷达、加速度传感器、摄像头与移动通信	小规模测试

（1）511 系统

美国 511 出行信息服务系统是一个由美国交通运输部主导的交通信息服务热线，用户可以拨打电话或登录网站获得所需的交通出行信息。建立 511 交通信息系统的最初想法始于美国交通运输部与美国高速公路及交通公务员协会、各州交通部于 1999 年 3 月向美国通信委员会的一份请愿书，该请愿书指出创建 511 交通信息系统能够切实保障各组织向公众公布有关交通信息。

511 系统为非联邦政府资助性项目，联邦政府没有强制性的规定，具体规则由州和地方有关机构制定。2001 年，美国交通运输部开始对资助州的运输部门进行规划，至今共有 46 个州接受了资助。各州确定合理的商业模式，用于系统的经营，并为用户提供有价值的信息服务。2010 年，美国全境各州开通 511 系统，全国 90%以上的人口了解 511 系统，年呼入量达到 4000 万。

511 系统服务的内容包括道路信息、公共交通信息、天气信息、预警信息、出行信息。

①道路信息。从意外交通状况（如影响范围大的交通事件报告）到某一路段内的交通拥挤状况和行驶时间数据；通常提前提供有关道路状况和道路施工方面的信息，并提供事件报告和事件最新发展现状报告。

②公共交通信息。用户可以根据语音提示从城市一览表中获得任意城市的公共交通信息，最终获得有关公共交通经营者的情况和联系电话。旧金山湾地区 511 系统提供的公共交通信息最为广泛，包括票价、服务通告、自行车信息、残疾人出行服务信息、事件热线、失物招领、渡船服务时刻表等。

③天气信息。包括各个路段和地区目前和预报的天气状况、气温、路面温度、雨雪、结冰等信息，预报信息可提前 72 小时向用户提供。

④预警信息。511 系统是发布橙色预警信息的一种有效途径。所有拨打 511 系统的

用户，在进入其他信息服务项目之前都可以听到橙色预警信息。

⑤出行信息。511系统可将用户电话转给运输经营者，以提供有关旅游方面的信息，有的可以与旅游服务网站联系起来。弗吉尼亚州出行信息服务网站上有26000个旅游点信息，有的州还提供国家公园旅游活动、音乐会、剧场、地方欢庆节日、会议和其他各类活动的相关信息。同时，511系统还与航空公司和铁路客运公司的服务电话相连。

未来511系统的发展将从以下几个方面进行发展：完善数据来源，紧急警报、广播消息（疏散、国土安全、黄色警报），时间标记，电话信息内容过滤，考虑区域差异性。

（2）TRAVTEK系统

在美国开展的ITS现场实验中，佛罗里达州奥兰多市进行的TRAVTEK研究是比较有代表性的。该实验是以实时的道路引导和信息服务系统的实用化为目的，使用了汽车电话的双向通信功能的导航系统。TRAVTEK由交通管理中心、信息服务中心和装载了导航装置的车辆构成。交通管理中心负责收集、管理并提供道路交通信息，同时还要提供该系统运行所必需的信息管理与服务。信息服务中心以观光设施、宾馆、饭店等为对象，收集各种服务信息。车载导航装置提供车辆定位、路径选择、界面等三个功能，该装置能够显示包含堵塞地点、事故和施工等信息的奥兰多地区地图，符合驾驶人要求的路径引导以及有利用可能性的文字信息等。

TRAVTEK系统的用户界面能够提供导航信息、道路交通事故信息和交通状况信息。导航系统的界面设计主要实现了以下几个目标：为用户提供更有效的导航以节省出行时间和花费；更简单地获取有价值的区域交通信息，减轻驾驶人的压力，增加行车乐趣；通过对紧急事件的预报和信息发布维持驾驶人的安全行车；提高路网的通行能力，改善交通拥挤状况。

在佛罗里达州奥兰多市，装备有TRAVTEK车载单元的用户能够通过用户界面进入丰富的信息环境。车载设备的功能有导航信息、路径诱导、实时交通流信息以及区域服务信息和兴趣点信息。在系统主菜单中，用户能够选择不同的功能项：输入目的地进行路径导航、浏览当地服务设施信息和兴趣点信息、浏览区域电子地图、请求紧急服务、进入使用指南和修改在地图显示中的车辆所在区域信息。

在TRAVTEK系统中的所有的有关出行前路径诱导信息和大多数的功能信息都通过可视化信息的方式提供给用户，主要功能如下：

①出行前的一些信息功能。在出行前，用户可以通过可视化界面和触摸屏或其他按

键输入目的地查询相关信息，进入新的界面后，用户可以进一步进行详细设置。

②兴趣点查询功能。TRAVTEK 系统可以向出行者提供当地服务设施和兴趣点信息。在菜单中可以让用户选择不同的兴趣点，包括停留地、酒店和野营地、参观地点、进餐点以及其他服务点。在选择了上述选项后，进入下一级菜单还可以提供更完整的服务信息。

③信息电子地图功能。如果出行者并没有输入目的地进行诱导，那么地图屏幕可以用来浏览电子地图，可以通过按键选择区域，电子地图同时也显示车辆的位置以及航向。

④交通流信息服务。在 TRAVTEK 系统中，实时的交通信息从交管中心通过无线方式传输给用户。在信息屏幕的地图中加入了彩色的标志以显示中等道路堵塞、严重道路堵塞、车道封闭以及交通事故或其他事故的信息。

⑤路线诱导功能。当出行者输入目的地等相关信息后，系统可为用户提供可视化信息，进行路径诱导。

TRAVTEK 系统提供的功能基本涵盖了美国 ATIS 预先计划的四个子系统中的一些方面。表 7-9 显示了 TRAVTEK 系统的功能，可以和 ATIS/CVO 提出的功能进行比较。从表 7-9 中可以看到，TRAVTEK 系统满足了 ATIS 中的 18 个功能，这在当时的情况下是相当好的。

TRAVTEK 系统和 ATIS/CVO 系统的功能比较　　　　表 7-9

系统	功能	TravTek 实现情况
ATIS/CVO	出行规划 多模式旅行协调 出行前路线、目的地选择 动态路径选择	均实现
车载路线导航系统	路线导航	实现
	路线指引	实现
	自动收费	实现
	路线行程安排（CVO 特有）	未实现
	计算机辅助路径分配（CVO 特有）	未实现
	广播服务/兴趣点	实现
车内人员服务信息系统	服务信息/兴趣点目录	实现
	目的地协调	实现
	信息传递	实现
	沿途信号引导	实现

续上表

系统	功能	TravTek 实现情况
车载信号信息系统	沿途信号通告	实现
	沿途信号调制	实现
	危险警告	实现
	沿途状况信息	实现
车载安全咨询与警告系统	救援自动化	实现
	手动救援呼叫	实现
	车辆状态监视	未实现
	车船监视（CVO 特有）	未实现
CVO 特有功能	车辆分配	未实现
	调整管理	未实现
	调整执行	未实现

2. 欧洲

欧洲交通信息服务系统简介详见表 7-10。

欧洲交通信息服务系统简介　　　　表 7-10

项目名称	时间	主要功能	关键技术	应用状况
SOCRATES	1989—1991 年	交通指挥中心充分利用传统蜂窝无线电话的基础设施，与行驶中的车辆进行双向通信，实现交通信息的采集与发布	移动无线通信技术与 GPS	小规模测试
RDS/TMC	1994 年—至今	通过广播数据系统（Radio Data System, RDS）按照标准编码交通信息并发布，车载终端通过广播接收该码型对应的交通信息	RDS 技术、TMC 编码与传输	欧洲大规模应用
CVIS	2006—2010 年	创建一个集硬件和软件于一体的综合信息平台，涉及私家车、公交和商业运输，实现即时路况信息获取与分享，提高交通管理效率	伽利略卫星导航、GPS、WLAN 与车载传感	小规模测试
DRIVE C2X	2012—2013 年	一个涵盖欧洲七国的车路协同系统测试项目，通过安全、交通管理、环境保护及商业 4 类典型应用的测试，对基于车车/车辆通信的交通信息服务系统进行验证	ITS G5 接入技术、隐私与信息安全技术	小规模测试

欧洲的代表性交通信息系统有 SOCRATES、Traffe-master、EUROSCOUT 和 RDS/TMC。其中，RDS/TMC 是应用最成功、使用范围最广的大规模交通信息解决方案。

1）RDS/TMC 系统

RDS 是于 1984 年由欧洲广播联盟制定的广播数据系统的欧洲规范，1986 国际无线电咨询委员会通过了有关 RDS 的 643 号建议书，1990 年正式通过和出版《实施 RDS 的准则》（EN50067）。自此欧洲各国纷纷开设 RDS 的广播业务。

RDS/TMC（Radio Data Service/Traffic Message Channel）是采用 RDS 实现信息发布的应用之一。交通信息在广播前按照标准编码并采用 RDS 技术发布。车载终设备可接收该码型信息，并可选择信息的文本、简单图形和语言等实现方式。接收 RDS/TMC 需要一个特别的无线电接收机，其最主要部分包含了具体路线信息的 TMC 卡。

RDS/TMC 具有以下特点：实现最新的交通信息实时传送，方便用户即时了解事故、道路工程和交通拥堵；信息自动筛选、只显示当前路线信息；用户可选择信息表达语言；高品质的数字传输；欧洲范围内接收器的兼容性；部分免费或低收费服务的权利。

对用户而言，RDS/TMC 能够接收无声调频数据通道，这意味着用户在播放音乐或广播新闻的同时可以无干扰地接收 TMC 数据传输。此外，信息到位即刻显示，TMC 信息服务是连续的，而路边的可变信息标志只是间断地提供信息服务。

TMC 用户能接收的基本广播交通信息主要如下：事件描述，天气状况或交通问题及其严重程度的详细资料；受影响的位置、区域、路段或受影响的点位置；方向和范围，指出影响的相近路段或点位置以及影响的交通方向；持续时间，问题预计的持续时间；分流建议，是否建议驾驶人寻找替选路线。

2）Traffe-master 系统

Traffe-master 是以英国伦敦为中心、在大范围的高速公路上已经实用化的系统，该系统有效利用了现有的寻呼网络以提供交通信息。系统由收集高速公路交通状况数据的传感器、处理及发送信息的控制中心、接收信息并表示在显示屏上的车载终端装置组成。

传感器向车体前端和后端分别发射两束红外线，根据这两束射线经车辆反射的反向波的时间差测算车辆的速度。传感器控制机的计算机计算每 3 分钟的平均速度，如果速度低于 30 英里每小时，则将此信息发送到控制中心。控制中心由多台计算机组成，有的用于收集数据，有的用于发送经处理的信息，有的用于文字录入等。车载终端包括接收装置和显示设备，可以显示全部区域或局部放大的区域内的低速区间。如果切换为文本方式，则可以获取关于事故、施工等的详细信息。车载装置如果事先进行登录并取得识别号码,则可以接收面向特定个人的信息,并能够在屏幕上显示。

3. 中国

随着我国经济的持续发展,人民生活水平不断提高,人们对高质量的交通出行服务的需求越来越迫切,期望的服务标准越来越高。虽然道路交通基础设施的建设日新月异、高速发展,但交通供给增长的速度仍难以应对呈加速增长态势发展的机动车保有量所带来的交通需求的高速增长,交通供需矛盾日益突出;同时,与道路基础设施的发展相比,我国交通信息服务的建设发展仍有很大的提升空间,动态交通运输信息既无法全面掌握,又缺乏有效的发布手段,使得原本可以提高道路基础设施运行效率的交通信息化手段未能充分发展和有效应用,反而成为制约交通运输服务水平提高的瓶颈。因此,作为提高公众出行质量的重要手段,公众出行交通信息服务系统的建设有着非常迫切的需求,是交通信息化亟待发展的重要领域。2005 年,由交通部组织实施的公众出行交通信息服务系统成为三大信息化建设示范工程之一。公众出行交通信息服务系统依托公路信息资源整合系统和客运站场管理信息系统的信息资源,通过互联网、呼叫中心、手机、PDA 等移动终端以及交通广播、路侧广播、图文电视、车载终端、可变情报板、警示标志、车载滚动显示屏、分布在公共场所的大屏幕、触摸屏等显示装置,为出行者提供较为完善的出行信息服务。如为驾车出行者提供路况、突发事件、施工、沿途、气象、环境等信息;为采用公共交通方式的出行者提供票务、营运、站务、转乘、沿途等信息。据此出行者可提前安排出行计划,变更出行路线,使出行更安全、更便捷、更可靠。同时与铁路、民航、旅游、气象等相关的各类信息进行整合,与广播、电视结合,提供更全面、更多方式的服务,让公众切身感受交通信息服务的便利。我国交通信息服务系统简介见表 7-11。

我国交通信息服务系统简介 表 7-11

范围（区域）	信息服务系统（平台）	主要的高速公路交通信息服务功能及内容	运营管理主体
全国	中国公路信息服务网	公路阻断情况、气象预警、公路出行规划公路基础信息、公路通车信息、公路地图	交通运输部网测与应急处置中心
天津	天津市高速公路出行服务网	交通状况、出行规划、出行参考、旅游指南	天津市高速公路路网管理指挥中心

续上表

范围（区域）	信息服务系统（平台）	主要的高速公路交通信息服务功能及内容	运营管理主体
河北	河北省高速公路出行服务网	实时路况、路径规划、景点及酒店查询、高速气象、高速服务、ETC服务	河北省高速管理局指挥调度中心
山西	山西省公众出行交通信息服务系统	交通地图、动态路况、畅行八方、收费查询、气象查询	山西省交通运输厅
内蒙古	内蒙古公众出行信息服务系统	交通出行策划、图行内蒙古、出行景点查询、客运站查询、加油站查询、服务区查询、维修站查询、路况查询、天气预报	内蒙古自治区交通通信信息中心
辽宁	辽宁省高速公路公众出行信息服务系统	目的地查询、服务区查询、天气查询、路况查询	辽宁省交通运输厅
吉林	吉林省交通公众出行服务网	动态路况、出行规划、公路客运、高速通行费、交通旅游、电子地图、出行辅助（高速气象、交通资讯）、留言板	吉林省交通运输厅
上海	上海交通出行网	线路规划、道路查询、设施查询、实时交通突发事件、道路施工、客户端下载	上海市城乡建设和交通发展研究院
江苏	江苏省高速公众出行服务网	图行高速、实时路况、高速气象、实时路况、路径查询、服务设施、高速快拍、费率查询、卡务办理、在线问答	江苏省高速公路联网运营管理中心
浙江	浙江交通	实时路况、道路施工、路径查询与规划、交通费用（通行费查询）、交通广播、服务器位置、出行微博	浙江省交通厅信息中心
福建	福建省交通信息通信中心	交通气象、出行动态、实时路况、热点导航、道路设施、出行尝试、出行查询、违章查询	福建省交通通信息中心
江西	江西省公众出行服务网	出行向导、图行江西、红色旅游、交通实况、出行参考	江西省交通运输厅信息中心
山东	山东交通出行网	电子地图、路网示意、交通信息、高速基础设施及费用查询、旅游出行、咨询中心、新浪微博、客户电话	山东省交通运输厅
河南	河南省高速公路出行服务网	实时交通、目的地查询、线路查询服务、停车区、收费站文明示范路、高速常识、客户电话	河南省交通运输厅高速公路管理局
湖北	湖北省交通公众出行服务网	交通地图、动态路况、公路信息、出行策划规费查询、交通旅游、交通黄页个性服务、呼叫中心、在线广播	湖北省交通运输厅
湖南	湖南高速公路信息服务网	天气预报、路况信息、行车指南电子地图、景点介绍、违章查询、通行费用出行常识、ETC运用、举报投诉	湖南省高速公路管理局
广东	广东省公众出行交通信息服务系统	电子地图、出行向导、路况查询、交通快讯、通行费查询、意见反馈、道路施工	广东省交通运输档案信息管理中心
广西	广西高速公路出行信息服务网	路网示意图、高速地图、路况信息、费率查询、服务设施、旅游指南、出行指南	广西壮族自治区高速公路管理局

续上表

范围 （区域）	信息服务系统 （平台）	主要的高速公路交通信息服务功能及内容	运营管理主体
海南	海南省交通公众出行信息服务系统	交通路况、出行气象、高速公路服务区、旅游景点	海南省交通运输厅
重庆	重庆交通公众出行服务网	实时路况、公路地图、动态数据、出行线路	重庆市交通运输委员会
四川	四川交通公众出行（网站）服务系统	高速公路介绍、出行策划、通行费查询、公路路况、电子地图、我的出行（线路收藏）景点查询及线路推荐	四川省交通运输厅信息中心
贵州	贵州交通出行（网站）服务网	路况信息、出行规划电子地图、出行气象、高速服务查询出行常识、ETC简介及使用	贵州省交通信息中心
陕西	陕西交通公众出行服务网	三秦通卡、路况信息、交通公告交通地图、费额查询、里程查询交通旅游、综合服务、出行常识	陕西省高速公路收费管理中心
青海	青海交通出行信息服务网	图行青海（路况、事件、流量、交通）自驾出行实时路况、收费指南与查询出行天气、短信平台、旅游景点	青海省交通运输厅
新疆	新疆维吾尔自治区交通公众出行服务系统	动态路况、出行策划、交通资讯交通旅游、违章查询、赔补偿标准呼叫中心、短信平台、在线广播	新疆维吾尔自治区交通运输厅

其次，国内有代表性的企业级道路交通信息服务系统见表7-12。

国内代表性的企业级道路交通信息服务系统　　　　表7-12

类别	代表企业	代表系统	主要服务功能	服务范围
传统企业	四维图像	四维地图	电子地图、导航服务	城市道路和高速公路
	世纪高通	路况交通眼	实时交通流、简易图形交通信息、交通事件信息、历史数据、动态路径规划、天气、地图、交通指数	城市道路和高速公路
	掌城科技	掌城路况通	交通信息、交通事件、动态路径规划、违章查询、天气预报	城市道路
导航软件企业	高德	高德地图	AR实景导航、3D实景导航、在线和离线地图、实时动态路况显示、云端数据同步、语音播报、监控提醒	城市道路和高速公路
互联网企业	百度	百度地图	地图展示、信息搜索、定位、导航	城市道路和高速公路
	腾讯	微信	高速路况、高速服务、更多三个功能模块	高速公路
高速企业	山东高速集团	易高速	路况信息、监控快览、高速设施、高速地图	高速公路
	重庆高速集团	重庆高速通	监控快览、实时路况、附近导航、路径路费、服务区及重庆特产推荐	高速公路

三、服务内容与组成

1. 交通信息的服务内容

不同的用户和交通参与者对基础交通信息的需求是不同的。交通出行者对基础交通信息的需求包括目的地需求特征、交通方式及路径信息需求特征、出发时刻信息需求特征。在研究、分析出行者对基础交通信息的需求特征的基础上，构建先进的交通信息服务系统，需要建立广泛且便于使用的公共信息数据库，包括地理信息数据库（电子地图）、交通运行数据库、公共交通信息数据库、道路信息数据库等。

交通信息系统的服务内容根据需求主要分为以下几类。

（1）出行前信息服务。利用先进的通信、电子、多媒体、计算机网络等技术，使出行者在出行前可通过多种媒体，在任意出行生成地访问出行前信息服务系统，以获取出行路径、方式、时间、当前道路交通系统及公共交通系统等相关信息，为规划出行提供决策支持。主要包含出行前公共交通信息、出租车预约服务信息、出行规划服务信息、交通系统当前状态信息。

（2）行驶中驾驶员信息服务。通过音视频等多媒体形式向驾驶员提供相关出行信息，并可向不熟悉地形的驾驶员提供导航功能。主要包含车辆运行状态信息、交通事件信息、停车/乘车选择、停车场信息交通状况信息、公共交通调度信息、交通法规信息、道路工程施工信息、收费站信息、气象信息、路边服务信息。

（3）途中公共交通信息服务。利用先进的通信、电子和多媒体网络技术，使选择公交出行方式的处于行程中的用户，通过多种媒介获取实时公交出行服务信息，便于其在出行中对出行路线、方式和时间做出恰当的选择。主要包含换乘信息、车辆运行信息、调度信息、票价信息。

（4）个性化信息服务。通过多种媒体以及个人便携装置接收和访问个性化信息服务系统，以获取与出行有关的社会综合服务及设施的信息，主要包含公共服务设施信息、公共服务预订、旅游景点信息。

（5）路径诱导及导航服务。指通过实时采集和发送交通信息，适时引导交通流量合理分布，从而达到高效率利用道路网络的一种主动交通控制方式。利用先进的信息采集、处理和发布技术，以及通道控制和电子技术等，为驾驶员提供丰富的行驶信息，引导其行驶在最佳路径上，以减少车辆在路网中的滞留时间从而达到缓解交通压力，减少交通阻塞和延误的目的。主要包含自主导航、动态路径诱导、混合模式路径诱导。根据城市交通流诱导系统所采用的信息种类的不同，城市交通流诱导系统可分为预测型和反应型。预测型城市交通流诱导系统使用基于当前交通信息的预测信息，反应型城市交通流诱导系统使用当前时刻点的交通信息。

（6）合乘匹配与预订服务。合乘匹配和预订服务是一种特殊类型的信息服务。该服务由出行者和驾驶员共同提出合乘请求，管理中心将对象进行合理匹配并通知各方。这项服务可以提高车辆的实载率、降低出行总费用和道路拥挤程度。

在上述交通信息服务系统的 6 大类服务内容中，有一些基础交通信息是为多个服务内容所交叉涵盖的，主要包括道路几何线形信息、路面状况信息、道路灾害信息、道路交通信息、停车信息等。

2. 交通信息服务系统的组成

交通信息服务系统可分为四个领域，即信息采集、信息传输、信息处理、信息发布。其中交通信息发布是交通信息服务中的关键环节。先进的交通信息服务系统主要由交通信息中心、通信网络和用户信息终端三大功能单元组成，系统构成如图 7-4 所示。

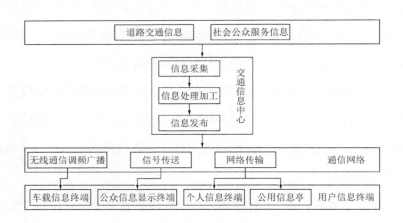

图 7-4　交通信息服务系统的构成示意图

1）交通信息中心

交通信息中心（Traffic Information Center，TIC）为整个系统控制的实现提供数据处理、显示和接口功能，包括对道路交通运输数据和社会公众信息的采集、分类、加工、分析和提供。TIC 是先进的交通信息服务系统的核心，为车辆及相关交通信息资源提供中心通信接口，在此基础上建立综合的交通运输信息数据库，提供各类交通信息服务功能。

交通信息中心的基本数据处理功能主要包括以下内容：

①根据实时动态的道路交通状况，更新交通运输信息数据库。

②产生并定期更新路段通行时间的数据库。

③比较、组合当前的道路交通信息和历史的路段通行时间数据，将各方面的信息综合以建立最佳的交通状况预测模型，用以为车辆提供最佳的路段通行时间估计。

④根据当前的交通状况，计算从出发点到目的地的最优路线。

⑤进行事故调查工作，确定造成路段状态异常的原因，并及时发布处理结果。

2）通信网络

通信网络具体实现形式包括用户信息终端和交通信息中心之间提供的有线和无线双向数据传输，以及在信息源与信息中心之间的光纤数据传输。信息中心向所有装备车辆导航辅助系统的车辆发送实时道路交通信息，车辆通过车载设备接收，经处理后以视觉或听觉形式传达。同时车辆完成单位路段行驶后，会自动向交通信息中心发送通行时间及其他相关信息，使信息中心获取车辆的实时动态信息。

3）用户信息终端

用户信息终端种类繁多，车载信息和导航终端是应用最广泛的用户终端之一。车载终端包括导航辅助系统和无线电数据通信收发器，导航辅助系统包括车辆导航定位模块、车载计算机及显示屏。

四、交通信息服务系统的关键技术

1. 交通信息服务系统的理论基础

交通信息服务系统主要是根据实时采集的交通流信息，经加工和处理后，形成有利出行者出行的交通信息，并将这些信息及时传递给出行者。交通信息服务系统的研究主要包括实施技术和基础理论两个方面。实施技术主要指电子控制技术、交通技术、计算机处理技术、卫星定位导航系统等在交通系统中的集成应用，它们是实现城市交通流诱导必不可少的硬件手段和技术条件；城市交通预测和诱导的关键理论和模型是交通信息服务系统的核心，也是ITS的基础理论，因此涉及路径诱导的动态交通量分析和行驶路线优化设计是系统的关键技术。

目前，我国在实施技术方面进展较快，但基础理论和模型研究相对滞后，为此某些研究项目没有得到实际应用，这也是世界各国都重视理论模型研究的主要原因。

1）动态交通分配

交通需求具有随时间变化的性质使得交通网络上的交通流具有动态性。因此要确切地描述交通网络上的各种交通现象，需要采用动态的交通模型，其中很重要的技术之一就是采用动态交通分配。通常交通规划中采用的静态交通分配假定模型时间段内的交通需求是常量，即交通流分布的形态是固定的，求出某一时间段内的最大交通需求，从而做出满足该需求的规划以达到目的。但当需要描述城市交通网络的拥挤特性、制定城市交通管理的措施或向出行者发布城市交通状况信息时，就要研究城市交通流的动态分布形态，因为它决定了城市交通拥挤发生的地点和拥挤程度。动态交通分配考虑交通需求随时间变化的特性，给出瞬时的交通流分布状态，因此可以用来分析交通的拥挤特性对交通流实行最优控制以及进行交通信息预测和路径诱导，从这个意义上说，动态交通分配也是ITS的重要技术基础。

近年来，实时动态交通分配理论的研究已有较大的进展，其研究的方法已有计算机模拟、优化理论、最优控制理论、不等式变分原理等，能处理的问题已从处理单一的出行时间、出行路径选择发展到能综合处理出行时间和出行路径的选择。尽管交通领域的专家学者开发了多种动态交通分配模型，但一般都假设需求固定而不是随时间变化、网络只有单个终点以及所选路径固定不变等。希腊克里特工业大学的马科斯·帕帕吉奥吉乌教授建立的动态交通网络模型的关键变量是针对特定终讫节点的交通子流量的分配比例和构成比例，适用于需求随时间变化的多终点交通网的动态配流。该模型体系在求解可能性和与实际路网相似性等方面都有很大进步，但使用直接优化算法所需时间较长，因此只适用于小规模的交通网络。20世纪70年代中期，美、德等国科学家研究了模仿生物进化过程求解复杂优化问题的全局寻优方法，统称模拟进化优化算法，也称遗传算法（Genetic Algorithm，GA），已在许多领域得到了实效性应用。由于遗传算法只需要各可行解的目标值而无须假设目标函数连续或可微，采用多线索的并行搜索方式进行优化，而且对搜索空间没有特殊要求，节省优化时间，使用方便，具有很强的适应性。将马科斯·帕帕吉奥吉乌建立的模型体系与快速全局优化算法-遗传算法相结合，能大大提高模型的实用价值。然而，由于模型体系仍然需要动态的OD信息，这在实际路网和进行交通流诱导的情况下是难以做到的。此外，该模型体系采用递推方式计算各个交通参数，在所采集的动态交通信息受到多种干扰的情况下，将引起严重的误差积累效应而导致分配结果的可靠度降低。因此，从交通信息服务系统以及城市交通流诱导系统的实际应用出发，开发新的、更为实用的动态交通分配模型算法是今后研究的重点。

另外，由于实时自适应交通控制系统和路径诱导系统本身会影响出行者的路径选择行为，甚至影响交通流的分布形态，因此动态交通分配在为交通控制系统和路径诱导系统提供技术基础的同时，如何将交通控制和路径诱导等系统的影响集成到动态交通分配中也成为动态交通分配需要研究解决的新问题。

2）路径选择和优化

动态路径诱导就是要为行驶在道路网中的车辆提供从当前位置到达目的地之间的最方便和快捷的路径，即所谓的最短路径。这里最短路径有两种理解上的含义：一种是基于已有道路基础上的行驶路程距离最短，这种最短路根据已有路网结构和图论的知识便可以找到，而且是静态不变的；另一种便是考虑了实时道路交通流状况的行驶时间最短或路阻最小路径，计算这种最短路径有以下两个前提：一是由前面提到的动态交通分配得到交通流的实时分布情况，二是要建立一定的行驶时间函数或路阻函数，将交通流的分布状况或其他因素加入行驶时间或路阻的计算中，从而根据计算结果选择最短路径，并作为诱导路径提供给驾驶人。理论上说，这种最短路径是随交通流而动态连续变化的，但实际操作只能做离散处理，将系统工作划分为若干时间段，并在一个时间段中找出多条动态最短路径并提供给驾驶人选择。

在路径选择和优化过程中，以下几个问题是必须关注的。

①交通路口延误的处理。对于交通路口的延误可以将交叉路口拆分为多个虚拟点，建立相应的虚拟路段，控制中心根据不同的配时方案设定虚拟路段的广义路阻。另外，通过将虚拟点拆分交叉路口可以实现禁止左转和唤醒交叉路口的车辆转向。

②评价指标的确定。评价指标主要体现在路阻函数中；为了适应路径优化多目标的需要，应在动态路径诱导系统中采用广义路阻。广义路阻（出行费用）是指出行者为了完成出行而付出的代价以及给社会带来的负面影响的量化值。根据实际情况一般有出行时间、行驶距离、拥挤程度、道路质量和综合费用5种路阻。5种路阻并不矛盾，但是根据目标不同，以某种路阻得出的最佳路径一般不一样。

③用户出行特点对动态路径诱导系统的影响是多方面的，用户根据道路级别，路面

质量、舒适程度进行路径选择将影响最优路径。

目前，最短路径算法最流行的有 Diikstra 算法、Bellman-Ford-Moore 算法、Floyd 算法、启发式搜索（Heuristic Search）算法——A*算法、队列优化（Shortest Path Faster Algorithm，SPFA）算法等。

Diikstra 算法是由迪杰斯特拉提出的一个适用于所有弧的权为非负的最短算法也是目前公认的求解最短路问题的经典算法之一。它可给出从某指定节点到图中其他所有节点的最短路径，其时间复杂度为$o(n^2)$，n为节点个数。

Bellman-Ford-Moore 算法分别由 Bellman、Ford 和 Moore 在 20 世纪 50 至 60 年代提出，其时间复杂度是$o(nm)$，m是边/弧数。目前这样的时间复杂度在所有带有负权弧的最短路径算法中是最好的，但其实际运算效果却往往不及 Diikstra 算法。

Floyd 算法是一个求图中所有节点对间最短路径的算法，由弗洛伊德于 1962 年提出，其时间复杂度为$o(n^2)$，虽然与对每一节点做一次 Dijkstra 算法的时间复杂度相同，但其实际运算效果要好于后者。

A*算法为启发式搜索算法，该算法的创新之处在于选择下一个被检查的节点时已经引入了已知的全局信息对当前节点的距离做出估计，作为评价该节点处于最优路线上的可能性的量度，这样就可以首先搜索可能性较大的节点，从而提高搜索效率。

求单源最短路的 SPFA 算法是段凡丁于 1994 年提出的，它还有一个重要的功能是判负环（在差分约束系统中会得以体现），在 Bellman-Ford 算法的基础上加上一个队列优化，减少了冗余的松弛操作，这是一种高效的最短路算法（SPFA 会被恶意数据卡掉，如果没必要判负环则建议使用 Dijkstra）。

另外，对于实际应用中的自动导航系统，车载计算机的存储量和运算都有限，面对庞大的路网和信息，寻求小存储量的算法是非常有必要的；而对于实时导航系统，时效性要求很高。因此，很多时候是以精度换时间，以实现算法在实际情况中的应用。针对车辆自动导航的特点，近年来在最短路径方面取得了一些进展，主要有数据结构方面的改进、双向搜索、分层搜索、K-最短路径算法、基于神经网络的算法和遗传算法，另外还有基于出行特性的 TC-B Method 算法等。

3）交通信息发布

有利于出行的交通信息形成后，如何通过有效、直观的方式提供给出行者，使出行者能够很容易地接收这些信息，又不带来更多的驾驶负荷，这是交通信息显示要解决的问题。这就要求一方面要根据人机工程学实现好的人机界面设计,使人机交互功能易于实施,另一方面就是信息本身要以一种清晰和直观的形式展示,例如以不同颜色表示道路的拥挤状况,使得出行者不必花太多精力接收这些信息以致影响驾驶。在动态路径诱导方面,诱导信息如何与已有的电子地图相结合,从而给出一目了然、直观明白的路径诱导,是信息发布要解决的问题。

2. 交通信息服务系统的实现方式

交通信息服务系统主要面向交通参与个体以及路段交通流群体的两类对象进行信息发布。其中面向交通参与个体依托车载终端、个人移动终端(如手机、掌上电脑等)方式实现,面向路段交通流群体依托可变信息标志实现。

可变信息标志(Variable Message Signs, VMS)是智慧交通的一个重要组成部分,是交通状况及交通诱导信息发布的重要设备。VMS 的主要作用是为出行者提供更加丰富及时的信息服务,进而达到帮助整个路网更加高效、安全运行的目的。VMS 是交通诱导系统中出行者信息系统的主要实现工具,它通过安装在路边或公路上方的电子信息显示牌为驾驶人提供与交通相关的信息和诱导。

在群体车辆诱导信息系统中,需要采集和处理的可变信息标志信息有路网基本信息、交通控制信息、交通状况信息和交通状况预测信息。

路网基本信息。包括路网结构信息(如路段、节点、车道数、用于车辆定位的路网拓扑参数)、路网的属性参数(如路段名、单向交通路段、禁止转弯路段、装载质量和净空限制等)和其他服务信息。为适应诱导的需要,需将路网信息转化为路网数字地图。

交通控制信息。包括重大事件时的交通管制信息、交通突发事件的信息、道路的建设与维修情况、道路的禁止通行情况等,这些信息可由交通控制中心和道路管理部门提供。

交通状况及预测信息。车辆诱导系统必须具有为驾驶人提供实时的交通状况的功能,并可对交通状态做出必要的预测以引导车辆。交通状况的主要参数有交通流量、交通密度、交叉路口饱和度、延误、车辆运行速度、路段运行时间等。交通流量、交通密度、交叉路口饱和度可由线圈检测系统和视频检测系统提供,经交通控制中心处理后获得。处理运行速度路段运行时间则由探测车辆和信标获得。

当获得实时的交通状况后,VMS 信息系统会对交通状况做进一步的预测,在预测的基础上根据运输分析模型为车辆计算最优行驶路线,并通过 VMS 等诱导设备为用户提供声像提示或诱导指令。

VMS 信息系统的构成与交通信息服务系统的组成类似，都有信息控制中心和通信系统，可变信息标志信息系统的构成如图 7-5 所示。

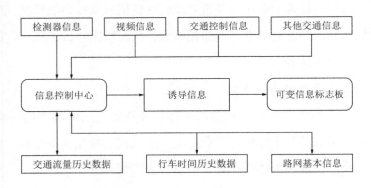

图 7-5　VMS 信息系统构成

①信息控制中心。信息控制中心是车辆诱导主控中心，集所有交通流信息数据收处理和发送于一体，其主要功能有数据库的建立与更新、与其他信息源的通信、与可变信息标志的通信、交通信息的数据分析与处理、最优路径的计算，其硬件系统由计算机和各种通信设备构成。

②通信系统。信息系统良好运作的关键在于通信系统，群体车辆诱导系统采用单向通信方式，由信息中心向可变信息标志单向发送信息。

③可变信息标志板。可变信息标志板是群体车辆诱导信息系统的终端设备，为驾驶员提供良好的诱导信息，其显示方式一般为文字和图形。

思考题

1. 阅读文献，梳理交通状态的主要评价指标及评价方法。
2. 交通状态预测主要有哪些方法？
3. 简述交通信息服务系统的作用、服务内容与组成。
4. 动态交通流诱导系统的基本分类和主要内容包括哪些？
5. 结合交通规划原理、运筹学等基本理论，阐述交通路径诱导的主要算法。
6. 动态交通分配与静态交通分配有何不同？

第八章 Chapter 08

典型场景1：智慧道路与自动驾驶

第一节 智慧道路的概念

随着智慧城市的建设,智慧道路的研究和建设逐渐成为了城市发展的焦点。物联网、云计算、大数据、移动互联网等技术的不断成熟以及新一代信息技术,如人工智能技术、5G 通信技术的出现都为智慧道路的建设提供了强有力的技术支撑。如何让城市道路的基础设施成为道路信息的采集载体,优化提升道路的基础设施空间,如何结合物联网、人工智能、5G 通信等新技术让城市道路变得更智慧、更安全、更高效,目前已成为各交通管理部门及智慧交通规划设计人员思考的方向和重点。

"智慧道路"的概念在 2016 年左右开始出现。近年来,随着多杆合一、车路协同、人工智能、5G 通信等技术的普及应用以及新基建等政策的发布,智慧道路开始在市场中活跃起来。智慧道路狭义上主要指城市道路范畴内,具体包括智慧交通设施、市政和信息服务设施等。广义定义除了包含城市道路范畴外,还延伸到智慧公路、智慧高速等不同道路场景下的智慧交通信息化。具体来说,智慧道路是借助物联网、大数据、人工智能等新一代信息技术,构建以数据为核心,以信息的收集、处理、分析和发布为主线,实现道路基础设施数字化、管理科学化、运行高效化和服务品质化,从而解决交通问题、降低运行能耗、提升出行体验的智慧载体。与传统道路相比,智慧道路能实现对道路交通运行态势自动感知与辨别,为道路上的智能汽车实现车路协同提供技术支撑,有效降低交通安全风险、为出行者创造安全、高效、舒适的出行环境和提供高品质出行服务。

第二节 智慧道路的关键技术

一、感知技术

智慧道路主要运用机器视觉、深度学习、高分辨率遥感、大数据分析等技术进行智能感知。

1. 机器视觉技术

基于图像处理的计算机视觉技术通过摄像机获取场景图像,并借助计算机软件构建自动化或半自动化的图像/视频理解和分析系统,并提供及时准确的图像/视频处理结果,以模仿人的视觉功能。该技术在工业领域有着广泛的应用,并取得了喜人的成绩。人工值守是一种劳动力成本高昂且效率极为低下的工作模式,而将计算机视觉技术应用于交通事故处理领域可以极大地解放人力、提高工作效率,成为近年来的研究热点之一。

(1)基于计算机视觉技术的车辆牌照自动识别。车辆牌照是车辆的唯一身份,对车辆牌照的有效检测与识别在车辆违章检测、停车场管理、不停车收费(ETC)、车辆稽查等方面有着重要的应用价值。尽管针对车牌识别技术的研究相对成熟,然而在实际的应用场景中,受到天气、光照、拍摄视角、车牌形变等因素的影响,车牌识别技术仍然有一定的改善空间。车牌识别技术的关键子技术包括车牌定位技术、车牌字符分割技术和车牌字符识别技术,这三部分相辅相成并对最终的识别结果产生重要的影响。随着各地逐步用高清监控摄像机替代标清监控摄像机,车牌识别系统的整体性能将得到进一步提升。此外,目前车牌识别系统主要针对单张图像进行处理,而视频图像中的前后帧时序信息往往可以为最终的识别结果提供有益的帮助,因此有效地利用前、后帧图像信息,并对相应帧的识别结果加以融合,将有利于进一步提高车牌识别系统性能。

专栏8-1 车牌自动识别技术的构成

①车牌定位。基于国内车牌特点等先验知识,利用车牌图像垂直方向灰度跳变的性质,使用垂直边缘检测和数学形态学等方法,提取车牌候选区域。

②字符分割。针对定位后的车牌可能包含边框等多余信息,对车牌定位结果进行精确定位,从而切除了车牌的多余边界,进而为字符分割奠定良好基础。对于有粘连的字符,则利用字符垂直投影及其包络的特点对字符粘连部分进行分割,而对于没有粘连的字符,则采用了传统的垂直投影算法。

③字符识别。首先提取字符特征,如小波包系数特征、LBP(Local Binary Pattern)特征等,然后采用支持向量机、人工神经网络等方法训练字符识别分类器,最后利用训练好的字符识别分类器对待识别字符进行识别。

（2）基于计算机视觉技术的车辆检测与流量统计。目前城市交通的交叉口信号以固定配时为主，而不同路段、不同时间段交通流量是随机变化的。此外，对于一定范围内的交通区域而言，交通警察等公共资源的配备也是有限的。若能根据各个交通路口的交通状况辅以计算机进行自动分析，并判断与预测交通流量，能够为交通管理部门的相关工作提供有效协助。

对各个路口监控视频中的车辆进行有效的检测是进行车流量分析与预测的前提，结合计算机视觉技术对输入视频中的各帧图像，采用背景相减法提取完整的车辆外形轮廓，同时利用多帧平均法生成实时背景，结合帧间差法对背景的更新速率进行调整。然后采用基于虚拟检测线的车辆计数方法，在视频界面某固定位置设置一条虚拟线，逐帧扫描，若有车辆通过虚拟线，则计数加 1。在拥堵等级的判定过程中，便可根据一段时间内的车流量信息，将道路拥堵等级划分为畅通、缓行和拥堵 3 个等级。

（3）基于计算机视觉技术的公交车辆乘客人数统计。随着城市居民出行量不断增加，交通问题日益突出。城市公交调度问题是城市公共交通的核心内容，合理的公交调度，可以有效地缓解运力和运量的矛盾，最大限度地平衡乘客和公交公司之间的关系，提高公交公司的经济效益和社会效益。由于公交客流存在地域和时间不均衡性，经常出现高峰时段乘车过于拥挤、平峰时段车辆满载率不高的现象，既没有解决高峰时段的低运力问题，同时还造成了平峰时段运力资源的浪费。

公交车辆乘客人数统计技术是智能公交系统中的关键技术，可以自动收集乘客的乘降时间和地点。通过使用该技术，可以有效分析客流在时间和空间上的分布特征，从而为公交车辆组合调度形式的合理选择提供依据。针对乘客上下车图像序列的特点，基于车载摄像头，采用适用于乘客检测与跟踪计数的算法。运动目标检测方面，采用针对人头的块平均灰度差值的自适应运动目标存在检测算法，进行运动目标存在性检测。运动目标跟踪方面，利用目标的运动特性，预测目标的运动位置，以缩小目标搜索匹配的范围，建立每个被跟踪目标的"目标链"，进而建立与目标的关联，保证跟踪的稳定性和准确性。

（4）基于计算机视觉技术的公交专用道非法占道抓拍。对违规驶入公交专用道的车辆进行记录与惩罚是保证公交专用车道畅通的重要手段。由于摄像头的拍摄视野受到限制，其在长距离的公交线路中采用定点检测的方法，通常会产生巨大的经济成本。事实上，每个城市均拥有数量可观的公交汽车，在车辆前部装置摄像头并辅以其他视频处理设备，便可使车辆成为一个流动的监控设备。对于摄像头所拍摄到的图像，可以采用计算机视觉技术对公交车道进行提取，并以此划定检测区域，同时对驶入检测区域车辆的外观轮廓进行判断，划分公交车与非公交车。对于非公交车辆，将对其车牌进行检测，为后续的车牌识别及记录违规车辆信息提供依据。

（5）基于计算机视觉技术的行人检测。在现实生活中，因行人横穿机动车道所导致的交通事故时有发生。机动车辆在行驶的过程中如何有效地规避行人，已成为车辆辅助驾驶系统中的重要研发方向。针对行人检测，可以利用安装在车辆上的摄像头获取待处理图像/视频，划定检测区域，若输入待处理对象为图像，则以全图多尺度遍历的方式，分别提取每一个检测窗 HOG 特征，并采用训练好的级联 Adaboost 分类器进行检测。若输入待处理对象为视频，则对于每一帧图像利用训练好的级联 Adaboost 分类器并结合 HOG 特征，采用多尺度遍历搜索的方式对行人进行检测；结合多帧时序信息，辅以跟踪算法，通过分析行人的运动信息进行综合判断，并根据判断结果提供预警信息。

2. 高分辨率遥感技术

遥感技术在交通领域中已经形成了一套基础的信息应用模式，包括道路养护、设备设施管理、工程建设项目管理、运输管理和灾害损毁评估等多个方面。

（1）道路养护。以道路基础地理数据、养护质量检查数据和养护日常管理为基础，通过建立相关数据平台，对工作流程进行信息化管理，以便道路管理部门及时掌握道路养护质量、路况和服务状态。养护管理人员驾驶巡检车辆无需下车，就能准确及时地采集病害信息、养护信息和桥涵及路况等公路附属设施信息，能够对基础设施各管理环节的工作质量做出评价，了解设施的服务状态和服务等级。通过数据共享，互相联通，为业主制订合理养修计划，为合理分配养修资金提供决策支持与帮助。

（2）设备设施管理。设备信息通常以文档的形式保存，遥感数据可以建立设备空间分布的数据，并将设备信息与设备的空间信息联系在一起，用户在一张地图上，就可以方便地查询到各种设备的状态与信息，并清楚地了解信息在空间中的分布。

（3）工程建设项目管理。通过构建精细化的道路三维模型，将施工过程、工期、成本、设计、监理等信息与模型对象进行关联和管理，信息具有仿真性和可视性，能够指导施工方进行更为科学合理的管理。最终可将施工成果形成一套信息可视化的模型系统，帮助指导运营方开展道路运营养护工作。

（4）运输管理。主要包括城市公交汽电车、出租汽车运输与其他特种车辆的运输管理，运输管理依靠卫星遥感技术可以方便地实现对运输车辆的跟踪监控。

（5）灾害损毁评估。发生道路水毁甚至山体崩塌、滑坡等灾害时，道路往往被破坏阻断，此时高速公路和国省干线公路运输面临较大压力。传统的灾害损毁评估主要依靠人力调查灾害信息。然而，此时损毁区域情况较复杂，易发生次生灾害。利用高分辨率卫星可见光遥感和微波遥感、北斗卫星导航系统等多种灾害监测手段，可以大范围、快速获取和掌握道路水毁灾情信息，能够在短时间内对道路损毁位置、规模等信息进行采集，结合路网基础数据、水系基础数据、雨情数据、地质构造数据、业务上报数据和野外调查数据等，对路基、边坡路面、桥梁、涵洞、挡墙等目标受洪水、泥石流、滑坡等灾害的损毁情况进行识别，为灾情分析和应急处置提供及时可靠的信息源，并进行评估与分析工作，形成评价意见和评估报告。

3. 大数据感知技术

（1）感知提升。大数据依靠数据的积累和相应的算法，对数据进行采集和反馈。对长期积累的数据和实时获取的数据进行深度挖掘，以获取高价值信息，能够持续提升道路感知智能化水平，完善网络化的交通状态感知体系，从而提高交通通行效率和交通安全水平。

（2）数据破壁。通过收集数据、分析数据和可视化分析预测，加强道路数据标准化建设，进一步整合数据资源，实时获取交通基础数据，预测交通拥堵和交通事故，实现智能识别、提前识别和自动报警，减轻交管人员的工作负担，提高监测准确度，使城市道路交通管理工作更加高效。同时将交通数据库和交通预测信息进行融合，通过数据之间的交换、分析，对道路信号进行智能控制，利用互联网和移动通信技术，将信息实时向城市交通指挥中心反馈，为用户提供出行指南。

（3）决策优化。通过大数据分析实现交通系统的高效运营，为交通管理部门提供车辆信息、车牌号、交通参数等相关数据，并提供交通指挥功能和智能决策分析。同时，建立新一代道路交通大数据服务系统，提升公众出行的智能化服务水平。通过建设交通信息服务平台，将相关数据传输到内部数据库，进行信息处理，为用户提供及时、准确的交通信息，充分满足用户需求，实现决策优化。

（4）产业强化。构建并完善大数据创新体系，加快智慧道路信息服务产业化进程，深化大数据在公共服务、公共安全、智慧电网、智慧物流等领域应用，提高公共管理和服务水平，进一步打造公共数据价值链。

专栏8-2　G15嘉浏段智慧高速公路体系应用

G15沈海高速公路嘉浏段（以下简称G15嘉浏段）全长12.57km，设计车速100km/h，是上海北向沿江唯一出入省通道。为推进长三角一体化国家战略，适应交通量的增长，提高道路运营服务水平，2020年4月《上海市智慧高速公路2020年试点及示范工作实施方案》颁布，继而G15嘉浏段智慧高速公路列为示范工程。G15嘉浏段以"双升双降"（提升设施通行和应急施救效率，降低交通事故概率和养护占道的影响）为效果目标，构建"3+2"网合一智慧交通基础设施与系统管控平台相融合的智慧高速公路体系。其主要创新功能如下。

①车路协同安全预警服务。在高速公路车辆合流等关键区域，通过部署路侧感知设备，针对定时往返的物流车辆提供出行前早期交通流与行驶路线优化建议信息服务；针对货运车辆通过伴随式信息发布养护路段和车道应急封闭与应急车道临时释放等信息；针对社会车辆提供即时道路交通状态与应急信息服务。

②车道级交通控制服务。基于高精度定位、传感及通信等技术，构建G15嘉浏段智慧高速公路全线实时多维的智慧感知体系。通过对交通流的监测、分析和研判，精准掌握交通实时运行情况，实现车道功能、车速及车辆运行风险的管控，以及应急车道的临时启用管控服务等，提高通行流量及平均通行速度，提升道路交通安全性。

③事件识别技术及交通应急快速保障服务。发生突发事件时，引入高速公路事件智能识别技术辅助人工识别效率，及时发现交通事件的隐患。建立快速、准确的应急判断及决策系统，实时判定事故等级，形成事件处理标准应急保障体系，提高处置效率，降低对高速公路的交通影响。

④终端信息服务。伴随式信息服务通过公路沿线可变信息标志、移动终端等多种方式提升交通信息发布的范围和时效，为公众提供全出行链过程的信息服务，实现微观、中观和宏观3个层面的精准服务，提高通行效率。

⑤智慧高速全要素全周期管理服务。基于 G15 嘉浏段智慧高速公路数字底座集成的设计、施工、运营阶段的数据及信息模型，建立全要素、全周期及多维度的综合可视化管理平台。实现设施设备的数字化和可视化管理、健康状态的动态监控、全寿命评价及安全风险预警。实现养护计划的智慧调整、养护作业的实时监控及养护业务的标准化监管等。实现高速公路的实时监控、突发应急事件的统一指挥和运营效益的动态把控。

⑥智慧高速数字孪生底座。基于 G15 嘉浏段智慧高速公路时空四维数字模型，充分利用历史记录、智能传感及业务实施等数据，构建智慧高速数字孪生底座，包括数字孪生底座标准、孪生底座技术基础平台、数据集成与接入模型、数据生产与实施等。

G15 嘉浏段智慧高速公路各子系统间以及系统整体协调统一，取得了良好的应用成效，统计数据显示，改建后的嘉浏高速在 2023 年的应急处置速度相比 2022 年同期提升了约 35%，日均车流量增长了 49.6%。此外，72% 的突发事件已通过 AI 策略系统实现自动识别和报警。

二、电子收费系统

1. 电子收费系统简介

电子收费系统（Electronic Toll Collection System，ETC）又称不停车收费系统，是指通过设置在高速公路收费站出入口处的天线及车型识别系统和车载装置，利用信息通信技术，自动实现通行费支付的系统。

2. 系统结构

ETC 系统主要包括车载单元、路侧单元和收费管理中心 3 个部分。其中车载单元（On-Board Unit，OBU）是装载在车辆上的电子标签，用来携带出行车辆身份证明的标识码、授权证明、账户资料或其他方面的资料数据，这些数据用于跟收发单元进行通信；路侧单元（Road-Side Unit，RSU）用于与车上电子标签进行通信，并做好进一步的校验工作；收费管理中心是用来存储和处理交易记录资料的计算机数据库操作系统，负责账目稽查、转账、制作财务报表与账单，并且所有的电子标签均可用于登记资料或者账户资料管理。

同时，ETC 系统又可分为前台和后台两部分。其中，前台系统如图 8-1 所示，包括车辆自动识别系统（Automatic Vehicle Identification，AVI）、车辆自动分类系统（Automatic Vehicle Classification，AVC）和视频稽查系统（Video Enforcement System，VES）三个核心系统。

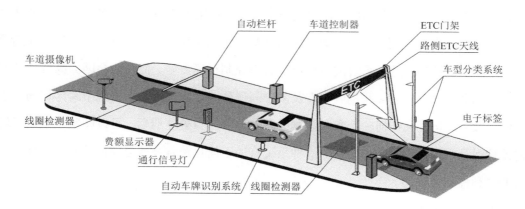

图 8-1 ETC 前台系统结构示意图

车辆自动识别系统中最为重要的功能是对用户车载电子标签进行全方位的识别，判断标签是否合法。车辆自动识别系统由电子标签、路侧阅读器以及标签信息管理系统三部分组成，通过阅读器读取电子标签信息以获得车辆信息，初步识别车辆。

车辆自动分类系统最为重要的功能是对车辆的型号进行判定，从而获取收费信息，目前通常使用传感设备实现这一功能。

视频稽查系统主要包括摄像机、信息定位和转化设备等。其中，摄像机的主要作用是对通行车辆进行拍照或录像，在获取车辆的图像信息后，系统的信息定位和转化设备会对车辆的车牌进行定位，并将图像信息转化为数字信息，最终通过计算机的处理和分析获取车牌号。当车辆发生违规、违章行为后，能够第一时间确定违规、违章车辆的信息，对其进行提醒和惩处，以维护道路交通安全。

后台系统包括计算机管理系统、道路运营管理系统、结算中心管理系统、银行管理系统、客户服务中心管理系统等。后台系统的主要任务是支持前台系统的正常运行，对前台系统获取的信息和车辆的通行费用进行计算和结算，对车辆的通行状况进行检查。

3. 电子不停车收费系统的类型

电子不停车收费系统的类型主要分为三种，分别为开放式收费系统、封闭式收费系统和区域联网收费系统。开放式收费系统允许车辆在高速公路上自由行驶，不需要通过传统的收费站。车辆通过安装有电子设备的检测点时，系统自动记录通行信息并进行计费。这种方式的优点是提高了通行效率，减少了车辆停顿时间，从而加快了交通流动。而在封闭式收费系统中，车辆必须通过一个或多个指定的收费站才能进入或离开高速公路。通常情况下，车辆在进入高速公路时获得一个电子票据（如 ETC 卡），然后在离开时支付相应的费用。这种系统的设计可以有效控制车辆流量，但可能会因为高峰期的拥堵而影响通行效率；区域联网收费涉及多个高速公路之间的连接，实现了跨区域的电子不停车收费。车辆在任何一个参与联网的高速公路入口处注册后，可以在整个联网区域内无缝通行，无需重复支付费用。这种系统有助于简化跨省高速公路的旅行，提高了旅行的便利性和经济性。

4. 电子收费系统的特征

不停车、无人工操作、无现金交易是电子收费系统的三个主要特征。与传统的人工收费方式相比，电子不停车收费系统最大的特点就是不需要停车即可完成车辆的通行收费工作。利用电子不停车收费系统，不仅能够有效缓解收费站的交通堵塞问题，全面提升道路通行能力，还能够有效减轻工作人员的工作负担，优化人力资源配置，最大限度降低管理成本，扩大相关部门的经济效益。采用电子收费系统，实现了收费工作的机器自动化，整个操作流程规范、快速、严谨，避免了传统收费方式中产生的实物交互的繁琐性问题。

三、交通事件管理系统

1. 事件管理系统的定义

交通拥挤是道路尤其是高速公路各种运行问题存在和恶化的直接或间接原因，交通拥挤的本质是交通供求关系不平衡。这种不平衡是由于需求大于供给所造成的（常发性拥挤）或由于某种随机原因造成的道路供给能力临时下降而造成的（偶发性拥挤）。为减少常发性和偶发性拥挤带来的不利影响，交通事件管理系统应运而生。

交通事件管理系统是高速公路监控系统的一个重要子系统，主要是用来减少事件所造成的不利影响。美国芝加哥在 20 世纪 60 年代便已开始应用，目前交通事件管理系统已成熟运行多年。交通事件管理系统的基本步骤包括事件监测、鉴别、反应、清除、现场交通管理以及向驾驶员提供信息。

2. 目标

事件管理的根本目的是使受到事件干扰的交通流恢复正常，其目标如下。

①精准监视高速公路运行情况，及时做出恰当的交通控制决策。

②减小高速公路常发性拥堵的影响及发生频率。

③把偶发性拥堵的严重性和持续时间降低。

④提高高速公路运行效率和公共安全水平。

⑤向高速公路使用者提供适当信息。

3. 系统组成框架

高速公路交通事件管理系统主要由交通信息采集子系统、监控中心控制子系统、交通信息发布子系统和通信传输子系统等组成，事件管理系统结构框架如图 8-2 所示。其中高速公路运行实时状态通过沿途布置的车辆检测器和监视设备获取，并通过通信链路传输给事件管理中心。事件管理中心负责对原始交通流数据、视频数据以及各种途径的人工报告数据进行处理以判断是否有事件发生。确定事件发生后，根据事件的严重程度和需要制定响应策略，派遣事件处理人员、救援设备和车辆对相关路段进行控制，并向出行者和驾驶员发布相关信息以避免事件进一步恶化。事件现场和救援车辆接收中心的调度指令并反馈救援现场的情况。

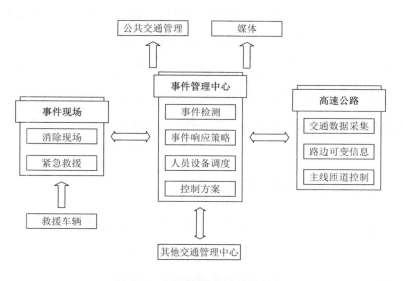

图 8-2 事件管理系统结构框架

4. 具体功能

（1）监视和事件检测。通过视频事件分析装置，交通事件管理系统可在采集交通数据的同时完成交通事件报警，能够在设置范围内自动检测到车辆停驶、车辆逆行、车辆失控、行人穿越、车辆排队、交通拥堵、大型遗弃物等交通事件。

（2）匝道控制。当高速公路上游交通量与匝道汇入交通量之和大于下游的通行能力时，会发生交通拥挤。此时该系统会根据上游的交通需求与下游通行能力的差距来限制进入匝道的交通流量，由此减轻高速公路的交通拥挤，而车辆在高速公路的总延误时间及在匝道上等待进入高速公路的时间也会相应减少。

（3）信息发布。向其他系统提供数据是交通事件管理系统的基本功能之一。通过视频检测管理软件的转发子程序，其他子系统可通过网络实时接收事件检测仪的检测数据信息和报警信息。该软件还具有录像共享以及通过网络进行发布和传输的功能，可作为路网管理系统的组成部分，通过传输网络向上级管理中心提供数据信息。

（4）事件管理。该系统能够提供事件识别、响应、清除和紧急救援等一系列事件管理功能，通过这些功能充分协调和利用人力和技术资源，在事件后尽快恢复相关路段的通行能力，减少事件的持续时间和对交通流的干扰。

（5）车道使用控制。通过交通事件管理系统可以实现对高速公路主路车道通行与关闭的控制，当主路因交通事件造成部分车道被占用或通行缓慢时，该系统能够引导车辆安全变更车道，并且可以对主路车道的运行速度进行控制，以达到均衡交通流的目的。

（6）与其他交通和高速公路管理系统以及事件检测系统相协调。交通事件管理系统直接与城市其他交通管理系统相连接，能够很好地解决局部与整体的协调管理问题。交通事件管理系统的建立，不仅可以显著提高道路系统的运行效率和交通安全系数，而且可以提升道路系统的整体服务水平，进而促进城市整体管理水平的提高。

专栏8-3 全车体作用式智能避险车道系统

（1）目前，高速公路避险车道在运行中普遍存在以下问题。

①车辆制动过程中受力不均匀而发生方向偏离。

②失控车辆速度过高时可能会冲出避险车道。

③车辆采取制动措施后容易发生后溜。

（2）基于此，相关科研单位开发了智能避险车道系统，通过针对具体车辆设计的作用力，使失控车辆在提供一定冗余量确保安全的前提下，最大化利用避险车道的既有减速距离完成制动，减少外力作用，进而降低制动对车辆及人员的伤害程度。该系统主要通过以下过程实现。

①在失控车辆进入避险车道前，采用信息化手段采集其车速、重量、外轮廓参数等，并传递给效能装置控制系统。

②避险车道制动消能设施采用制动床与车身定向制动相结合的方式，根据采集的失控车辆参数计算车身定向制动的后向拉力，基于冲量定理，确保有效利用最大制动距离，以实现最大制动时间，从而在冲量一定的前提下尽可能减少车体作用力，降低减速过程中二次伤害的风险程度。

③设计防后溜装置，实现车辆制动后的及时固定，防止二次事故。

第三节 自动驾驶与车路协同

一、自动驾驶汽车简介

自动驾驶汽车（Autonomous Vehicles）又称无人驾驶汽车、电脑驾驶汽车或轮式移动机器人，是一种通过电脑系统实现无人驾驶的智能汽车。自动驾驶汽车依靠人工智能、视觉计算、雷达、监控装置和全球定位系统协同合作，使计算机可以在没有人为操作干预的情况下，自动安全地操作机动车辆。

进入 21 世纪，由于汽车保有量不断增加，交通面临的拥堵、安全事故等问题越发严重。自动驾驶技术在车联网技术和人工智能技术的支持下，能够确认车身当前位置，根据行驶目标及途中情况，自主地规划、修改行车路线；能够精准地识别行车路线，通过自动转向控制使车身按规定路线准确稳定行驶；在行驶过程中，能够可靠实现车速调节、车距保持、换道、超车等各种必要基本操作，从而极大地提高出行效率和驾驶安全性，并在一定程度上减少能源消耗。自动驾驶同时还能避免酒后驾驶、疲劳驾驶等安全隐患，减少驾驶失误，提升安全性。自动驾驶也凭借上述优势成为各国近年来的科技研发重点项目。

自动驾驶技术通过分析车辆当前状态和周围环境信息，使得汽车能够自动或半自动行驶至目的地，其最终目标是完全替代人进行驾驶操作。道路交通状况复杂多变，想要实现全工况下的自动驾驶，很难一蹴而就。因此需要对自动驾驶进行分类。基于驾驶自动化系统能够执行动态驾驶任务的程度，全球自动驾驶主要有两套界定标准。第一套由国际自动机工程师学会（Society of Automotive Engineers，SAE）制定，分为L0~L5共六个级别，其中L0为人工驾驶，L5为完全自动驾驶；第二套由美国国家公路交通安全管理局（NHTSA）制定，分为L0~L4共五个级别，L0为人工驾驶，L4为完全自动驾驶，划分标准见表8-1。

自动驾驶分级　　　　　　　　　　　　　表8-1

自动驾驶分级		名称	定义	驾驶操作	周边监控	接管	应用场景
NHTSA	SAE						
L0	L0	人工驾驶	由人类驾驶者全权驾驶汽车	人类驾驶员	人类驾驶员	人类驾驶员	无
L1	L1	辅助驾驶	车辆对方向盘和加减速中的一项操作提供驾驶，人类驾驶员负责其余的驾驶动作	人类驾驶员和车辆	人类驾驶员	人类驾驶员	限定场景
L2	L2	部分自动驾驶	车辆对方向盘和加减速中的多项操作提供驾驶，人类驾驶员负责其余的驾驶动作	车辆	人类驾驶员	人类驾驶员	限定场景
L3	L3	条件自动驾驶	由车辆完成绝大部分驾驶操作，人类驾驶员需保持注意力集中以备不时之需	车辆	车辆	人类驾驶员	限定场景
L4	L4	高度自动驾驶	由车辆完成所有驾驶操作，人类驾驶员无需保持注意力，但限定道路和环境条件	车辆	车辆	车辆	限定场景
L4	L5	完全自动驾驶	由车辆完成所有驾驶操作，人类驾驶员无需保持注意力	车辆	车辆	车辆	所有场景

1) SAE 的六个级别划分

（1）SAE-L0级系统。即"无自动化驾驶"，车辆在任何情况下均由驾驶员进行操作，驾驶员是整个汽车系统的唯一决策者和操作者。

（2）SAE-L1级系统。又称"驾驶辅助系统"，这个级别的系统可提供方向（横向控制）和加减速（纵向控制）其中的一项驾驶辅助功能，而驾驶员则需完成另外一项。例如，车道保持辅助（LKS）系统能通过把握方向（即横向控制）使车辆在指定车道线内行驶，驾驶员则负责控制其他操作。如果出现紧急或危险情况，驾驶辅助系统将以警告形式向驾驶员反馈。该级别的驾驶辅助系统可以感知并判断驾驶员是否做出相应操作，如果驾驶员没有做出相应操作，则驾驶辅助替代驾驶员采取行动，之后再将控制权交回驾驶员。例如，自适应巡航系统（Adaptive Cruise Control，ACC）通过雷达感知前方障碍物（一般为前方车辆）。当前方车辆速度较慢时，ACC会自动减速并与对方保持一定安全距离。当风险解除后，如前方车辆变道后，ACC控制系统便会把车速提升到之前的速度。驾驶员在此期间需要控制方向，并且可以随时收回车辆控制权。

（3）SAE-L2级系统。部分自动化系统，即高级驾驶辅助系统（Advanced Driver Systems，ADAS），这个级别的系统同时结合了横向和纵向控制两方面功能，提供方向变化和加减速中的多项驾驶辅助。L2级系统通常结合两种或两种以上的L1级驾驶辅助系统，但仍需要驾驶员全程进行驾驶监控。

（4）SAE-L3级系统。又称"有条件自动化"系统，可以同时完成对车辆转向和加减速的自动控制，意味着驾驶员不再需要时刻关注驾驶环境，可以选择主动放弃车辆控制权。但驾驶员仍需处于驾驶位，以确保在紧急情况下能够及时接管控制车辆。

（5）SAE-L4级系统。又称"高度自动驾驶"系统，该系统以L3级系统为基础，可以实现高速公路全部路况和市区特定路况下的无人驾驶。当车辆发生故障时，L4级自动驾驶系统必须能够解决系统部件故障，并提供备选方案，即能在故障情况下使车辆从活跃的交通状况下剥离出来并停靠在安全区域。L4级系统原则上在其功能范围内不再需要驾驶员参与操作，驾驶员可以长时间释放对车辆的控制。

（6）SAE-L5级系统。又称"全自动化"系统，该级别完全不需要驾驶员介入操控，可实现全天候、全地域的自动驾驶，并能应对环境气候及地理位置的变化，驾驶员可以将注意力放在休闲娱乐或日常工作上。

2）NHTSA的五个级别划分

（1）NHTSA-L0级系统。驾驶者拥有百分之百的控制权，车辆没有任何安全系统辅助设备，目前绝大部分车辆属此层级。

（2）NHTSA-L1级系统。车辆拥有单个或多个独立功能电子控制系统，如自动紧急刹车系统等。

（3）NHTSA-L2级系统。至少有两项控制能自动化，如结合主动车距控制巡航系统与车道维持系统。

（4）NHTSA-L3级系统。车辆具有自动闪避障碍、自我导引、主动控制等功能，但驾驶者仍拥有操控权。

（5）NHTSA-L4级系统。车辆全自动驾驶，使用者仅需给定相关信息，例如目的地、路径等，车辆无法任意改为手动驾驶。

目前我国也于2022年3月1日起正式实施了国家推荐标准《汽车驾驶自动化分级》（GB/T 40429—2021）。《汽车驾驶自动化分级》从动态驾驶任务、最小风险状态、最小风险策略等多角度考量，将汽车自动驾驶划分为0~5级，涵盖了从0级应急辅助到5级完全自动驾驶。其中，目前常见的车道居中控制、自适应巡航控制等功能均属于1级驾驶自动化（部分驾驶辅助），具体的驾驶自动化等级与划分要素的关系见表8-2。

国内驾驶自动化等级与划分要素的关系　　表8-2

分级	名称	持续的车辆横向和纵向运动控制	目标和事件探测与响应	动态驾驶任务后援	设计运行范围
0级	应急辅助	驾驶员	驾驶员及系统	驾驶员	有限制
1级	部分驾驶辅助	驾驶员和系统	驾驶员及系统	驾驶员	有限制
2级	组合驾驶辅助	系统	驾驶员及系统	驾驶员	有限制
3级	有条件自动驾驶	系统	系统	动态驾驶任务后援用户执行（接管后成为驾驶员）	有限制
4级	高度自动驾驶	系统	系统	系统	有限制
5级	完全自动驾驶	系统	系统	系统	无限制[a]

注：a 排除商业和法规因素等限制。

二、自动驾驶关键技术

自动驾驶汽车的软硬件架构如图8-3所示，主要分为环境认（感）知层、决策规划层、控制层和执行层。环境认（感）知层主要通过激光雷达、毫米波雷达、超声波雷达、车载摄像头、夜视系统、卫星定位系统、陀螺仪等传感器获取车辆所处环境信息和车辆状态信息，具体来说包括：车道线检测、红绿灯识别、交通标识牌识别、行人检测、车辆检测、障碍物识别和车辆定位等；决策规划层则分为任务规划、行为规划和轨迹规划，根据设定的路线规划、所处的环境和车辆自身状态等规划下一步具体行驶任务（车道保持、换道、跟车、超车、避撞等）、行为（加速、减速、转弯等）和路径（行驶轨迹）；

控制层和执行层则基于车辆动力学系统模型对车辆驱动、制动、转向等进行控制，使车辆跟随所制定的行驶轨迹。

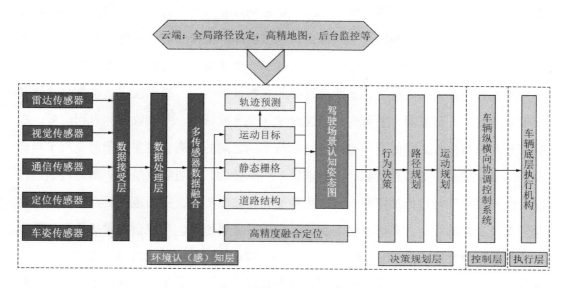

图 8-3　自动驾驶的软硬件架构图

自动驾驶技术涉及较多关键技术，下面主要介绍环境感知技术、视觉识别技术、精准定位技术、决策与规划技术和车辆控制技术。

1. 环境感知技术

环境感知是指对于环境场景的理解能力，例如障碍物的类型、道路标志及标线、行车车辆的检测、交通信息等数据的语义分类。环境感知需要通过传感器获取大量的周围环境信息，确保对车辆周围环境的正确理解，并基于此做出相应的规划和决策。环境感知系统由信息采集单元、信息处理单元和信息传输单元组成，如图 8-4 所示。

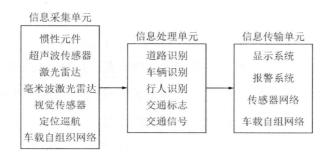

图 8-4　环境感知系统

自动驾驶车辆常用的环境感知传感器包括摄像头、激光雷达、毫米波雷达、红外线和超声波雷达等。摄像头是自动驾驶车辆最常用的环境感知传感器。通过实时拍摄车辆周围的环境,采用计算机视觉(Computer Vision,CV)技术对所拍摄图像进行分析,实现车辆和行人检测以及交通标志识别等功能。摄像头的主要优点在于其分辨率高、成本低。但在夜间和雨雪雾等恶劣天气下,摄像头的相关性能会大打折扣。此外摄像头视野的覆盖范围有限,远距离目标的观察效果较差。毫米波雷达也是自动驾驶车辆常用的一种传感器,它可向外界连续发送毫米波信号,并接收目标返回信号,根据信号发出与接收之间的时间差确定目标与车辆之间的距离,主要用于避免汽车与周围物体发生碰撞,如盲点检测、避障辅助、泊车辅助、自适应巡航等。激光雷达通过发射激光束实现对目标的探测,其探测精度和灵敏度更高,探测范围更广,但更容易受到天气变化的影响,高成本也是制约其应用的主要原因。车载激光雷达按发射激光束的数量可分为单线、4线、8线、16线和64线激光雷达。除此之外,超声波雷达也常应用于自动驾驶汽车的环境感知中,超声波雷达工作频率在20kHz以上,多用于精准测距,基本原理是通过测量超声波发射脉冲和接收脉冲的时间差,结合空气中超声波传输速度计算相对距离。

2. 视觉识别技术

自动驾驶汽车的视觉识别技术主要利用双目摄像头和彩色(RGB)摄像头识别车道线、道路标识标线、障碍物等。利用仿生学原理,通过标定后的双摄像头得到同步曝光图像,然后计算获取的二维图像像素点的第三维深度信息。同时为了对不同的环境场合进行监控,提出了一种新的基于双目计算机视觉的自适应识别算法。双目摄像头模拟人眼的成像原理进行测距,通过采集被拍摄物体与摄像头之间的角度,再综合固定摄像头的中心距,即可计算物体与摄像头的距离。

3. 精准定位技术

定位的目的是获取自动驾驶车辆的精确地理位置,是自动驾驶车辆必备的基础功能。车辆在复杂的城市道路中行驶,定位精度通常要求误差不超过10cm。只有准确掌握和了解车辆所处的位置信息,才能保证车辆的安全运行。GNSS是目前应用最广泛的定位技术,但目前商用GNSS技术的定位精度还不能满足精准定位需求,其精度通常为米级且容易受到隧道遮挡、信号延迟等因素的干扰。为解决这一问题,一些技术厂商开发了基于视觉增强的高精度定位（VEPP）技术，该技术融合全球导航卫星系统、摄像头、惯性导航系统、轮速传感器等多个汽车部件的信息，利用各传感器之间的相互校准和数据融合，可实现精确至车道线的全球实时定位。

4. 决策与规划技术

决策规划是自动驾驶的关键部分之一，是自主驾驶系统智能性的直接体现，对车辆的行驶安全性和整车起到决定性的作用。它融合多传感器信息，根据驾驶需求进行任务决策，在能够避开障碍物的前提下，通过特定的约束条件，规划出发地与目的地之间可供选择的出行路径，并从中选择一条最优路径。按照划分的层面不同，可分为全局规划和局部规划两种，全局规划是由获取到的地图信息，利用栅格法、可视图法、拓扑法、自由空间法、神经网络法等静态路径规划算法进行路径规划。局部规划则是根据全局规划，在一些局部环境信息的基础上，避免碰撞未知障碍物，最终到达目的地的过程。局部路径规划的方法包括人工势场法、矢量域直方图法、虚拟力场法、遗传算法等动态路径规划算法等。

5. 车辆控制技术

自动驾驶的核心控制技术包括车辆的纵向控制和横向控制，如果实现了汽车纵向和横向自动控制，就可以按给定目标和约束自动控制车辆运行。车辆纵向控制是对车辆的驱动控制和制动控制，即车速以及与前后车或障碍物距离的自动控制。这类控制问题可归结为对电机驱动、发动机、传动和制动系统的控制。各种电机—发动机—传动模型、汽车运行模型和刹车过程模型与不同的控制器算法结合，构成了各类纵向控制模式。巡航控制和紧急制动控制都是典型的自动驾驶纵向控制功能。横向控制是对车辆方向盘角度的调整以及轮胎力的控制，是指垂直于车辆运动方向的控制，目标是控制汽车自动保持期望的行车路线，并在不同的车速、载荷、风阻、路况下有很好的乘坐舒适性和稳定性。

自动驾驶汽车作为一个多学科融合的复杂系统，涉及环境感知、视觉识别、精准定位、决策规划和车辆控制等多个关键技术环节。除了这些基础技术之外，自动驾驶还依赖于高精度地图、车联网技术以及严格的自动驾驶汽车测试。高精度地图提供了详细的道路信息和环境数据，为自动驾驶汽车的路径规划和决策提供了重要参考。车联网技术通过实现车辆与道路基础设施、其他车辆及交通管理中心的实时信息交互，提高了交通的整体安全性和效率。严格的自动驾驶汽车测试通过模拟和实际道路测试，验证自动驾驶系统的可靠性和安全性。

尽管自动驾驶技术取得了显著进展，但其大规模落地仍面临诸多挑战。首先，自动驾驶技术的复杂性和高度集成性要求各个技术环节的高度协调，这对技术研发和系统集成提出了极高的要求。人工智能算法的性能、高性能芯片的计算能力、先进通信技术的稳定性以及传感器技术的准确性，都是需要持续优化的关键因素。此外，自动驾驶技术落地还需依赖高质量的数据支持，大数据技术在数据的采集、处理和分析方面需要不断提升。自动驾驶技术的应用还需建立完备的基础交通设施，这包括智能交通信号系统、车路协同基础设施等。这些基础设施的建设不仅需要巨大的资金投入，还需充分考虑不同地区的交通特点和实际需求。与此同时，自动驾驶技术的推广还需面对法律法规的制约，目前全球各国在自动驾驶相关法律法规的制定和完善方面仍在探索和试验阶段，如何在保障公共安全的前提下推动自动驾驶技术的发展，是一个需要长期关注和解决的问题。

虽然面临诸多挑战，自动驾驶技术的发展前景依然广阔。在技术层面，各关键技术的不断突破为自动驾驶的实现提供了坚实的基础。例如，随着人工智能技术的不断进步，自动驾驶系统的环境感知和决策能力将进一步提升；高性能芯片的发展将为自动驾驶系统提供更强大的计算能力；5G和未来的6G通信技术将显著提升车联网的通信速度和可靠性。在应用层面，未来将会有更多的智能交通基础设施投入使用，车路协同系统将更加完善，为自动驾驶汽车提供更安全、高效的运行环境。此外，随着法律法规的逐步完善和标准化，自动驾驶技术的应用将更加规范化和合法化，为其商业化落地创造良好的政策环境。

三、自动驾驶的两条途径

随着基础技术快速更新，汽车智能化技术体系发展愈加完善，智能网联汽车有了更为细致和具体的落地场景。市面陆续开发出适用于不同自动驾驶层级的，具备市场应用前景的技术与产品体系。这一方面使汽车智能化内涵愈发丰富，另一方面也超出了智能化落地应用的速度预期。从商业场景来看，实现的自动驾驶的路径主要有两条，一是单车智能，即通过摄像头、雷达等传感器以及高效准确的算法，赋予车辆自动驾驶能力；二是车路协同，即主要通过 5G-V2X、高精地图，感知路况从而辅助车辆进行自动驾驶。

1. 单车智能

简单而言，单车智能就是通过车辆安装的传感器对周边环境进行感知决策执行，主要分为六个层级。其中，Level 5 就是完全的自动驾驶。目前大多数厂商技术研制推进到 Level 3 级别，但只能规模化落地生产 Level 2 级别的产品。

以 Waymo 和 Cruise Automation 为代表的自动驾驶汽车生产厂商，通过搭载高性能传感器与计算芯片等组成的系统方案，不断提高车辆的复杂环境感知和智能决策能力，旨在移动出行、物流服务等方面探索高度自动驾驶技术的商业化应用，以求实现单车高度智能化驾驶为核心的阶跃式发展。以众多传统汽车企业为代表，单车智能从辅助驾驶产品研制出发，进而在高速公路、拥堵城市道路等条件下实现部分或有条件自动驾驶，再通过软硬件的逐步迭代或升级，循序渐进地提升智能化程度，实现单车智能化驾驶水平逐步提升的渐进式发展。

2. 车路协同

车路协同系统一直是智慧交通领域发展的重点。近些年来，随着城市交通拥堵、交通安全和环境污染等问题的日趋严重，世界各国对车路协同系统的研究更为重视。车联网技术的快速发展，为解决未来城市交通问题提供了一项具有突破性的技术，它不仅赋予智慧交通更多的科技内涵，也在技术手段和管理理念上引起了革命性变革。尤其是车联网技术与车路协同系统相结合上，进一步为车路协同系统的应用搭建了宽阔的技术平台，提供强有力的技术保障，极大地提升智慧交通系统的协调性和安全性，从而有望成为下一代智慧交通的拓展方向和具有突破性的应用领域。

1）车路协同系统的关键技术

车路协同系统研究和应用涉及的关键技术较多，这里重点介绍目前应用较为广泛的多模通信技术、状态感知技术、异构数据融合与协同处理技术以及信息安全技术。

（1）多模通信技术。高速、可靠、双向和由多种通信平台集成的综合通信网络是智能车路协同系统的基础平台，通过该平台可以将先进的传感技术、信息融合技术术、智能控制方法以及决策支持系统整合成一个有机整体，以实现高效、安全和环境友好的智慧交通协同管理。用于智能车路协同系统的网络平台应该能够支持全景状态感知、信息交互融合、协同控制与管理以及定制化的服务等功能，并根据不同层次的需求提供相应的通信保障。该通信平台的终端网络是以无线组网为主的传感器网络（Sensor Network，SN），支持各类交通状态的感知；支持交通系统底层信息互联互通的是车联网（Internet of Vehicles，IoV）和物联网（Internet of Things，IoT）等功能性通信网络，属于有线无线混合组网，但多为无线组网；互联网实现海量交通数据的传输和信息融合，属于有线无线混合组网，但以有线组网为主；高速互联网支持系统功能和服务集成，如下一代互联网（Internet III或IPv6），其以有线组网为主。

（2）状态感知技术。随着传感器网络技术、无线通信技术和智能检测技术的快速发展，自动感知和泛在感知技术的出现，极大地改变了传统观念上的交通系统检测方法和手段。宽覆盖、长寿命、高精度、网络化和移动性的多维状态感知已成为智能车路协同系统的重要组成内容。

现代交通状态的感知内容包含以下几部分。一是对道路环境如干线公路和城市路网等不同交通环境的感知，二是对交通实体如路侧系统和车载系统等不同载体的感知，三是对交通方式如步行、骑行、公共交通和私家车等不同出行模式的感知。因此，智能车路协同系统借助这些新型的综合交通状态智能感知新技术和新装备，可提供面向交通管理与控制的综合交通状态感知系统化体系和方法。

现代交通状态感知技术与传统交通状态感知技术的最大区别在于，近年来引入的传感器网络、车联网、物联网和下一代互联网等技术，催生了宽覆盖、长寿命、高精度、网络化和移动性等新特性。这些新技术的最新发展，有效拓展了交通状态和信息的获取途径和手段。以服务交通出行为目的，交通状态感知模块还可实现基于出行者视角的多模式交通状态感知、基于视觉感知的交通状态识别和基于移动式设备的交通状态感知，为兼顾效率和环保的多模式绿色出行诱导策略提供支撑。

（3）数据融合与协同处理技术。在智能车路协同系统中，数据融合和协同处理是整个系统的基础，其绝大部分功能的实现都需建立在完备的交通信息之上。智能车路协同系统的服务是基于各类异构、动态、海量数据的处理为核心的应用集合，并且这些数据存在异构性、规模性与复杂关联特征。目前基于云计算的信息融合方法构建高度灵活的协同机制，综合有效地利用复杂环境下的多源异构数据，融合互补数据、消除冗余数据，能够较好地在数据级、特征级和决策级三个层面实现交通数据的多层融合与协同处理。

在现阶段智能车路协同系统的研究和发展过程中，以出行者的视角重新定位、设计和评估交通系统，将具有新的社会意义和应用前景。发展基于出行者视角的交通数据融合与协同处理技术，实现基于出行者视角的包括出行者、运载工具和交通环境等在内的多维交通数据融合与协同处理，研究包括安全状态、道路状态、混合交通和尾气排放等在内的交通数据融合与协同处理新技术与方法，并实现面向效率与环保的多模式绿色出行诱导，将是我国未来智能车路协同系统发展的重要内容之一。

（4）信息安全技术。客观来讲，智能车路协同系统规模化应用后必将带来衍生的信息安全问题，在系统不断拓展和终端智能化程度不断提高的同时，其安全性问题不容忽视。信息安全涉及的内容主要包括用户安全、数据安全、网络安全和系统安全。信息安全涉及的技术主要包括认证技术、编码技术、容错技术和防灾技术。具体来说，信息安全的以上相关主要内容和技术均涉及感知层、网络层和应用层三个层次。

感知层。智能车路协同系统感知层涉及的对象包括使用该系统的用户和被感知的交通实体。由于系统终端节点的数量巨大，终端设备形态千差万别，每个系统用户可以拥有多个不同类型的终端节点，且终端节点或感知节点常处于无人值守的环境，因而系统用户和终端节点认证的关系将更加复杂，密钥管理的必要性和难度将增加，密钥更新时间也会有不同的要求。同理，系统涉及的被感知对象的真实性认证也是信息安全的重要内容之一。

网络层。智能车路协同系统涵盖了现有的各种网络平台，包括传感器网、车联网、物联网、移动通信网、互联网、卫星网络和集群通信网等。这些网络原有的安全问题都会引入系统的运行和管理中，同时由于智能车路协同系统的特殊性，既有的网络安全问题可能会引起严重后果。

2）基于车路协同的智慧交通体系框架

基于车路协同的智慧交通体系框架主要由以下四个方面构成，即用户服务、逻辑框架、物理框架和标准协议。

（1）用户服务。明确在智能车路协同环境下的智慧交通系统能够满足交通系统用户的所有需求，在这些需求的基础上，分门别类地列出提供的用户服务。用户服务的构成采用层次结构方式，由高层到低层逐级细化分类，最后形成用户服务的全部内容。

（2）逻辑框架。基于车路协同的智慧交通体系的逻辑框架针对车路协同环境下的智慧交通系统体系的各级各类用户服务，定义出这些用户所需要的功能模块，以及在这些模块之间传递的信息流。逻辑模块与信息流基本上与各个用户服务相对应，应包括7个功能域，分别为车路协同平台（Cooperative Vehicle Infrastructure System，CVIS）、车辆安全与控制（Vehicle Safety and Control，VSC）、行人与非机动车安全（Pedestrians and Non-Motorized Safety，PNMS）、信息服务（Information Service，IS）、交通管理（Traffic Management，TM）、运营管理（Operations Management，OM）、应急救援（Emergency Response and Rescue，ERR）。以上各功能域间的数据流关系如图8-5所示。

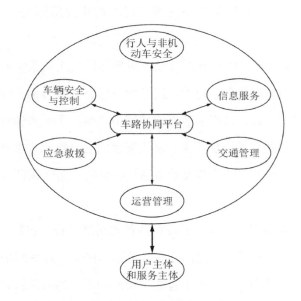

图8-5 基于车路协同的智慧交通体系框架逻辑结构顶层关系

（3）物理框架。基于车路协同的智慧交通体系物理框架从功能实施和系统集成的角度出发，将逻辑框架中所定义的各级各类功能模块及信息流进行整合，定义出能实现车路协同需求的各级各类功能实体，以及这些实体之间进行交互的信息流及其接口。相应的物理结构顶层关系如图 8-6 所示。该框架描述了作为新一代智慧交通共同的车路协同平台与车辆安全与控制系统、行人与非机动车安全保障系统、信息服务系统、交通管理系统、运营管理系统和应急救援系统间的结构关系，同时也表征了车路协同平台与相关智能终端间的结构关系。

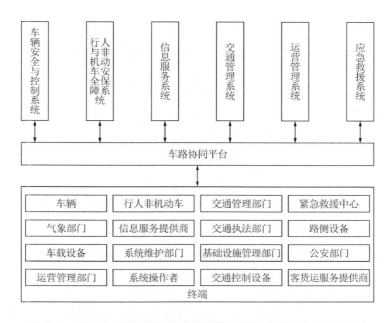

图 8-6　基于车路协同的智慧交通体系框架物理结构顶层关系

（4）标准协议。为保证智能车路协同环境下的智慧交通各子系统之间的协同工作，需定义各子系统之间实现信息交互和功能协作的标准接口，以及支持各接口之间传递信息所需的各层次通信协议。接口、信息和通信协议的标准化，可有效推动现代智慧交通系统产品和服务的研究、开发、建设和发展。车与车、车与环境之间的互动成为发展趋势，支持其发展的新一代车辆通信技术，汽车通信网 WAVE（IEEE802.11p）已由 IEEE 于 2010 年 7 月颁布，意为实现汽车环境下进行无线访问的通信协议，该协议已经成为了工业标准，即业界所称的"车联网"。

作为现代智慧交通系统公共基础平台的智能车路协同系统按信息从低到高的层次划分，应包含信息平台、交互平台、协同平台、保障平台和服务平台。其标准体系逻辑结构如图 8-7 所示。

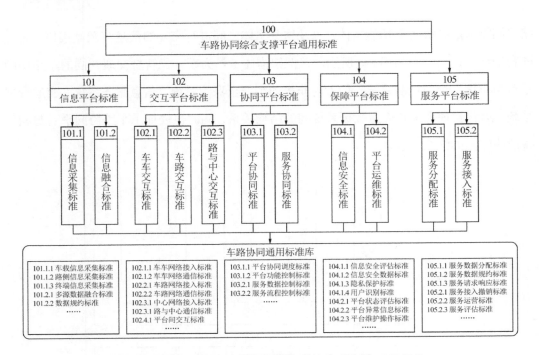

图 8-7 基于车路协同的智慧交通体系标准框架逻辑结构

3. 单车智能与车路协同之间的关系

单车智能与车路协同是自动驾驶技术发展中的两个重要方向，它们各自有着不同的特点和应用场景，但同时也存在着紧密的联系和互补性。

首先，单车智能能够为车路协同提供大量的数据支持和感知能力。单车智能车辆配备了多种传感器，如雷达、摄像头等，这些传感器能够实时感知周围环境的变化，采集大量的交通数据。这些数据不仅可以帮助单车智能车辆自身进行路径规划和避障决策，还可以通过车联网技术传输给路侧基础设施，供车路协同系统进行全局交通状态的分析和优化。例如，单车智能车辆可以实时上传道路拥堵情况、事故信息以及天气状况等数据，帮助车路协同系统实时调整交通信号灯、发布交通预警，从而提升整体交通效率和安全性。

车路协同则是一种更为先进的自动驾驶技术路径，它通过车辆与道路基础设施之间的信息交换和协同工作，来提高交通系统的整体性能。这包括利用路侧单元（如交通信号灯、监控摄像头等）收集的数据，以及通过车联网技术实现的车辆间的通信，从而实现对交通流的实时监控和管理。车路协同技术能够有效地扩大车辆的感知范围，提高交通安全水平，优化交通流量，并降低能耗和碳排放。

同样地，车路协同也能为单车智能带来显著的便利。车路协同系统通过在道路上部署智能路侧单元，实现道路基础设施与车辆之间的信息交互，可以为单车智能车辆提供更全面的环境信息和交通指引。比如，车路协同系统可以提前预告前方路段的交通情况、信号灯状态以及突发事件，帮助单车智能车辆提前做出相应的决策，及时消除潜在的安全隐患。此外，车路协同系统还能提供精准的定位服务，解决单车智能车辆在复杂环境下的定位难题，从而提高自动驾驶的可靠性和安全性。

单车智能与车路协同的共同发展对智慧交通具有重要意义。首先，两者的结合能够大幅提升交通系统的整体效能。单车智能通过个体车辆的智能化提升了微观层面的交通效率，而车路协同则通过全局优化和宏观调控实现了整体交通流的协调和优化，两者的协同作用可以显著减少交通拥堵、降低交通事故发生率，提高交通运输的整体效率和安全性。其次，两者共同发展能够推动交通系统的智能化和信息化水平。单车智能和车路协同的广泛应用需要高效的信息交互和数据处理能力，这将促进车联网、物联网、大数据和人工智能等技术的发展和融合，推动交通系统从传统的机械化向智能化、信息化方向转变，为智慧城市的建设提供坚实的技术支撑。最后，单车智能与车路协同的协同发展还能促进交通管理模式的创新。通过智能车辆与智能基础设施的互联互通，交通管理部门可以实现对交通系统的实时监控和动态调度，基于大数据分析和人工智能算法，制定更科学、更精准的交通管理策略，提升交通管理的智能化水平。

 思考题

1. 简述智慧道路的概念及关键技术。
2. 电子收费系统分类和技术特征包括哪些？
3. 交通事件管理的功能以及构成框架是什么？
4. 按照 SAE 的划分标准，当前自动驾驶技术处于哪个阶段？请思考要发展进入下一阶段还需解决哪些问题？
5. 结合当前自动驾驶技术的发展水平，谈谈单车智能与车路协同之间的关系。

第 九 章
Chapter 09

典型场景 2：智慧交通管理

第一节 智慧交通管理概念

一、交通管理与控制的演变与发展

交通管理与控制的研究，随着车辆与道路交通的发展而产生。随着社会经济和汽车工业的不断发展，交通管理与控制的目的和技术手段也在不断发生变化。早期的交通管理，目的是保障交通安全，而随着机动车数量的增长，道路上逐渐出现拥堵的现象，因此需要通过交通管理与控制对交通流进行疏导，保障交通的通畅运行。当采取各种疏导措施后，车辆数仍不断增长，交通拥堵现象日益严重，而道路交通基础设施的建设速度与机动车的增长速度不匹配，即交通供给的增长速度跟不上交通需求的增长速度，由此便不从交通供给端出发进行交通管理与控制，首先产生了交通需求管理方法，采取限制交通需求量产生的方式使得各类交通设施的供给能够满足相应需求；而随着信息化和智能化技术的发展，智慧交通管理技术应运而生，以期通过信息化技术优化各类交通设施的使用，从而提高交通系统的运行效率。

交通管理与控制的发展历程大致可以分为以下4个阶段。

第一阶段，传统交通管理。汽车交通出现初期的交通问题主要是交通事故，其治理问题的手段主要是通过交通建设修建适合汽车行驶的道路，在交通管理上主要是减少由汽车交通的出现而引起的交通事故，保障交通安全。保障交通安全所采取的管理措施主要是针对性的分道行驶、限制车速，在交叉口上指挥相交车辆运行，避免发生冲突等，基本实现方式为交通执法管理。在提高通行效率层面，提出了如单向交通与变向交通、改善交叉口及交通信号控制等措施。

第二阶段，交通系统管理（Transportation System Management，TSM）。进入20世纪70年代，由于社会对环境的重视，加上土地资源的限制，石油危机以及当时的财政状况等导致交通矛盾突出。同时，科学技术上，系统工程、计算机技术的发展，给交通管理技术提供了强大的技术支持。在此背景下，治理交通问题的理念从增建道路满足交通需求转向以提高现有道路的交通效率为主，出现了"交通系统管理"的方法。其将交通的各组成部分视作一个完整的系统进行优化，相应措施主要为对公交线路及停靠点的改善，优化停车系统管理；设置相应的行人过街区域和自行车专用道等；在道路管理层面对交叉口进行优化改善，设置单向和潮汐车道等。

第三阶段，交通需求管理（Transportation Demand Management，TDM）。20 世纪 70 年代末，在大量增建道路，采取多种提高现有道路交通效率的情况下，交通拥堵现象逐渐加剧，并且还产生了严重的环境污染问题。人们在治理交通的实践中，逐步认识到采用增建道路等提高道路交通效率的方式，不能完全解决汽车交通需求不断增长带来的诸多问题，于是逐步形成并提出了"交通需求管理"的观念与方法。这是在交通治理观念上的一次重要变革，由增建道路满足交通需求的增长转变为对交通需求加以管理、降低其需求量，以适应已有道路交通设施能够容纳的程度，即改"按需增供"为"按供管需"，达到交通建设可持续发展的目的。主要措施为利用交通影响分析技术，控制、调整大型人流和交通集散地的分布；实施就近就业的土地利用规划和"以公交为本"的土地发展规划；实施公交优先政策并发展轨道交通，利用交通信息服务引导人们减少私家车的使用，增加轨道交通和公交车的使用；利用交通信息服务、路线导航系统和拥挤收费政策等均衡交通量的空间分布。

第四阶段，智慧交通管理。20 世纪 80 年代后期，随着信息技术、人工智能技术，计算机及通信技术的发展，在 70 年代研究"自适应交通信号控制系统"与"路线导行系统"的基础上，逐步扩展成智能交通运输系统的研究。到 90 年代，智能交通系统已成为各交通发达国家交通科研、技术与产品市场竞争的热点。伴随交通信息化的深度推进，智慧交通成为 21 世纪现代化地面交通运输体系的模式和发展方向，是交通进入信息时代的重要标志。经过多年发展，先进的交通管理系统已成为智慧交通的核心，能够将智慧交通中的诸多系统进行串联，起到类似于神经中枢的作用。

进入 21 世纪以来，人们逐步认识到，交通管理不能仅满足当代人的交通需求，还应当不危及后代人满足其交通需求的能力，因此，又提出了可持续交通发展的理念。2004 年，世界可持续发展工商理事会在可持续交通研究课题组的研究报告《2030 年交通：应对可持续的挑战》认为，可持续交通就是既要能够满足不损害当前和未来基本的人类和生态价值的基本要求，又要满足自由交通、获取机会、沟通交往和建立联系的社会需求。为了使交通能够可持续发展，交通管理不仅要着眼于当代，也要着眼于未来。要以先进的科学技术为基础，在资源合理利用和生态环境保护的思想指导下，既要提高交通系统利用效率和服务水平，又要兼顾交通公平，提供人人平等地享受交通的机会，在经济合理地满足当前社会发展需求的同时，为整个社会的可持续发展提供保证。

二、ATMS 概述

智慧交通管理系统，也称先进的交通管理系统（Advanced Transportation Management System，ATMS），是指以智能技术为支撑，各类先进交通监测、控制和信息处理系统的集成。作为智慧交通的核心，ATMS 实现了交通信息的采集、传输、存储、分析、处理及应用，同时也将简单静态的交通管理转变为智能动态的管理，实现在最大范围内、最大限度地为出行者、交通研究人员及政府机构提供满足其需求的交通信息，进而满足社会不断扩大的交通需求。

ATMS 的主要特征是系统的高度集成化，它利用多种现代技术进行系统集成，将交通工程规划、交通信号控制、交通事故发现和救援与信息等多个系统有机结合，从而实现对交通的实时控制指挥管理。它的另一特征是信息的高速集中传输与快速处理，运用先进的网络技术，能够将控制的实时性提高，ATMS 在城市的应用则是使交通管理系统中交通参与者与道路以及车辆之间的关系变得更加和谐，最终达到缩短行程时间、减少道路拥堵和阻塞、减少交通事故、节约能源和保护环境、合理分布交通流的目的。

目前世界各国都在发展建设自己的交通管理系统，国际上最常见的 ATMS 形式是以交通指挥中心为依托的交通管理系统，与传统的交通指挥中心管理系统的封闭性不同，ATMS 使得交通信号控制、视频监视、信息发布、违章管理、事故管理、车辆驾驶员管理、紧急通信管理、通信指挥调度等各个孤立的子系统在计算机网络平台上有机地连接在一起，使得在处理各类交通问题时有统一的调度中心，极大地提高了处理各类事件的效率。

交通管理者依据各信息资源在网络上权限共享的原则，可以对城市交通运行状况进行实时监视、指挥控制,并根据具体情况对交通系统进行自动控制、紧急控制或预案控制。交通出行者也可以根据 ATMS 发布的信息合理地制定出行方案和路径决策,避免交通拥挤和时间延迟,从而提高整个交通系统的运行效率。

三、ATMS 功能介绍

ATMS 的主要功能包括信息提供、交通控制、事故处理、排放检测、应急管理、电子收费、协调养护作业和特种车辆运行保障等,下面是对各功能的简要介绍。

(1)信息提供。交通信息提供的实质即通过提供合适的交通信息指导用户出行,使人们的出行选择与交通管理者的预期目标一致。交通信息提供的作用效果在很大程度上取决于所提供信息对出行行为诱导的有效性,及其对相关交通管理政策的支持程度。通过可变标志牌、电子屏幕和电子地图向出行者提供各类交通信息,帮助出行者提前掌握相关道路的交通信息,诱导出行者选择实时收益最大的出发时间、出行方式和出行路径,降低出行成本(时间、金钱或体力)。其能充分利用现有道路网络资源,提高交通运输系统的运行效率,缓解交通拥堵以及由此引发的环境、社会问题。

在日常生活中,该功能主要提供以下交通信息服务。

①实时路况。通过播报实时路况以指导出行者选择出行路径。

②交通气象。根据交通气象以指导出行者选择出行时间、出行方式等。

③交通管制。实时播报、预告交通管制情况,预报提示周边道路的交通情况,指导出行者选择出行路径。

④交通突发事件。针对突发交通事故发生的情况,提示出行者绕道行驶。

⑤停车场车位信息。实时显示停车场车位情况,引导驾驶员泊车。

⑥交通状况预测。根据历史时期及同类路段的统计数据,进行交通状况预测。

⑦高速信息。提示高速公路、国道和省道的突发事件、维护信息、事故情况、收费口拥堵状况等。

⑧沿途交通拥堵预测。根据用户出行方案,对线路的通畅情况进行评估。

⑨最优路线选择。根据用户的出发地及目的地,结合实时交通状况,提供最佳出行方案选择,并预测到达时间。

（2）交通控制。亦称为交通信号控制或城市交通控制，即依靠人力或采用交通信号控制设施，随交通变化特性指挥车辆和行人的通行。交通管制分为静态管理和动态管理，而交通控制属于其中的动态管理。交通控制运用现代化的通讯设施、信号装置、传感器、监控设备和计算机对运行中的车辆进行准确地组织、调控，使其能够安全畅通地运行。信号控制是城市交通控制的重要方式，按照控制方式划分，可将城市交通信号控制方式划分为单个交叉口独立控制（点控）、主干道交通信号协调控制（线控）、区域交通信号协调控制（面控）。

（3）事故处理。通过计算机通信和全球定位导航等相关技术，对道路中发生的各类事故实施精确定位，并快速联动消防、医疗、安监等相关部门，对事故及时作出响应。

（4）排放检测。使用道路中布设的尾气检测器，对行驶车辆排放尾气中的二氧化硫、二氧化氮和一氧化氮等典型污染气体进行检测，以起到监控交通污染状况的作用。

（5）应急管理。指针对突然发生，造成或者可能造成交通运输设施损毁，交通运输中断、阻塞，重大船舶污染及海上溢油应急处置等情况，通过ATMS采取的相应急处置措施以及提供的应急运输保障。

（6）电子收费。主要分为电子不停车收费系统（ETC）和路侧停车电子收费系统。ETC主要是针对车辆通过高速公路或桥梁的自动收费系统，通过车载电子标签与在收费站ETC车道上的微波天线之间进行的专用短程通讯，利用计算机网联技术与银联技术进行后台结算处理，从而达到车辆无需停车便可交纳费用的目的。目前我国实现了高速公路收费站ETC全覆盖，保障了交通流的连续，提高了高速公路的运行效率。路侧停车电子收费系统则主要是针对路侧停车行为进行收费，该系统将根据每条道路情况，采用高位视频、地磁、视频桩等不同形式对停放车辆进行收费。

（7）协调养护作业。公路养护作业将不可避免地对现行交通流造成影响，通过利用可变信息标志、交通广播、网络媒体、临时性交通标志等一系列沿线设施和信息服务平台，及时发布前方公路或区域路网内的养护作业信息，能够在一定程度上保障交通的顺畅运行，同时提高养护作业的效率。

（8）特种车辆运行保障。警车、消防车、工程救险车、救护车等特种车辆在执行任务时需要较为特殊的道路交通环境，其在保障安全的原则下，不受行驶速度、行驶路线、行驶方向和指挥灯信号的限制。不同的特种车辆对道路交通环境的需求差异极大，ATMS 能够较好地协调道路交通的各种资源，使得特种车辆能够得到更好的运行保障。

四、ATMS 结构框架

从对道路中交通信息管理和应用的角度出发，可以将 ATMS 系统划分为信息采集系统、信息传输系统、信息处理系统、信息发布系统和事件管理系统，如图 9-1 所示。通过各个系统有机地结合，共同承担智慧交通管理的作用，进而形成先进的交通管理系统。

图 9-1 ATMS 结构框架图

（1）信息采集系统。是 ATMS 获取外界信息的端口，主要是通过各种外部传感设备获取交通信息、道路信息、气象信息。通常包括道路上的交通探测车、车辆检测器、气象检测器、ETC 系统、视频检测系统等。

（2）信息传输系统。是信息采集系统、信息发布系统和信息处理系统的联系纽带，起到传递各类信息的作用，通常包括互联网通信和紧急电话等。

（3）信息处理系统。信息处理系统通常指交通指挥控制中心或交通指挥管理平台，是整个 ATMS 的神经中枢，ATMS 主要依托该系统进行管理，信息处理系统主要负责各类信息的接收、处理和在此基础上的决策。

（4）信息发布系统。向出行人员、交通管理人员等提供各类交通信息，发布命令或者建议。道路上的各类大屏幕投影、地图板、可变标志、可变信息板、路侧通信广播、交通广播、交通信号灯等道路中向交通参与者提供可变交通信息的各类设施均可认为是信息发布系统的一部分。其能够为交通参与者提供各类道路交通信息，便于其制定合理的出行方案和路径决策，从而提高整个交通系统的运行效率。

（5）事件管理系统。是交通指挥控制中心与其他相关部门共同组成的一个跨部门系统。道路发生突发事件时，指挥控制中心需要联系相关部门，共同应对处理突发事件。如发生较为严重的交通事故，需联系公安部门和救护部门进行事故成因的调查、事故的处置以及事故后的追责；道路或隔离带等发生损坏时，则需要路政、养护部门的介入，对受损的路段进行隔离和修复。

第二节 交通管理指挥系统

交通管理指挥系统在 ATMS 中通常指交通指挥管理平台，该平台作为 ATMS 的核心，能够起到信息的收集、处理、发布和信号控制等作用。该系统主要由交通信号控制系统、视频监控系统、电子警察系统、智能卡口系统、交通流信息采集系统和交通信息发布系统等子系统组成，如图 9-2 所示。

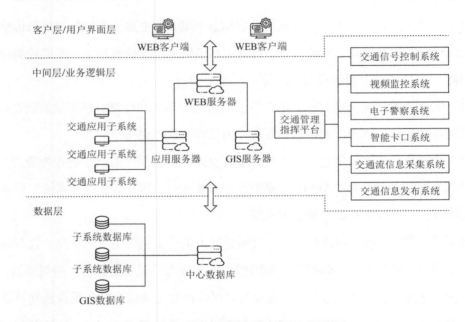

图 9-2　交通管理指挥系统结构图

一、交通信号控制系统

1. 国内外智能交通控制系统发展

1）国外具有代表性的交通控制系统

进入 20 世纪 80 年代，随着计算机技术和自动控制技术的发展，以及交通流理论的不断发展完善，交通运输组织与优化理论的不断提高，城市交通控制开始向信息化、智能化方向发展，世界各国的交通控制出现了前所未有的发展热潮。20世纪90年代，发达国家开始出现智能交通控制系统，并将城市交通控制系统纳入智能交通运输系统中，成为先进交通管理系统的重要子系统。当今世界各国最有代表性且富有成效的交通控制系统有英国的TRANSYT系统、SCOOT系统和澳大利亚的SCATS系统等。

（1）TRANSYT（Traffic Network Study Tool）系统。自1968年问世以来，TRANSYT经历不断的改进，已经发展成为先进的TRAN-SYT/9型。该系统采用静态模式，以绿信比和相位差为控制参数，优化方法为爬山法。TRANSYT作为目前世界应用最为广泛的静态智能交通控制系统，被世界400多个城市所使用。但是其也存在缺点，如计算量较大、很难获得整体最优的配时方案、同时需要大量的路网几何尺寸和交通流数据等。

（2）SCOOT（Split Cycle Offset Optimizing Technique）系统。SCOOT采用联机实时控制的动态模式，对周期、绿信比和相位差进行控制，采用小步长寻优方法，相对TRANSYT而言具有相当大的优势。其缺点是不能自动改变相位，现场安装调试流程较为繁琐。

（3）SCATS（Sydney Coordinated Adaptive Traffic Method）系统。SCATS采用先进的计算机网络技术，呈计算机分层递阶形式。采用地区级联机控制，中央级联机与脱机同时进行的控制模式。控制参数采用绿信比、相位差和周期，通过比较法从预先确定的多个参数中选取，没有实时交通模型。SCATS系统充分体现了计算机网络技术的突出优点，结构易于更改，控制方案容易变换。但其过度依赖计算机硬件，无车流实时信息反馈，可靠性较低。

2）我国交通控制系统的发展

20世纪70年代末以来，我国经济建设快速发展，人民生活水平不断提高，汽车保有量逐年增加，但交通问题也日益显现。各级交通管理部门通过技术引进和自主创新，应用先进的交通控制技术。目前我国虽然在交通控制整体规模和层次上与世界发达国家仍有差距，但部分领域的技术水平已处于世界先进水平。我国交通控制系统针对集交叉口信号灯控制和干线控制以及现代城市高速公路交通控制于一体的混合型交通，实现了对交叉口单点控制、干线协调控制和高速公路集成控制。

在我国交通控制系统的发展进程中，必须突破传统信号控制的研究方法，控制思想上要由被动控制向主动自适应控制发展；控制技术上要借助现代科学技术向智能化、集成化方向发展；控制规模上要由微观、中观控制向宏观、微观结合控制发展；控制模式上要由静态控制向动态诱导控制发展；发展方向上要以我为主，充分结合我国的实际情况，发展适应我国国情的交通控制系统。概而言之，要充分利用系统工程的思想和方法，加强对城市先进交通处理系统的硬件技术和软件技术研发。

综合分析国外先进的城市交通控制系统，结合国内城市道路及交通的实际情况，同时也对今后城市交通与道路建设的发展的前瞻性考虑，我国道路智能交通控制系统应具有如下功能。

（1）多模式化。从系统结构上吸收集中式 SCOOT、分布式 SCATS 等智能交通系统的长处，在控制范围内各个区域采用灵活可转换的系统结构，使系统结构根据交通流的区域变化而改变。此外，充分根据不同地区实时交通情况，以路口能力最大、延迟时间最短等作为遴选不同系统的参考标准。

（2）智能化。随着信息技术的高度发展，道路交通控制系统所承担的工作不仅仅是对交通流的引导，更承担了诸如为车辆提供道路交通信息的职能，利用对车辆的 CPS（Cyber-physical System）诱导，使道路通行更加顺畅。

（3）最优化。建立整个交通路网的动态交通分配模型和整体优化模型并求得最优解，从而达到对路口的控制参数进行调整，进而实现某个地域范围内的交通流动态协调控制，是交通控制系统追求的目标。随着计算机技术和优化理论的发展，寻求各类控制模型最优解的算法基础和硬件基础不断完善，尤其是在交通大模型的加持下，交通控制系统面对复杂、多维、非线性的输入条件寻求最优解的手段不断得到充实。

（4）规整化。目前，控制系统普遍立足于具体的道路和交通条件，缺少必要的模型泛化能力和可移植性。我国在建立完整的道路交通控制系统之前，必须针对道路状况和交通流做出若干种交通疏导预案和道路使用预案，从而使交通和道路更加规整。

（5）通用性和模块化。根据计算科学的发展，我国在制定和实施智能交通控制系统时必须在硬件设计和软件编程上采用通用化和模块化的方式，进而有利于将来的逐步升级和换代。

2. 交通控制系统的功能及分类

该系统是集现代计算机、通信和控制技术于一体的交通信号实时联网控制系统，可实现对路口交通信号的实时控制、进行区域协调控制、中心和本地的优化控制，路口状态的实时查询与监控，具有路口信号灯的故障定位、配时方案的实时上传与下载、操作日志的记录和管理、多用户的远程登录控制和权限管理等功能。现代交通信号控制类型种类丰富，大体可分为三类，分别为单个交叉口信号控制、干线交叉口交通信号联动控制和区域交通信号控制。

（1）单个交叉口信号控制。此种控制方式可细分为单个交叉口的定时信号控制和感应信号控制两种控制方式。定时信号控制是最基本的一种控制方式，发明于20世纪20年代并应用至今，它适用于城市内各方向车流量相差不大的交叉口上，亦可用于将两个交叉口的信号机协调起来，使用联动装置以减少交叉口的拥堵时间。在实际运用中，由于它设备简单、定价便宜且维护方便，现仍是被广泛采用的一种信号控制方式，也是其他控制方式配时的基础。

感应信号控制是通过车辆检测器测定到达进口道车流量的交通需求，使信号显示时间适应测得交通需求的一种控制方式。感应控制对车辆随机到达的适应性较大，可减少车辆停车频率，达到交通通畅的效果。感应式控制又可分为全感应信号控制和半感应信号控制。全感应信号控制是指在交叉口各进口车道上都埋设感应线圈，各进口车流的通行权和绿灯时间由感应线圈是否检测到车辆到达而决定的一种交通信号控制方法，它一般适用于进口交通量随机变化比较大的交叉口，且所有感应信号相位均设有最短绿灯时间、单位延长时间、最大绿灯时间等信号控制参数。半感应控制是指仅在主干道或次干道设置感应线圈，该种控制方式适用于主干道与次干道车流量相差较大，且次干道车流量波动明显或有特殊车辆通行需求的交叉口。

（2）干线交叉口交通信号联动控制。在城市道路中，交叉口相距较近，各交叉口分别设置单点信号控制时，会造成路段堵塞。为减少车辆在各个交叉口处的停车时间，保证车道行车畅通，可将干道相邻的交叉口进行信号协调控制，就出现了干线交叉口交通信号的联动控制系统，也称为线控系统。

线控系统可主要分为定时式联动控制、感应式线控系统和计算机线控系统。定时式联动控制是指根据预先存储在控制中心或信号机内的程序，选择各路口的配时，相互协调相邻路口信号的控制方式。定时式联动控制信号控制系统的基本参数包括周期时长、绿信比和相位差。此类控制系统的特点是相位差等于零或者绿信比相等。但是在干道上交通量相当小的情况下，为确保干道少量车辆的连续通行而实施线控系统，这时所产生的总延误很可能比单点信号控制还大。为避免这一缺点，在线控制系统中使用感应式信号控制机，相应配以车辆检测器。当检测器测得交通量增加时，开动主控制机，使之全面执行线控系统的控制；而在交通量降低时，各交叉口的信号机各自按独立状态操作，使线控系统既能得到良好的连续通车的效果，又能保持适应各个交叉口的交通变化，该控制系统称为感应式线控系统。

在线控系统中采用半感应信号机，并用线控系统的基本配时方案控制半感应信号机。这种系统在每个交叉口的次要街道上安装检测器，在次干道检测到车辆时，仅允许次干道在不影响主干道车辆连续通行的前提下，得到基本配时方案内的部分绿灯时间，并根据交通检测的结果分配次干道的绿灯通行权；而当次干道没有车辆时，绿灯将一直分配给主干线。在采用全感应信号机线控系统中，一般情况下，系统各交叉口可按其正常的单点全感应方式操作；在系统中某个交叉口前的干道上测得有车队存在时，上游交叉口信号控制机立即通知下游邻近控制机，下游控制机协调单元命令正在执行的相交街道或对向左转相位及时结束，使车队到达时能够顺利通过交叉口。

确定上述线控方案的计算方法不仅较为繁杂，其易发生人为错误，所取得的交通效益不一定是最好的，更无法协调多相位等交叉口间的复杂配时方案。使用计算机可以得到人工难以规划的控制方案，计算机线控系统有"脱机"和"联机"两种方式。脱机方法是一种由计算机计算确定线控系统配时方案的方法，脱机方法将配时方案输入至各交叉口的信号控制机中，各信号控制机按设定的配时方案控制各信号灯运转。因为此方法对信号灯控制的实施与计算机无关所以称为"脱机"控制。联机方法使用计算机软件计算获得线控配时方案，软件所需的输入数据（主要为各类交通信息）通过计算机从车辆检测器中采集，线控系统信号灯的运转也由计算机进行控制，因此称为"联机"控制。

（3）区域交通信号控制系统。随着城市道路交通量的增长，交叉口之间的相关性日益明显。城市中某一交叉口发生拥堵，随着时间的推移会逐步波及周边交叉口乃至所在区域内的所有交叉口。因此，对区域内交叉口进行联动控制，可以有效实现交叉口信号控制的目标。研究人员在干线交叉口交通信号联动控制进一步把区域内所有交通信号联通起来加以协调控制，就形成了区域交通信号控制系统，也称为面控系统。线控制、面控制系统计算比较复杂。各国研究开发了对应的程序，如美国的MAXBAND、PASSER，英国的TRANSYT以及德国的SIGMA等。在分布式区域交通控制系统中，将一整片控制区划分为若干控制子区，划分出的控制子区往往是若干条干线的交通控制系统。在这种情况下，干线交通控制系统就成为分布式区域交通控制系统的一个单元。也可以说，线控制是面控制系统的组成部分，或从另一角度说，线控制是面控制系统的一种简化的特殊形式。

对于三种基本的信号控制类型（单点、干线和区域控制），较为传统的交通控制更倾向于孤立地看待它们，很少出现对于把一个城市或区域范围内的各种交通信号作为一个信号控制系统来考察的概念，往往把单纯的网格信号系统看成区域交通控制系统。而区域交通信号控制系统的现代理解是，将城区内全部交通信号的监控，作为一个指挥控制中心管理下的一部整体的控制系统，是单点信号、干线信号和网格信号系统的综合控制系统。

区域控制系统是随着交通控制理论的不断发展，以及通信、检测、计算机技术在交通控制领域的广泛应用而发展起来的。早期的区域控制系统着重于对信号周期、绿信比和相位差等交通信号参数进行最优控制；现代的交通控制系统则是多种技术的综合体，包括车辆检测、数据采集与传输、信息处理与显示，信号控制与最优化，视频监视、交通管理与决策等多个组成部分。区域控制系统可实施城市交通运输策略，提高现有道路的交通效率，改善道路交通安全，节省能量消耗，减少环境污染，收集交通数据，提供交通情报，为整个社会提供综合经济效益。

专栏9-1　信号灯映射

2022年，高德地图上线"红绿灯倒计时"功能，能够将现实中的红绿灯在手机客户端内智能化、动态化映射显示——在用户等待红绿灯时，可实时计算红灯倒计时读秒，以及需要等待的红绿灯轮次。

2023年，百度地图也上线了上述相同功能，与高德地图不同的是，百度地图还支持"绿波车速"功能，能够在红绿灯视距外向用户提供合理的车速区间，以供用户尽可能实现"一路绿灯"通行。如北京亦庄荣京东街至科创五街路段范围内，车辆最多能够实现连续15个路口不停车通行。"绿波车速"功能将相关理论落地实践应用，能够提升用户驾车出行体验，极大地提高道路通行效率，有效缓解通行压力，助力营造安全、有序、畅通的道路交通环境。

上述软件的红绿灯倒计时功能均基于北斗卫星导航系统,"绿波通行"功能的实现也并非是简单接入城市的信号灯控制系统。两者均是采用相关算法,依托于大量轨迹数据的采集以及高算力支持,是智能化技术在交通领域的有效应用。

2023年,重庆市部分线路的公交车尾电子屏能够同步显示前方路口红绿灯信息,此种红绿灯拓展功能可以大幅提高跟车车辆路口行驶的安全性和通行效率,减少跟车闯红灯的可能性,同时也提高了驾驶员的行驶体验。与"地图红绿灯"不同的是,实现此功能是基于V2X技术,路侧通信单元获取红绿灯状态信息后,将该部分信息通过V2X直连通信技术传递给车载设备,最终显示在公交车尾的电子屏上。"映射红绿灯"是当前发展迅速的车路协同技术的一个应用。

二、视频监控系统

视频监控系统是由摄像、传输、控制、显示、记录五部分组成。摄像机通过同轴视频电缆、网线、光纤将视频图像传输到控制主机,控制主机再将视频信号分配到各监视器及录像设备,同时可将需要传输的语音信号同步录入到录像机内。通过控制主机,操作人员可发出指令,对云台的动作进行控制及对镜头的焦距进行调整,并可通过控制主机实现在多路摄像机之间的切换。利用特殊的录像处理模式,可对图像进行录入、回放、处理等操作。

(1)视频监控系统获取各类图像信息后,对信息的其应用方式如下。

①实时监控。通过安装在交通要道、路口和高速公路上的摄像头,监控系统能够实时监控交通状况,包括车流量、车速、交通事故等。

②自动化处理。系统可以自动拍摄照片或录像,并将相关信息传输到监控中心,以便相关工作人员及时处理交通违规行为或交通事故。

③数据分析。系统可以收集如车流量、车速、车辆类型等大量交通数据,通过对这些数据进行分析,帮助交通管理部门制定科学的交通规划和管理策略。

④智能化应用。利用计算机视觉和深度学习算法,系统可以实时检测视频中的如人员入侵、物品丢失、火灾等异常情况,并立即发出警报,提高监控系统的效率。

(2)在各类交通应用场景中,视频监控系统结合其他相关技术,有以下几个典型应用。

①牌照识别。主要应用于道路口或小区出入口,通过设备自动识别车牌号码,并以文字形式向用户提供信息。例如,当某牌照车辆在发生事故后逃逸时,管理部门利用安装在主要路口的智能识别视频监控系统,可实时发现逃逸车辆。

②行驶速度测量。主要应用于城市快速路、主干路以及高速公路等各级道路,通过测速抓拍装置对行驶车辆进行车速测量。若车辆超速,系统将结合车牌识别等手段对车辆进行标记。这种技术的应用能够有效限制车辆的超速行为,减少因超速导致的交通事故发生,从而保障道路使用者的安全。

③逆行检测与警告。在单行道、车站、机场等需要维持单向交通流的区域,视频监控系统能够自动识别逆行行为。一旦检测到逆行车辆或行人,系统会立即发出警告,以确保交通流畅和道路安全。

④流量统计与分析。智能视频监控系统具备识别和统计过往行人和车辆数量的功能。通过在道路交叉口等关键位置安装此类设备,可以实时统计过往的车流量或人流量。这些数据能够为公交调度、交通规划等提供及时、准确的信息支持,有助于优化交通管理和提升交通效率。

三、电子警察系统

城市道路交通安全是城市公共安全的重要分支。随着机动车辆大规模普及应用,各种与机动车有关的违法事件呈上升趋势,以此衍生的道路交通安全问题日益成为制约社会经济发展的重要因素。相关统计显示,大部分交通事故是因为机动车违章行驶引起,尤其闯红灯造成的事故所占比例最大。安装闯红灯自动记录系统(俗称电子警察),对机动车闯红灯、实线变道、压双黄线等一系列违法行为进行不间断自动检测和记录,通过立法对此类行为进行处罚,是遏制机动车违章行为的重要手段,也是改善城市道路交通环境,提升公众出行安全系数的有效举措。电子警察系统主要包括监控中心和外场设备。

监控中心部署电子警察软件平台(含服务器)、操作终端、打印机等。软件平台集中管理全网电子警察前端设备,操作终端用于违法人工处理,打印机用于打印违法罚单。电子警察系统采用独立光纤进行数据传输,同时也可选配无线传输方式为光纤传输提供冗余通信线路。

外场安装的主要设备包括一体化高清网络摄像机、补光灯、电子警察业务处理机、红绿灯信号检测器、车检器、地感线圈、交换机、光纤收发器、UPS电源及其他工程用料等。

四、智能卡口系统

智能卡口系统采用先进的光电技术、图像处理技术、模式识别技术对通过卡口的汽车进行拍照记录,并自动识别车牌号码,将所采集到的车辆信息数据保存在服务器的数据库中。应用智能卡口系统可以迅速地捕捉到肇事车辆、违章车辆、黑名单车辆等,对道路运行车辆的构成、流量分布、违章情况进行常年不间断的自动记录,为交通规划、交通管理、道路养护部门提供重要的基础和运行数据,为快速纠正交通违章行为以及快速侦破交通事故逃逸和机动车盗抢案件提供重要的技术手段和破案证据,对道路的平安运行和提高公路交通管理的快速反应能力有着十分重要的意义。

智能卡口系统的检测方案采用地感线圈检测车辆的方法来检测车辆,当车辆经过地感线圈时,系统自动实时捕获一幅车辆图像,用以分辨车辆的颜色、特征、车牌号、颜色、司乘人员的面部特征等关键信息。

智能卡口系统的主要功能包括以下几个方面。

(1)自动保存车辆信息。系统主控机可以自动保存所捕获车辆的信息,包括车辆的图像、车牌号码、车辆通过时间、地点等。图像保存为循环覆盖方式,所有车辆的信息包括图像路径均保存在数据库中,可与其他中心应用系统进行数据对接。

(2)识别驾驶员。由于抓拍的图像分辨率较高,能够清晰地识别驾驶员的面部特征,对相关重点人员的监控与追查能够起到重要的作用。

(3)实时报警功能。针对超速及被盗抢车辆和交通肇事逃逸车辆实现实时报警。针对车辆进行查询确认,当车辆与被盗抢车辆或交通肇事逃逸等车辆的牌照号码及车型等信息特征相符时,系统立即发出警报,提醒值班人员有可疑车辆通过。同时系统具备与公安数据中心进行数据交换功能,可实时上传嫌疑车辆的有关信息。报警信息中包括车牌号码、车型、通过时间、抓拍图片等。

（4）车辆数据管理。系统将经过卡口的车辆特征信息记录并保存在数据库中，对卡口流量信息进行统计，可进行数据搜索、浏览、报警设置等操作，具有车辆统计信息模糊查询和精确查询、流量统计曲线打印功能，为指挥中心提供管理与指挥的数据资料。

五、交通流信息采集系统

交通流信息收集系统是利用安装在道路和车辆上的传感器、摄像头等设备进行交通流量、行车速度等动态信息的收集、处理的设备与软件统称，是智慧交通的重要组成部分。该系统的主要功能是对过往车辆进行计数、测速、车型分类，然后分析计算占道信息、单位时间内车流量、车流平均速度等，以此判断道路拥挤状况，然后通过通信接口，将采集到的数据按预定周期发送至管理监控中心，为交通调度和交通事件预警提供决策支持。交通流信息采集系统结构如图 9-3 所示。

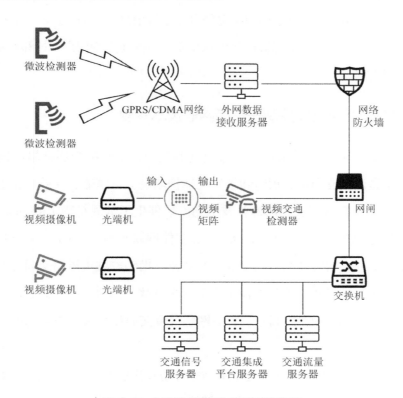

图 9-3　交通流信息采集系统结构图

近年来，交通信息采集技术得到了快速发展，在传统的微波雷达、视频、红外和环形感应线圈等方式的基础上,发展出现了浮动车交通信息采集、无人机交通信息采集等新方式。

六、信息发布系统

交通信息发布系统是智慧交通中直接面向出行者的系统,是智慧交通系统与出行者之间交互的媒介,是交通管理指挥系统中最终提供信息服务的环节。其主要作用是将交通疏导信息发布给终端,进而起到交通管理和控制的作用。随着现代信息技术和移动终端的发展,信息发布的方式也逐渐增多,从最初的交通广播、可变信息板等发展到了交通电子屏、Web 网站、微信公众号和各类导航软件等。

同时随着目前计算机技术的发展,信息发布系统相较早时期有了较大革新,具备了较多使用性功能。信息发布方式的改变使得信息传递更为高效,能够获取更为及时的如路况信息,如交通拥堵、事故、施工等信息;同时部分软件能够基于当前实时数据和历史数据进行分析和预测,提供准确的路况信息和预警信息,帮助交通参与者做出明智的决策;微信公众号等渠道不仅能够进行信息发布,系统还支持用户反馈和互动,可增强用户参与感和满意度。

七、智慧交通交叉口控制—智能网联技术专题

交叉口的通行能力是城市道路交通运行的瓶颈,是解决交通拥堵问题的关键所在。交通控制是调控交通流、预防和缓解交通拥堵的关键策略,在效费比上具有较大优势。近年来,智能网联、自动驾驶技术的发展催生了常规车辆(Regular Vehicle,RV)、网联车辆(Connected Vehicle,CV)和智能网联车辆(Connected and Automated Vehicle,CAV)组成的智能网联新型混合交通流,推动着城市道路交通控制对象、数据环境和控制手段的变革,为交通控制带来巨大挑战的同时,也为交通控制理论方法的创新发展创造了新的机遇。目前,智能网联混合交通流交叉口控制已成为国内外的研究热点。

智能网联技术的发展推动了交通控制数据环境和交通控制模式的变化,数据环境从固定检测器数据发展为网联车轨迹数据和智能网联车轨迹数据,控制模式从信号控制发展为轨迹控制。智能网联交通流交叉口控制研究发展脉络如图 9-4 所示。

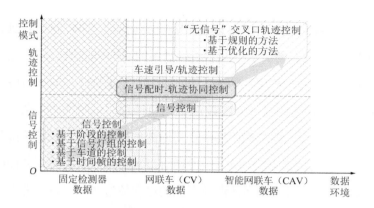

图 9-4　智能网联交通流交叉口控制研究发展脉络

（1）相较于传统交通流或纯 CV、CAV 交通流，智能网联混合交通流环境下的交通控制存在以下 2 个特点。

①控制对象特性不同。CV、CAV 和 RV 车辆特性不同，驾驶特征差异大（如车头时距、驾驶随机性等），其组成的智能网联混合交通流呈现显著的异质交通流特性。

②控制模式不同。除了通过交叉口信号灯控制交通流，还可以通过 CV/CAV 的轨迹/路径规划影响整体交通流状态。随着车—车（V2V）和车—基础设施（V2I）通信技术的发展，CV 轨迹数据为交叉口控制提供了车辆级信息数据源。在 CV 环境下，车辆轨迹数据（如车辆速度、加速度和位置）可补充或代替固定检测器数据，估计/预测交叉口车辆的到达模式和交通流状态（如行程时间和队列长度），以进行信号配时。随着智能网联技术的发展，CAV 不仅可以提供轨迹数据用于交叉口信号控制，还能接收交通信息（如交叉口布局、信号配时、交通流状态等）进行轨迹规划。从纯 CAV 的理想环境出发，有学者研究了信号配时优化、车辆轨迹规划、信号配时—车辆轨迹协同控制以及无信号交叉口控制。

（2）鉴于上述混合交通流特点，网联环境下交叉口控制不仅涉及到以信号控制，同时涉及到以车辆个体的驾驶轨迹规划，其未来研究方向主要梳理为以下 3 个方面。

①流中控粒，随机不完备交通信息环境下的车辆轨迹规划。由于驾驶员的驾驶行为具有复杂性和随机性，现有驾驶行为模型难以准确刻画 RV、CV 的换道、跟车行为以及 CV 对于建议车速的响应速度和遵从率。不同于 CV 和 CAV，RV 无法提供实时轨迹数据，难以直接观测车辆状态，且 CAV、CV 和 RV 之间存在交互作用，影响 CAV 轨迹规划。如何预测混合流环境下的人工驾驶行为，解析其对 CAV 轨迹规划的作用机理是目

前有待攻克的难题。现有混合流车辆轨迹规划研究多聚焦 CAV 纵向轨迹，忽略或简化车辆的横向变道行为，且多局限于单点交叉口层面的局部轨迹规划，难以满足现实需求。CAV 横、纵向轨迹存在耦合作用，干线或路网层面的完整轨迹与交叉口各车道的其他车辆轨迹也相互影响。混合流环境下的 CAV 横纵向轨迹规划机制建模复杂，高效求解较难。

②以粒控流，以有限受控车辆调控混合交通流的时空分布。车辆轨迹规划可以引导 CV 和 CAV 的驾驶行为，影响交通流中相邻车辆（如 RV）的决策，从而改变整体交通流的分布和状态。目前的研究更多地涉及车辆的纵向轨迹规划，较少考虑车辆的横向换道策略。然而，车辆的换道行为会"打断"目标车道的交通流，显著影响周围交通流分布和状态。在混合流环境下，如何通过有限 CV/CAV 的横纵向轨迹规划调控整体交通流的时空分布是值得重点研究的方向。现有混合流车辆轨迹规划研究多以受控车辆/车队效益最优或交通流整体效益最优为目标。以有限受控 CAV 调控混合流时，既应有益于提高路网整体通行效率，也应保障受控车辆效益，在"以粒控流"中平衡系统效益和公平性。

③粒流协控，交叉口车辆轨迹规划和信号配时的协同控制。面向集计交通流、单一时间维度的信号配时，与面向非集计车辆个体、时空两维度的轨迹规划是智能网联混合流的两种控制手段，其具有复杂的耦合关系，协同优化建模难、维度高、难以高效求解，是亟待攻克的难点。交叉口控制以提升交通流整体效益为目标，车辆轨迹规划涉及受控车辆个体/车队效益，轨迹规划通常以保障受控车辆效益为目标，这两类目标存在竞合关系。保障受控车辆效益有助于提升交通流整体效益，而提升交通流整体效益却可能有损受控车辆效益。因此，平衡这两类目标是实现混合交通流协同控制的重要保障。

思考题

1. ATMS 在交通系统中能够起到哪些作用？
2. ATMS 的结构框架如何划分？
3. 交通管理指挥系统中包含哪些子系统？并简述各个子系统的作用。
4. 随着城市与交通智慧化的推进，简要谈谈 ATMS 对智慧城市发展的影响。
5. 查阅文献，梳理智能网联环境下交叉口控制技术的发展趋势。

第十章 Chapter 10

典型场景3：智慧运输管理

第一节 智慧公交

为公交装上一颗智慧大脑，充分发挥公交灵活多变的优势，可以提高公交出行分担率，最大程度提升资源利用效率，使出行变得更加安全有序、智能高效、服务优质、便捷畅通、绿色环保。但目前城市公交系统仍存在一些主要问题：

（1）乘车不方便。乘车不方便主要表现在公交线网与站点布设不合理、发车间隔长，使选择乘公交车出行的乘客步行接驳时间长、候车时间长、换乘次数多，极大影响了乘车体验。

（2）时效性无法得到保证。乘坐公交车的部分人群为通勤、通学出行，此群体对准时性要求高。但在高峰期集中出行时，公交汽车常因交叉口阻塞和车流过多而产生延误，很难保证准时性。这使公交汽车出行方式吸引力下降，导致相当一部分出行量分流到其他准时性较高的出行方式。

（3）服务质量较低。随着市民生活水平的提高，乘客对出行服务质量提出了更高的要求，拥挤度、舒适性、车辆环境等服务质量因素都会影响人们的出行选择。

当前公交运营存在的种种问题导致大量乘客流失，收入每况愈下，造成公交企业亏损严重，需要使用经济补贴手段才能维持其运营，给政府带来了严重的财政负担。因此，必须依靠现代科技，对传统的公交运营模式进行改造，建立起先进的公共交通系统，从根本上解决上述问题。

一、智慧公交概述

智慧公交即先进的公共交通系统（Advanced Public Transportation System，APTS），就是在公交网络分配、公交调度等关键基础理论研究的前提下，利用系统工程的理论和方法，将现代通信、信息、电子、控制、GNSS等高新科技集成应用于公共交通系统。通过公共交通智能化调度系统、公共交通信息服务系统、公交电子收费系统等实现公共交通调度、运营、管理的信息化、现代化和智能化，为出行者提供更加安全、舒适、便捷的公共交通服务，从而吸引公交出行，缓解城市交通拥挤，有效解决城市交通问题。

APTS 主要以出行者和公交车辆为服务对象。对于出行者而言，APTS 通过采集与处理动态交通信息（客流量、交通流量、车辆位置、紧急事件的地点等）和静态交通信息（交通法规、道路管制措施、主要客流出行生成地的位置等），通过多种媒体为出行者提供动态和静态公共交通信息（发车时刻表、换乘路线、出行最佳路径等），从而达到规划最优出行路径的目的。对于公交车辆而言，APTS 主要实现对其动态监控、实时调度、科学管理等功能，从而达到提高公交服务水平的目的。

作为智慧交通研究的一项重要内容，APTS 是解决城市交通问题的重要途径，也是交通可持续发展的战略重点之一。应用 APTS 将在以下几个方面产生积极影响。一是有利于保护环境，节省能源消耗和废气排放，改善空气质量；二是可以提高交通效率，节省交通成本和交通事故，改善交通状况，提高居民出行质量；三是有利于提高公交运营效率，提高公交运营企业的经济效益。

二、智慧公交系统结构

智慧公交系统主要包括公交系统优化与设计、公交智能化调度系统、公交信息服务系统、公交信号优先系统、快速公交系统（BRT）、公交服务水平评价等研究内容。

（1）公交系统优化与设计。对公交线网布局、线路公交方式配置、站点布置、发车间隔确定、票价的制定等进行优化和设计，从规划方面提高公交服务水平。

（2）公交智能化调度系统。包括车辆定位系统、电子站牌和主控中心的监视与通信系统，其主要功能是实现公交车辆的自动调度和指挥，保证车辆准点运行，并使出行者能够通过电子站牌了解车辆的到达时刻，从而节约出行者的候车时间。

（3）公交信息服务系统。通过媒体（如可变信息牌、信息台、互联网等）发布公交信息（如出行线路、换乘点、票价、车型等），使公交出行者可以便捷地获得这些信息，从而吸引公共交通出行客流。

（4）公交信号优先系统。公交优先在具体发展策略上包括两方面内容，即对公交车辆在通行空间或通行时间上给予优先。在具体技术层面，通过设置公交专用道、专用路或各类专用进口道，建设高架公交专用道等为公交车辆提供"空间优先"。公交信号优先属于"时间优先"，指在交叉口为公交车辆（优先车辆）提供优先通行信号。公交信号优先实施的理念是在保证不对整个交叉口或干线车辆运行产生严重影响的前提下，减少公交车辆的延误（使车辆顺利通过交叉口），降低公交车辆的路线行程时间，提高公交准点率，从而提高公交车辆的运行效率。

（5）快速公交系统（BRT）。是指利用现代化公交技术配合智能运输和运营管理，开辟公交专用道并建造新式公交车站，实现轨道交通式运营服务，达到轨道交通服务水准的独特城市客运系统。其投资及运营成本比轨道交通低，而运营效果接近于轨道交通，是一种服务介于轨道交通和常规公交之间的交通方式。

（6）公交服务水平评价。建立一套科学评价公交系统服务水平的指标体系，既是公交系统的评价标准，也是公交系统建设的依据，使用其对公交系统的经济效益、社会效益、服务质量等方面进行评价。

三、智能化调度系统

公交车辆调度是公交企业最基础、最重要的运营工作，主要内容包括公交线路的发车间隔和发车方式。目前我国绝大部分城市公共交通调度仍然采用传统的调度方法，存在调度人员工作任务繁重，无法考虑实时客流情况，某些车辆超员或利用率不足，车辆正点率低等问题，其根本原因是调度部门未根据实际情况和需求从而合理分配运力。

公共交通智能调度系统就是利用先进的技术手段，动态地获取实时交通信息，实现对车的实时监控和调度，它是公交车辆调度的先进发展模式，是公共交通实现科学化、现代化、智能化管理的重要标志，也是智能公共交通系统的核心子系统。它在公交车辆实时调度理论和方法研究的基础上，综合运用通信控制、计算机网络、卫星定位导航等现代高新技术，根据实时的客流信息、车辆位置信息、交通状态信息等，实现对公交车辆的智能化管理。及时准确地向乘客提供下班车的预计到达时间，从而使公交车辆运行有序、平稳、高效、协调，提高公交系统总体服务水平，实现资源的合理配置，提高公交企业的经济效益和社会效益。

1. 系统构成

公交智能化调度系统构成主要包括公交调度中心、分调度中心、车载移动站和电子站牌等部分。

（1）公交调度中心。公交调度中心主要由信息服务系统、地理信息系统、大屏幕显示系统、协调调度系统和紧急情况处理系统组成。信息服务系统负责向用户提供公交信息

（如出行前乘车信息、换乘信息、行车时刻表信息、票价信息）。地理信息系统接收定位数据，完成车辆信息的地图映射。其功能包括地理信息和数据信息的输入输出、地图的显示与编辑、车辆道路等信息查询、数据库维护、定位数据的接收与处理、卫星定位数据的地图匹配、车辆状态信息的处理显示、车辆运行数据的保存及管理等。大屏幕显示系统实时显示车辆运行状况。当出现紧急情况时，协调调度系统向分调度中心发出指令，合理调配车辆。紧急情况处理系统接收到分调度中心发来的紧急情况信息时，及时与交通管控中心和紧急救援中心联系，完成紧急情况任务处理。公交调度中心组成如图 10-1 所示。

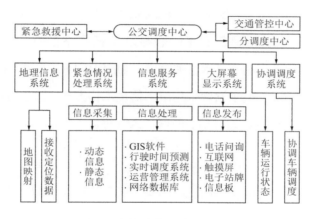

图 10-1 公交调度中心系统框架图

（2）分调度中心。分调度中心由车辆定位与调度系统、地理信息系统两部分组成。车辆定位系统负责完成本调度中心所辖车辆的定位与监控、与车辆间的双向通信、向车辆发送调度指令、向电子站牌发送数据等功能。地理信息系统与调度中心中地理信息系统功能基本相同，只是范围要小些。调度中心系统框架如图 10-2 所示。

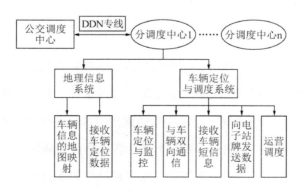

图 10-2 分调度中心系统框架图

（3）车载移动站。采用差分 GNSS 定位技术，车载专用终端机（如图 10-3 所示，包括 GNSS 接收机、单片机、无线调制解调器 MODEM、数据/语音通信电台等设备）安装在移动的公交车辆上，可在无人干预的情况下自动完成车辆的定位和定位信息的回传。必要时，可以向分调度中心提供短信息。必要时可保留接口用于外接车载显示设备。

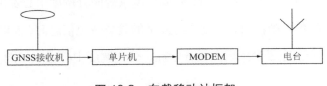

图 10-3　车载移动站框架

（4）电子站牌。电子站牌负责接收和显示车辆到站信息和服务信息，由一套 MODEM、电台、单片机、电子显示站牌组成，如图 10-4 所示。单片机用于接收信息，信息处理由电子站牌发布。电子站牌采用滚动信息工作方式，除了可以显示车辆运行信息外，还可以显示其他信息，如日期、时间、天气等。

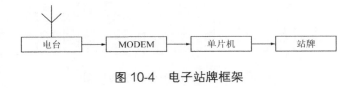

图 10-4　电子站牌框架

2. 智能化调度方法

智能化调度方法是相对于传统调度方法而言的，二者的区别在于，智能化调度方法可以根据实时客流信息和交通状态，在无人参与的情况下自动确定发车间隔和调度形式；而传统调度方法则是调度人员根据公交线路客流到达规律，凭借经验确定发车间隔和发车形式。

（1）车辆调度形式。

车辆调度形式指营运调度措施计划中所采取的运输组织形式，按照车辆运行与停站方式，可分为全程车、区间车、快车、定班车、跨线车等。全程车指车辆从线路起点发车起直到终点站为止，沿线必须按固定停车站依次停靠，并驶满全程的基本调度形式，因此又称为慢车。区间车指车辆仅在线路上某一客流量高的路段或区段行驶的辅助调度形式。快车是为适应沿线长乘距乘车需要，采取越站快速运行的调度形式。主要包括大站（快）车与直达（快）车两种形式，分别指车辆仅在沿线乘客集散量较大的站点停靠和沿线不停车直接通行。定班车指为接送特定客流而组织的一种专线调度形式，车辆按规定时间、路线、班次、站点运行。跨线车是为平衡相邻线路之间客流负荷，减少乘客转乘而组织的一种车辆跨线运行的调度形式。

（2）实时放车调度。

实时放车调度问题（Real-Time Deadheading Problem，RTDP）是目前公交调度理论研究的热点。实时放车调度问题是指车辆以空车状态从始发站出发，经过数个公交站点后，开始按站点次序依次停车的调度形式。放车调度形式主要是解决停靠车站的乘客拥挤问题。当公交车执行放车调度时，可以减少在停靠站点的发车间隔。不同于可以在任意站点越站的快车调度形式，实时空车调度将在设定时间内决定否应当进行放车调度，以及每辆空车应当越过多少站。采取放车调度形式的出发点是为了减少乘客在停靠站点的候车时间，但放车调度形式会不可避免地延长车辆所越过的站点的乘客候车时间。同时，放车调度也损失了部分越行路段的客流量。因此，确定是否采取放车调度形式时需要进行权衡利弊。

（3）紧急情况实时调度。

当公交车在运营过程中遇到交通事故、重大事件等紧急情况时，会出现客流突然增加的情况，致使某班公交车出现拥挤而产生延误。如图 10-5 所示，第 i 辆公交车由于客流突然增加造成初始延误，在传统调度方式下，调度人员难以及时知道紧急情况的出现，其他车辆仍然按照固定的发车间隔运行。此时，一方面使得这班公交车客流激增，后续站点停靠时间多于其他车辆，造成延误；另一方面破坏了此公交线路的平稳运营状态，导致从第 i 个站点开始，剩余站点的乘客平均候车时间延长。面对此类情况，可以采取前车加大站点停靠时间、前车减速、后车加速、后车缩短站点停车时间、放车调度等调度方案。

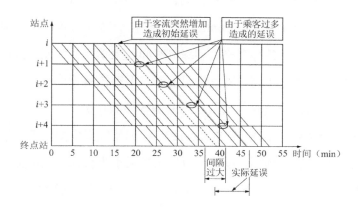

图 10-5　客流突增情况下的公交车运行图

四、公交信号优先系统

1. 公交信号优先系统构成

公交信号优化系统贯穿于公交车辆、车辆调度与管理系统、交通管理与控制系统等，并与之有紧密的联系，通过在这几个模块之间进行信号交互，实现对公交车辆的优化信号控制。这几个子系统在公交车辆检测系统、优化请求发生器、优化请求服务装置和公交信号优先控制器等构成元素之间实现信息通信和交互。通信系统是这些装置进行数据传输的纽带。

（1）公交车辆检测系统（Bus Detector System，BDS）。在特定的交叉口路段范围内，实时、精确检测公交车辆到达或驶离交叉口，并将车辆的信息（如位置、时间、方向等）传送到下一个逻辑单元。

（2）优先请求发生器（Priority Request Generator，PRG）。一旦检测到公交车辆，PRG按事先定义的标准数据格式产生一个优化请求信号。基于系统的设计框架及实施技术，优化信号发生器可设置在公交车辆、公交调度指挥中心、交通管理中心、交通信号控制器中。

（3）优化请求服务器（Priority Request Server，PRS）。负责接收和处理交叉口的公交优先请求，一般与交通信号控制系统连接。

（4）通信系统（Communication System）。系统将检测器的输出信号传送至本地交叉口的信号控制系统或区域交通管理中心，并作为信号控制决策的输入参数；同时将控制策略从本地或交通管理中心下发至信号控制器，以控制信号灯色显示。

（5）交通信号控制器（Traffic Controller）。根据交通流的通行权，调整信号以提供各种公交信号优先策略。具备冲突检测和绿灯时间约束功能，保证行人过街安全，包含系统控制、感应控制、优先控制、紧急情况控制、手动控制等工作方式。此外，其具备灯泡损坏检测、检测器错误监测、通信状态监测等检测功能。

（6）交通信号控制软件（Traffic Software）。根据系统提供的信息，基于交通控制模型，对交叉口交通状态进行预测，以综合目标函数最小为目标，优化交叉口信号配时参数，确定信号控制优先策略，同时提供策略传达时间和信号调整方案。

（7）公交优化管理系统（Bus Priority Management System）。该系统在公交调度与管理和交通管理与控制等系统的统一协调下，监控公交信号优先的实施频率和时间，进行合理的干预与撤销，防止对整个交叉口或干线的严重影响。同时对系统的配置、事件进行详细记录，并提供报表等功能。

2. 公交信号优先控制策略

信号优先策略是指交通信号绿灯延长或比预定方案提前启动，以便某些特定车辆迅速通过交叉口。该技术已应用于保障特殊车辆的处理紧急事件的场景中。对于公共交通而言，给予公共汽车和轻轨信号优先，有助于它们按时运行并避免拥堵。

公交信号优先的概念最早出现在1967年，当时主要是通过调整信号灯的时长，以确保公交车辆在交叉口能够更快通过，主要针对混行车道（公交车辆与社会车辆混行）研究单点交叉口主动优先策略。到了20世纪90年代，公交信号优先策略研究逐渐以实时优先为主，通过使用先进的传感器和通信技术，实现了更精确的公交优先控制。在21世纪初至今，随着人工智能和大数据技术的快速发展，公交信号优先系统变得更加智能化和高效。公交信号优先控制策略的研究主要集中在如何协调公交与社会车辆信号的控制以及如何将公交信号优先控制融入整个信号控制系统，其控制策略主要包括：被动优先控制和主动优先控制。

1）被动优先控制策略

被动优先控制策略的实施不依靠检测器获取公交车辆到达数据，而是根据公交车辆的发车频率、行车速度等历史数据设计和协调路网内交叉口的信号配时，同时缩短交叉口信号周期时长以减少公交车辆的停车和延误。由于被动优先控制策略的实施以公交车辆的历史数据为依据，比较适合发车频率高、交通量小、乘客出行需求稳定的线路。被动优先控制策略一般包括以下几部分内容。

（1）网络化信号配时规划。根据公交车辆通过时路网的运行情况对交叉口信号配时方案进行设计。方案设计主要有以下两种形式。第一种是根据通过路网的乘客出行量分配绿信比，由于公交车辆的单车载客量明显大于社会车辆的单车载客量，因此这种相位绿灯时间分配方式有利于公交乘客，从而体现"以人为本"的交通理念。但是对于乘客流量小的相位，计算的绿灯时间有可能小于最短绿灯时间，因此还需对相位绿灯时间进行条件约束。第二种是根据公交车辆的运行速度或行程时间协调路网的信号配时，尽可能减少公交车辆在路口的停车次数。由于车辆在站点停靠时间的不稳定性，该技术实施的效率基本取决于公交车辆交叉口之间行程时间预测精度。

（2）信号周期调整。在公交线路上减少信号周期时长意味着降低公交车辆的交叉口等待时间，获得更高频率的信号服务。但是信号周期时长减少，交叉口的通行能力也随之降低。因此，在实际应用中必须权衡公交车辆的出行效益与交叉口的通行能力损失之间的利弊。

（3）增加相位时间。增加公交线路的绿灯相位时间，以增加公交车辆通过信号控制交叉口的可能性，减少公交车辆的交叉口信号等待时间。

（4）相位分割。在同一个信号周期内，将公交车辆的优先相位分割多个相位。从而在不减少信号周期时长的条件下增加公交车辆的信号服务频率。但是增加相位数，会造成信号损失时间也随之增加，导致交叉口的通行能力降低。

（5）限制转弯。通过信号控制手段限制部分车辆进入指定的道路，但不对公交车辆进行限制，从而降低下游瓶颈路段的交通流量。

2）主动优先控制策略

相对于被动优先，主动优先控制策略具有更强的适应性，当检测到公交车辆时，根据特定公交信息、实时交通状态以及信号控制逻辑，为公交车辆提供相应的服务。主动优先控制策略一般包含以下几种控制形式。

（1）绿灯延长（Green Extension）。即延长相位绿灯时间。当公交车辆到达交叉口时，若该相位的绿灯信号即将结束，此时延长该相位的绿灯时间，使公交车辆有足够的时间通过交叉口。公交车辆通过交叉口后，控制系统将恢复原有的信号配时。

（2）绿灯提前/红灯早断（Early Green/Red Truncation）。即缩短车辆等待的红灯时间。当公交车辆到达交叉口时，如果公交车辆通行方向所在的相位处于红灯状态，此时通过缩短交叉口当前相位的绿灯执行时间，使公交车辆到达交叉口时，通行方向信号灯相位提前变为绿灯，保障其顺利通过交叉口。在周期时长不变的情况下，可以在后续执行相位相序方案中对前一相位进行绿灯补偿。

（3）相位插入（Phase Insertion）。即在正常的相位相序中为公交车辆增加一个特定的相位。当公交车辆到达交叉口时，公交车辆的通行方向为红灯信号，且交叉口当前相位的下一个执行相位仍不允许公交车辆通过，此时如果要为公交车辆提供信号优先，必须在当前相位和下一相位之间插入一个公交专用相位。在这种控制策略下，公交专用相位的前一相位和下一相位进行调整，必要时可以对后续相位进行调整。

（4）跳跃相位（Phase Skipping）。即忽略某一相位的绿灯信号。当公交车辆到达交叉口时，公交车辆通行方向是红灯信号，且交叉口当前相位的执行绿灯时间即将结束，而下一个执行相位仍不是公交车辆通行方向的相位，只有等到该相位执行完毕后，才能允许公交车辆通过。由于交叉口下一个执行相位等待通行的社会车辆较少，在权衡效益的基础上，跳过下一个执行相位，直接执行公交车辆通行方向的绿灯相位，从而使公交车辆顺利通过交叉口。

（5）相位倒转（Phase Rotation）。即改变信号周期的相位相序。当公交车辆到达交叉口时，交叉口即将执行的相位并非公交车辆通行方向的相位，为使公交车辆能够顺利通过交叉口，可以通过调整即将执行的相位相序，优先执行公交车辆通行方向的绿灯相位，将原本即将执行的相位置于公交车辆通行相位之后。其与跳跃相位不同的是，跳跃相位不执行当前相位，而相位倒转则将当前相位置后执行。

（6）专用相位（Actuated Transit Phase）。即专为公交车辆提供的信号相位。只有在检测到公交车辆通过时，才会启动该专用信号相位。对需要左转的公交车辆，在正常的信号配时方案中，不规划左转专用信号。只有当检测到公交车辆进入车道时，才启动左转专用相位，以保证公交车辆顺利安全通过交叉口。该策略与相位插入相似，区别在于专用相位只允许公交车辆通行，而相位插入可以允许该相位下的社会车辆通行。

五、快速公交系统

快速公交系统（Bus Rapid Transit，BRT），利用现代化公交技术配合智慧交通和运营管理，开辟公交专用道路和建造新式公交车站，实现轨道交通运营服务，达到轨道交通服务水准的一种独特的城市客运系统，通常被称作"地面上的地铁系统"。BRT 起源于巴西，其既适用于拥有几十万人口的小城市，也适用于特大型都市。BRT 的应用关键在于如何充分发挥好 BRT 的作用，从而快速缓解城市通勤压力，建立更具活力的地方经济并促进可持续发展。

1. 快速公交系统的特点

BRT 作为一种新型的公共交通方式，有其他公共交通方式无可比拟的优点，具体而言，与轨道交通和常规公交相比，BRT 拥有以下特点。

（1）运量大。BRT系统采用独特的大容量公交车辆，提高了单车载客率。公交专用道的采用和交叉路口优先权的赋予提高了车速，BRT系统单方向小时断面流量有较大提高，达到与轻轨系统大致相当的运力。

（2）投资低。BRT系统采用路面行驶的方式，不需要引入轨道专用车辆，只要对现有的道路进行改进即可运用，工程量较小，系统的初期建设成本较低，相同长度的BRT线路的投资仅为轨道交通的1/20～1/5，而且BRT系统的建设周期较短。

（3）灵活性好。由于BRT系统不使用轨道，无需形成完备的专用道网络，而且公交专用道与普通车道采用同样的路面，衔接性较好，其线网可分阶段投入运营，交叉口信号优先、乘客信息系统等技术也可以逐步引入。BRT的路面行驶方式使得运行线路可以被较方便地修正或更改，而且在其所吸引的交通流量达到系统上限时，可转而建设容量更高的轨道交通。

（4）优质服务。BRT使用的新型公交车辆车内宽敞，噪音振动减少，乘坐更为舒适；水平登车系统方便了公交乘客的登乘，为携带包裹的乘客和行动不便者带来更大的方便；BRT的智能交通系统中的乘客信息系统使用，能使乘客及时了解公交系统乃至整个交通系统的运行情况，减少不确定性，增加乘客对公交方式的信任度。

（5）速度快，准时性高。BRT系统采用公交专用道行驶，并拥有交叉口信号优先权，受道路条件的影响较小，保证车辆以较快速度运行，易与和计划时刻表保持一致。另外，水平登车系统和车外售票系统的使用减少了公交车辆的站内乘降等待时间，从而缩短总行程时间，提高车辆的平均速度。

（6）安全性高。专用道和交叉口优先使BRT系统与其他交通方式完全分离，减少了拥堵时可能发生的追尾、碰撞等事故的可能；同时，车辆追踪系统和交通事故管理系统的采用，使得在事故发生时能得到及时迅速的救援，增加了对乘客人身安全的保护。

（7）污染小，耗能少。新型公交车辆的设计，使得低耗能、低排放成为可能。同时，专用道和路口优先提高了车速，避免了拥堵时反复地加减速和停车，也能有效地减少车辆的废气排放。

2. 系统结构

从定义来看，BRT是一种拥有相对独立的物理设施、交通运行空间和信号控制的交通方式。完整的BRT系统应当由专用车道、专用车辆、专用车站和智能信息系统四部分元素组成。这四部分元素相互独立，同时又相互联系，有机地组合在一起，协同配合发挥出 BRT 的最佳效益。

（1）专用车道。公交专用道的开辟是 BRT 的关键技术之一，是确保 BRT 快速通行最基本的要素。全时段、全封闭、形式多样的公交专用道设置，体现了道路使用权的优先分配，提高了快速公交的运营速度、准点率和安全性。

（2）专用车辆。专用车辆要具备大容量、多车门、低地板、智能型要求，往往采用不同于普通公交的改良型公交车辆，通常采用大型铰接车以提高系统的运输能力，降低运营成本。这些高性能、低排放、舒适的公交车辆确保了 BRT 可以提供大运量、舒适、快捷和智能化的服务，同时缓解了当前很多城市公共汽车系统普遍面临的低容量、舒适性差、污染严重等问题。

（3）专用车站。BRT 的车站是为停靠车辆并给乘客乘降使用。BRT 修建与公交车辆车厢底板等高的候车站台，配合采用低地板的公交车辆，以起到乘客快速平稳乘降的作用。快速公交站点位置一般设有超车道，可保证运行车辆安全超车。特别建造的轨道交通式的 BRT 车站，配备封闭式站台，具有检票、售票、候车、乘降、行车信息发布等功能。开放式站台能配合公交专用道或公交专用路的设站地点，为乘客提供候车空间，不采取进出管制。

（4）智能信息系统。智能信息系统为乘客提供多种方向和不同路径的快速直达和快捷换乘的乘车条件，最大限度吸引乘客，是 BRT 的核心所在。智能信息系统在 BRT 系统中的运用突出体现在路口优先通行技术的使用，这也是 BRT 应用的关键技术，对提高 BRT 的运营速度、可靠性和竞争力起到关键作用，可通过调整信号灯周期、增设公交车辆的专用相位、公交车辆优先排队通行等"公交优先"措施实现 BRT 车辆的优先通行。

3. 专用道设置形式

BRT 专用道设置分为四种形式，即集中设置在道路中央、集中设置在道路一侧、分别设置在道路外侧和在不同行驶方向设置。

（1）集中设置在道路中央。专用道集中设置在道路中央，是国内外公交专用道布设最普遍的形式，此种专用车道适用于公交车与普通机动车之间有干扰和机动车道数较多（一般不少于 6 条）的道路。其优点是可以根据需要通过标线、分隔栏单独划分公交专用道，工程量较小，车辆行驶也可视需要实行逆向行驶。公交车受沿线单位出入车辆影响较小，易于保证行驶车速。在路口实施左转弯限制的情况下，路口交通组织和信号控制相对简单。其缺点是车站设置在道路内侧，乘客均需要在路中央的站点乘降，较为不便。

（2）集中设置在道路一侧。专用道设置在道路一侧，其优点是车站集中设置在道路一侧，部分乘客可直接在人行道的站台上下车，相对比较方便。其缺点是路侧公交专用车道受道路运行状况影响较大，通行能力与运营速度的提高空间有限。在交叉口附近，公交车与另一侧机动车左转车辆有交织，与同侧机动车道右转车辆的交织问题也需要信号控制才能消除。

（3）分别设置在道路外侧。我国城市普遍采用公交车专用道设置在道路外侧的方法。其优点是公交车道设置在道路两侧，道路改造实施相对比较容易，公交站台设置在人行道上，乘客乘降也比较方便。其缺点是公交车辆路段行驶受支线和沿线单位进出车辆直接干扰，在交叉口较少实施右转限制的情况下，公交车辆与右转社会车辆相互影响，必须通过信号控制才能消除影响，但会这样降低路口的通行效率。

（4）不同行驶方向设置。公交专用道按照行驶方向可分为顺向式和逆向式。其布设形式各有特点。顺向式 BRT 车辆运行方向与其他车辆一致，顺向式公交专用道适用于各种路型。其优点是与同向车流运行差异较小，不易发生误判的情况；缺点是易被其他车辆违章占用行驶通道。逆向式公交专用道适用于可实体分离的单行道，允许 BRT 车辆运行方向与其他车辆相反。其优点是不易受其他车辆的干扰，布设于单行道时，方便乘客换乘；缺点是与对向左右转向行驶的车辆冲突增多。

六、需求响应式公交

需求响应式公交指根据用户的个性化出行需求灵活调整运力，针对客流和虚拟站点实时计算最优路径，快速进行公交运力资源动态调配，实现全局效率最优。可有效弥补传统公交在特定区域、特定时段内，运力和需求不匹配的问题，可提升公共交通运行效率，有效满足乘客出行的多元需求，增强用户公共出行体验，增加公共交通可达性。

需求响应式公交作为一种新兴公共交通模式，逐渐发展成为公共交通系统的重要组成部分，是对公共交通新应用模式的一种探索。需求响应式公交与快速公交、固定公交以及出租汽车的运营特征对比见表10-1。

需求响应式公交特征对比分析　　　　表 10-1

特征	需求响应式公交	快速公交	固定公交	网络预约出租汽车/巡游出租汽车
服务对象	服务区域内预约的乘客	站点周边或中转换乘的乘客	站点周边覆盖区域的乘客	预约出行或城市中分散的乘客
服务区域	低需求密度地区	城市主城区主要客流走廊	城市区域	城区人流比较集中的区域
服务能力	较低，运量小	高，大运量	较高，中运量	低
线路模式	灵活	固定	固定	灵活
发车时间	灵活	固定	固定	灵活
出行距离	较短	长	长	短
运行速度	快	较快	慢	非常快
出行时间	较短	较长	长	短
等待时间	较短	较长	长	短
舒适性	较好	较差	差	好
便捷性	较好	较差	差	好

需求响应式公交通常适用于低需求密度地区，对道路条件要求不高，其只为特定服务范围内的乘客提供运输服务，与定线、定班、定站点的公交存在明显区别。首先，相比于固定公交，需求响应式公交可以满足乘客个性化预约需求，为乘客提供灵活且个性化的运输服务，体现了以人为本的服务宗旨；其次，需求响应式公交乘客等待时间显著低于 BRT 和固定公交，但略高于出租汽车；然后，需求响应式公交相对于固定公交而言整体行驶速度更快，同时线路选择也更灵活，具有较高的可达性；最后，需求响应式公交乘客乘车时间更加灵活，车辆将根据乘客预约乘车时间进行运营调度，能够有效减少乘客候车时间。

1. 需求响应式公交的优点

通过分析需求响应式公交与其他公交方式的区别，可以将其优点概括如下。

（1）灵活性。需求响应式公交不受固定公交线路和固定发车时间限制，其能够更灵活地确定发车时间和规划运行线路。

（2）舒适性。需求响应式公交能够提供定制化的精准出行服务，乘客舒适性高于固定公交。

（3）便捷性。需求响应式公交和出租汽车能够较大程度为乘客提供门到门的出行服务,明显优于固定公交和快速公交模式。

因此,正是因为需求响应式公交服务质量高的优势,乘客对于需求响应式公交的乘车体验较好,对于需求响应式公交的满意度和接受程度也比较高,这也让需求响应式公交模式推广变得更加容易。

需求响应式公交系统的操作和服务流程如图 10-6 所示。首先乘客通过终端系统发出预约请求,公交运营方接收预约信息后利用信息处理系统进行需求处理,并反馈是否提供相关服务,然后将处理完的预约需求发送到车辆调度系统进行车辆调度决策,规划最优路径、安排服务车辆、确定服务时间,最终再将调度结果通过车载移动数据终端传递给驾驶员并向乘客反馈车辆信息。

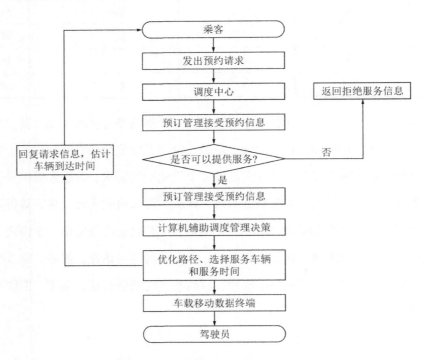

图 10-6 需求响应式公交服务流程

2. 需求响应式公交服务系统构成

根据功能、效用和面向对象不同,可将需求响应服务系统划分为乘客终端系统、信息处理系统和车辆调度系统三个部分。

(1) 乘客终端系统。乘客终端系统的发展基础是各类 App、小程序等移动终端技术,主要依托于乘客携带的移动通话设备实现实时预约。乘客终端系统主要包括用以预约服务的电脑、手机等终端设备的程序或软件。该系统使用网络技术和 GNSS 定位技术等常规技术手段，乘客根据自己的出行需求提前在乘客终端系统进行预约，提供自己的出行起讫点和可接受的时间窗，这些信息提交后将被传输给信息处理系统，然后等待系统反馈。

（2）信息处理系统。信息处理系统是集接收、分析和处理乘客预约信息于一体的关键系统，是连接乘客和需求响应式公交运营者的枢纽和桥梁。乘客通过终端系统向信息处理系统提交预约信息，系统收集乘客的出行信息，并在系统内进行分析和处理，最后将这些信息传递给车辆调度系统并为安排需求响应式公交运行线路提供必要的支撑。该系统不仅可以实时处理和反馈乘客信息，同时也能对历史数据进行分析和归纳，从而给公交运营方提供更多可行建议。例如通过信息处理系统对历史数据的分析可以获取需求响应式公交预约需求量和出行频率最高的区域，从而更合理地选择需求响应式公交的运营范围。另外，对于一些需求密度较高、预约人数较多的需求响应停靠点，在经过反复验证后也可以考虑将其设置为公交固定站点，保证固定站点开通的科学合理性。

（3）车辆调度系统。车辆调度系统作为公交企业连接乘客的最后一道程序，是决定乘客出行效率和出行体验的关键一环。该系统旨在尽可能多地满足乘客出行需求的前提下，以最小的成本进行运营，实现更大的收益。因此，车辆调度系统是需求响应式公交调度优化的核心组成。车辆调度系统接收到信息处理系统传递的信息，通过算法求解，确定实时的公交行车路线和运行时刻表。如何通过模型和算法实现综合成本最低的调度优化是目前的热点研究方向。

第二节　智慧出租汽车

智慧出租汽车是城市公共交通的重要组成部分，是城市轨道交通和常规公交客运的重要补充内容，也体现了高层次和特殊出行需求的公共交通出行方式。基于移动互联网技术和市场需求，国内外分别有以"滴滴"和 Uber 等为首的在线召车软件，用互联网思维来连接人与交通服务，有效实现了用户和出租汽车驾驶员两者间的信息对接。

一、车载设备构成

出租汽车智能服务管理系统是以现代信息技术、通信技术为手段，运用全球卫星定位技术、无线网络通信技术、地理信息技术和嵌入式系统技术对出租汽车进行追踪定位、指挥中心调控、服务质量监控的智能集群服务系统。智慧出租汽车车载设备构成要素包括车载智能终端、车载摄像头、重力传感器、一键报警装置、出租汽车智能信息终端、计价器、LED 智能车顶灯等，如图 10-7 所示。

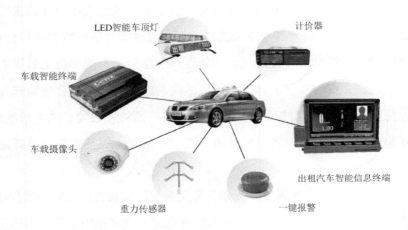

图 10-7　智慧出租汽车车载设备构成

（1）出租汽车智能信息终端。智能服务终端由中央处理单元、显示单元及卫星定位、无线通讯、录音图像处理、一卡通刷卡消费和从业资格电子证件（非接触式 CPU 卡）读写、数据存放等模块组成。可实现数据实时采集上传和下载、车辆实时定位与跟踪、车辆防劫防盗、刷卡消费结算、驾驶员上班签到及下班签退等功能。

（2）计价器。具备与智能信息终端数据接口，可读取出租汽车载客状态、营运里程、营运收入等日常运行数据。

（3）LED 智能车顶灯。LED 顶灯用于显示出租汽车驾驶员服务星级，空车、载客、电召、预约、停运、报警求援等运行状态。

（4）车载摄像头。车内摄像头用于采集车内图像信息，提供关键证据。

（5）车载智能终端。车载智能终端是针对出租汽车营运信息的实时监控与传递、实行智能化调度、提高营运效率的信息化管理需求，采用 GPRS 车载通信和全球定位技术研制的车载设备，拥有三方通话和实时路况显示等功能。

二、系统功能

1. 运营监管

（1）实时监控。实时获取车辆位置、行驶速度和运营状态等数据，地图显示车辆实时动态。监控过程中动态信息与静态信息关联，每辆车的车辆基础信息及关联的驾驶员信息均可查看。

（2）应急处置。实现出租汽车异常聚集、停运等情况的预警。异常情况发生时地图显示预警标记，可查看事件范围内车辆及关联信息，对事件的发展情况进行实时统计。实现重点区域周边空车数量的实时显示，运力不足时进行运力预警，系统可向指定车辆车载终端的调度信息编辑发送和语音通话。

（3）营运监管。实现重点区域违规营运行为的实时预警及并生成违规记录。

（4）终端报警。车辆出现超速、疲劳驾驶等违规驾驶行为时车载终端进行语音提醒，并自动将报警信息发送至监控指挥中心且生成记录。实现终端的紧急情况报警功能，驾驶员可通过终端进行紧急情况报警，将报警信息上传至监控指挥中心或公安指挥中心。

（5）设备巡检。对出租汽车定位系统、计价器、录音设备、摄像头等设备的运行情况进行远程在线巡查，生成巡查登记台账。

（6）影音调取。实现车内录音录像的远程调取。

（7）图像监控。每次压抬表自动拍照并保存，后台管理系统可进行图像的条件查找。

（8）轨迹回放。根据时间段、车牌号检索历史运营数据，在地图中显示车辆历史行驶轨迹，可查看车辆相关属性信息。

2. 决策分析

实现对车辆营运数据和行业管理数据的统计分析，生成统计报表，所有报表支持图形化输出。对网络预约出租汽车及巡游出租汽车的同类营运指标进行比对，整合不同类型的指标进行专题分析。

（1）报表统计。可实现驾驶员签到签退统计、营运和空驶时间统计、营运和空驶里程统计、运距分布统计、营运数据汇总统计、投诉统计等。

（2）行业指标分析。可实现营收分析、业务量分析、从业人员分析、企业特征分析。

（3）运力数据分析。可实现空驶特征分析、需求特征分析、运力水平指标分析、运力分布特征分析、打车难易度分析。

三、网络预约出租汽车

网络预约出租汽车（以下简称"网约车"）是基于移动互联网，以手机 App 为主要服务平台，为具有出行需求的顾客和具有出行服务资格与能力的驾驶员提供交互平台的新型出行模式。这一新型服务模式除了提供预约出租汽车服务之外，还可以通过创新性地利用信息技术、大数据分析技术和管理优化技术来开发、整合一系列综合服务，例如驾驶员服务质量与信用评价、交通自动化调度、城市交通拥堵治理、城市竞争力评价等。

1. 运营服务

随着 5G 网络的大规模商用，通过卫星定位导航装置、无线射频传感器、图像采集装置等，公共服务平台可对交通出行数据进行采集和利用。网络预约出租汽车服务就里利用公共服务平台实现的一种全新的线上到线下（Online to Offline，O2O）出行服务。对司乘人员而言，其主要功能包括以下方面。

（1）实时导航。采集车辆起讫点信息、实时行驶信息及路段实时交通信息，基于实时预测、全程与全局优化，为车辆提供个性化导航服务，为拥堵情形提供局部交通疏导与行驶方案，达到缓解交通拥堵的目的。

（2）服务供给实时调度。借助云平台超强的计算和存储能力，识别供给能力在不同区域与时段上的不平衡分布，预测供给短缺与过剩，将闲置的碎片化交通服务供给进行整合，并实施动态调度，为交通网转变为增值服务网奠定基础。

（3）出行者互动互助。服务平台有助于交通网和社交网的融合，为乘客提供"出行前、出行中、出行后"全过程的人性化服务。以拼车为例，在动态的叫车过程中，服务平台集中调度并优化司乘适配方案，达到最优化状态。另外，社交媒体的兴起，为乘客分享体验和发表意见提供场所。通过文本分析，有针对性地识别用户偏好，在此基础上，设计推荐算法，为乘客合理选择出行方案提供便利。

（4）服务监管。服务平台能够对出行服务实现全程监管，为评估驾驶员信用与服务质量提供量化的依据。多源异构数据采集与融合技术，能够多维度、全生命周期地展示司乘人员的状态，是实现资质认证的基础。此外，基于大数据分析，可以实现反作弊监控。例如，针对驾驶员与乘客刷单等一系列恶意行为，通过数据挖掘，甄别交易信息的真伪，设计出误伤率低的智能化反作弊算法，从而提高乘客的出行体验。

（5）移动支付。基于相对成熟的数字加密和安全交易技术，通过完善行业标准，建立移动支付生态环境。与服务平台的计费系统衔接，可以实现基于远程 ID 的线上支付。

（6）服务可达性。网约车亟待考虑弱势群体在高新信息技术使用方面存在的差距。为此，可以借助可穿戴设备、语音识别或可视化等技术，改进软件的相应功能与性能，提高系统在各种情境和环境下的可用性及易用性。

2. 运营监管

（1）交易信息监管。对网约车的每笔交易信息进行记录并形成报表，可根据时间、车牌号等条件进行查询。

（2）营运行为监管。对网约车巡游揽客等违规营运行为进行报警并生成违规记录，可根据时间、车牌号、违规类型等条件进行查询。

第三节 智慧物流

一、智慧物流作用

物流是在空间、时间变化中的商品等物质资料的动态状态。智慧物流（Intelligent Logistics System，ILS）概念最早由 IBM 提出。"智慧物流"是指通过智能软硬件、物联网、大数据等智慧化技术手段，实现物流各环节精细化、动态化、可视化管理，提高物流系统智能化分析决策和自动化操作执行能力，提升物流运作效率的现代化物流模式。"智慧物流"更重视将物联网、传感网与现有的互联网整合起来，实现物流的自动化、可视化、可控化、智能化、网络化，从而提高资源利用率和生产力水平，创造更丰富的社会价值内涵。智慧物流的目标是实现物流的高效率和低能耗，体现绿色环保理念。智慧物流是物流信息化的高级阶段，是传统物流企业为适应互联网为基础的信息化社会而发展的方向。智慧物流具备以下"六大作用"。

（1）降低物流成本，提高企业利润。智慧物流能有效降低制造业、物流业等各行业的成本，切实提高企业的利润，生产商、批发商、零售商三方通过智慧物流相互协作，共享信息，使物流企业得以节省成本。其关键技术诸如物体标识及标识追踪、无线定位等新型信息技术应用，能够有效实现物流的智能调度管理、整合物流核心业务流程，加强物流管理的合理化，降低物流消耗和物流成本，增加利润。智慧物流能够提升物流业的规模、内涵和功能，促进物流行业的转型升级。

（2）加速物流产业的发展，成为物流业的信息技术支撑。智慧物流概念的提出对局部的、零散的物流智能网络技术应用有着系统提升，将对物流业产生全方位影响。智慧物流的建设将加速物流产业的发展，集仓储、运输、配送、信息服务等多功能于一体，打破行业限制，协调部门利益，实现集约化高效经营，优化社会物流资源配置。同时，其可以整合物流企业，将过去分散于多处的物流资源进行集中处理，发挥整体优势和规模效应，实现传统物流企业的现代化、专业化和互补性升级。此外，物流企业还可以共享基础设施、配套服务和信息，降低运营成本和费用支出，获得规模效益

（3）为企业生产、采购和销售系统的智能融合打基础。随着射频识别（RFID）技术与传感器网络的普及，物与物之间的互联互通，为给企业的物流系统、生产系统、采购系统与销售系统的智能融合打下基础。网络将融合智慧生产与智慧供应链两个要素，使智慧物流融入企业经营之中，打破工序和流程界限，助力打造智慧企业。

（4）节约消费成本，提升消费信心。智慧物流通过提供货物源头自助查询和跟踪等多种服务，尤其是对食品类货物的源头查询，能够让消费者买得放心、吃得放心，在增加消费者的购买信心的同时促进消费，最终对整体市场产生良性影响。

（5）提高政府部门工作效率。智慧物流可全方位、全程监管食品的生产、运输、销售，在大大降低政府部门工作压力的同时，使监管更彻底、更透明。

（6）促进当地经济发展，提升综合竞争力。智慧物流集多种服务功能于一体，强调信息流与物质流快速、高效、通畅的运转，从而降低社会成本，提高生产效率，整合社会资源。智慧物流的建设，在物资辐射及集散能力上同邻近地区的现代化物流配送体系相衔接，全方位打开企业对外通道，以产业升级带动城市经济发展，推动当地经济的发展。

二、智慧物流系统架构

1. 智慧物流系统的业务架构

智慧物流系统是对传统物流系统的改良，需要对传统信息平台的更新换代，在技术

定位上，采用云计算、物联网、三网融合等新一代技术，打造智慧物流体系的物流平台。基于物联网的智慧物流业务体系框架如图 10-8 所示。

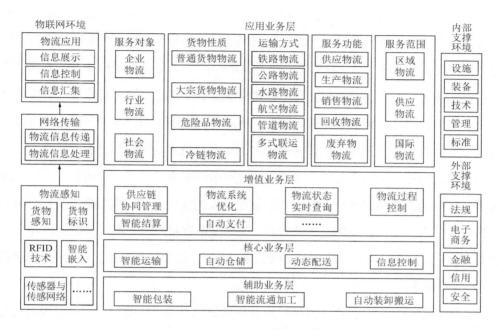

图 10-8　基于物联网的智慧物流业务体系框架

从物流业务体系框架可以看出，智慧物流主要是通过在各个业务层次运用先进的信息化技术、设备并进行有效的物流信息获取、传递、处理、控制和展示，提高了系统的智能化水平，从而提高了整个系统的运行效率。智慧物流业务体系框架主体包括物流感知层和核心业务层，其构成如下。

1）物流感知层

物流感知层是智慧物流系统实现对货物、运行环境、物流设施设备感知的基础，是智慧物流的起点。具体而言，又可划分为物流识别、追溯感知层，物流定位、跟踪感知层和物流监控、控制感知层三个层次。

（1）物流识别、追溯感知层主要解决货物信息的数字化管理问题。传统方式下多采用单据、凭证等为载体，手工记录、电话沟通、人工计算、邮寄或传真等方法，对物流信息进行采集、记录、处理、传递和反馈，极易出现差错且信息滞后，使得管理者对物质在流动过程中的各个环节难以统筹协调，不能系统控制，更无法实现系统优化和实时控制，从而造成效率低下和人力、运力、资金、场地的大量浪费。智慧物流环境下，借助条码、RFID、区块链等技术可以快速对货物进行识别和追溯。

（2）物流定位、跟踪感知层主要解决货物运输过程的透明化问题。现代物流对货物的位置感知需求越来越迫切，只有知道了货物的确切位置才能进行更加有效的物流调度。目前，定位感知技术根据定位需求和应用场景，划分为室外定位和室内定位。广义全球导航卫星定位技术（含 BDS、GPS、GLONASS 等）是室外定位技术的典型代表，已经在物流领域得到了有效应用。卫星定位技术由于受到建筑物对其信号的干扰甚至阻断，无法对室内物品进行准确定位，因此，Wi-Fi 室内定位、UWB 室内定位、RFID 定位等室内定位技术已经成为目前弥补在室内卫星定位技术功能缺陷的有效手段。

（3）物流监控、控制感知层为智慧物流过程中的安全提供了有效的支撑手段，是物流监控信息化的重要组成部分，通过获取物流过程的实时视频、实时数据交换，及时、有效地采集信息，并通过与物流视频监控、报警设备有机结合，实时掌握物流环节的运行状况，分析物流过程状况，及时发现问题、解决问题，从而实现对物流过程的无缝监管。

2）核心业务层

（1）智慧运输。指根据物联网感知到的货物信息、物流环境信息、基础设施信息、设备信息确定运输路线和运输时间的运输方式。智能运输在物流中的应用主要集中在运输管理和车/货集中动态控制两方面，实现实时运输路线追踪、货物在途状态控制和自动缴费等功能。智能运输的主要技术有移动信息技术、车辆定位技术、车辆识别技术、通信与网络技术等。

（2）自动仓储。指利用物联网技术实现自动存储和物料取出。由感知货架、智能托盘、自动搬运机、堆垛机自动控制和自动仓库管理系统等部分构成，通过物联网提供的货物信息进行仓库存货战略的确定。仓储业务中的货物验收、入库、定期盘点和出库等环节可实现自动化及实时监控货物状态。

（3）动态配送。利用物联网技术及时获得交通条件、价格因素、用户数量及分布和用户需求等因素的变化，对以上各因素进行分析，制定动态的配送方案，在提高配送效率的同时提高服务品质。

（4）信息控制。物联网对物流信息的全面感知、安全传输和智能控制可实现从物流信息管理到物流信息控制的飞跃。物联网可利用其技术优势通过信息集成实现物对物的控制，信息控制技术的应用可进一步提高物流网络的反应速度和精准度。

2. 智慧物流系统的物理架构

智慧物流系统由能够完成商品的出/入库、货物配送、货物跟踪、客户关系管理等功能组成，涉及物流、信息流和资金流，能够实现快速、方便、经济、安全的系统运行目标。通过与各种信息技术相配合，形成智能物流系统网络，对货物的流动进行跟踪，实现对货物在整个流动过程中的实时监控。以货物追踪系统为例，其智慧物流系统的物理架构如图 10-9 所示。

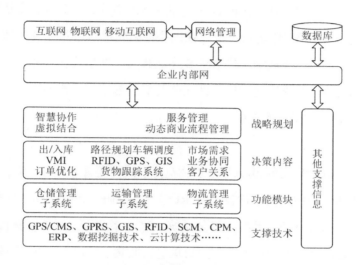

图 10-9　智慧物流系统的物理架构

智慧物流的物理架构主要包括 RFID 的识读系统，GNSS、GIS 货物跟踪系统，仓储管理子系统，其构成如下。

1）RFID 的识读系统

系统由电子标签、天线、远距离识读设备、数据交换系统组成。硬件系统设置在货物通行的地方，当货物通过时，识读设备接收货物电子标签发出的信号，对货物电子标签和数据交换系统进行更新和改写。

系统构建时要考虑的是 RFID 标签的标准化问题，不同的厂商生产的 RFID 标签都有自己的标准，目前 RFID 的标准分别是 ISO 标准体系、EPCGlobal 标准体系和 UbiquitousID 标准体系、AMI 标准体系和 LP-X 标准体系。而 RFID 不像条形码，虽有共同的频率，但厂商在生产时还是可以自行改变的。因此，在选择标签时要充分考虑与识读设备衔接的问题。

2）RFID、GNSS、GIS 货物跟踪系统

系统由 RFID、GNSS、GIS 和监控系统组成。GNSS 能够对在途货物进行定位，GIS 通过遥感技术实现对路径的规划，并将数据传输至监控系统，对在途货物实现实时跟踪定位。三种技术结合构建智慧物流网络的原理是：GIS 能够将识读器获得的道路标签的编码信息进行处理，与电子地图信息库中的具体位置点对照，实现物理位置和电子地图上的显示点之间的对应；GNSS 在卫星能够覆盖的地区定位简单、经济实惠，可以实现对大多数路面的定位，但是在卫星的盲区，如高楼密集区、立交桥、高架桥、大型地下停车场等区域可以采用 RFID 进行定位，在这些地区先进行道路标签的铺设。实现的方法就是将车载终端进行简单改造，将 GNSS 终端和阅读器集成在一起，实现城市道路交通的全程全目标监控。系统构建时要考虑在公共交通繁忙和重要的网络中，可否进行射频标签的铺设，需要政府全面统筹。

3）仓储管理子系统

仓储管理系统负责货物的出/入库、货物盘点、供应商管理库存、货区、货位管理及订单管理。在此部分使用到的硬件技术有 RFID、条形码、无线传感、立体仓库、AGV 等，软件技术有仓储管理信息系统、订货系统、POS 系统等。系统应具备如下功能：

订单管理。通过订单管理系统对客户订单进行收集、整理、分类，下载给出/入库管理人员。

入库管理。对入库货物的名称、种类、等级、时间、存放位置、来源地等信息进行登记，然后贴条形码、在 RFID 标签写入相关信息，入库。

出库管理。对出库货物的名称、数量、种类、货位、时间进行系统登记，系统具备审核功能，如果发现问题，会及时报警，提示管理人员进行复核。

库存管理。对在库货物进行盘点，与供应商进行数据共享，使供应商管理库存，对货位进行整理。

查询与统计。对物品出/入库状态、进/销/存账目、货位利用情况进行审核、查询与统计。

仓储数据交换。与各分销中心或总部进行网上数据传输。

同时，仓储管理系统还要具有客户服务功能、市场协调功能和关联单位的业务协同功能。

三、智慧物流的基本技术和功能

1. 基本技术

（1）先进的信息采集技术。基于物联网的智慧物流，面对各种复杂的数据，先进的信息采集和传感技术为智慧物流提供了基本的信息和数据资源。

（2）可靠的数据传输技术。随着移动互联网的发展，在与其他网络融合的基础上，可靠的数据传输技术为智慧物流提供了信息交流和共享的通道。

（3）有效的物流过程控制技术。基于物联网先进的信息流通、信息处理技术和控制技术，实现对物流运输、仓储、配送等流程的有效控制，从而降低成本、提高效益、优化服务。

（4）物流信息资源的安全保障及数据管理技术。基于云计算和大数据技术的海量信息资源的集中虚拟化管理、快速的事件智能分析查询，是智慧物流进行决策的前提。

2. 基本功能

（1）感知功能。运用各种先进技术能够获取运输、仓储、包装、装卸搬运、流通加工、配送、信息服务等各个环节的海量信息，实现实时数据收集，使各方能准确掌握货物、车辆和仓库等信息，实现智慧感知。

（2）规整功能。将采集的信息通过网络传输至数据中心，用于数据归档，建立强大的数据库。分类后加入新数据，使各类数据按要求规整，使数据具备联系性、开放性及动态性。通过对数据和流程的标准化，推进跨网络的系统整合，实现智慧规整。

（3）分析功能。运用智能的模拟器模型等手段分析物流问题。根据问题提出假设，并在实践过程中不断验证问题，发现新问题。做到理论与实践相结合，运行过程中系统会自行调用原有经验数据，随时指出物流作业活动中的漏洞或薄弱环节，从而实现智慧分析。

（4）系统支持功能。智慧物流并不是各个环节相互独立、毫不相关的物流系统，而是每个环节相互联系、互通有无、共享数据、优化资源配置的系统，从而为物流各个环节提供最强大的协同支持。

（5）决策优化功能。结合特定需要，根据不同的情况评估风险、成本、时间、质量、服务、碳排放和其他指标，协同制定决策，提出最合理、有效的解决方案，使作出的决策更加准确、科学，从而实现智慧决策。

（6）自动修正功能。在前面各个功能的基础上，按照最有效的解决方案，系统自动遵循最快捷有效的路线运行，在发现问题后自动修正，并且备用在案，方便日后查询。

（7）及时反馈功能。物流系统是一个实时更新的系统，反馈是实现系统修正、系统完善必不可少的环节。反馈贯穿于智慧物流系统的各个环节，为相关人员了解物流运行情况、及时解决系统问题提供强大的保障。

四、智慧物流系统解决方案与应用

1. 智慧物流系统解决方案

以仓储监控为例，智能物流系统依靠比较成熟的 RFID 技术，采用远距离识别方式，利用网络信息技术对出/入库及在库商品进行智能化、信息化管理，实现自动记录货品出/入库信息，智能盘点、记录及发布货品的状态信息，车辆配载、卸货盘点等功能。其活动过程如图 10-10 所示。

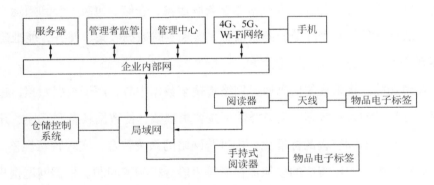

图 10-10　仓储监控活动过程

从图中可以看出，系统集成了 RFID 技术、无线通信技术、网络技术及计算机技术。硬件部分包含阅读器、天线、电子标签等。阅读器通过接收电子标签信息，然后通过局域网将其传输至信息管理系统，对数据库数据进行处理。

系统正常工作的前提是仓库的自动识别系统能够有效地识读物品电子标签，并对电子标签内存储的数据安全识读，保证信息的准确性。因此在构建系统时，要充分考虑标签与通信系统的标准统一化问题、信息加密技术的可行性问题、以及跟 GNSS 等系统的配合问题。

2. 智慧物流系统应用

（1）产品智慧追溯系统。目前，产品智慧追溯系统在食品、钢铁、农产品、医药、烟草等行业领域发挥着巨大作用，其主要功能是完成产品的追踪、识别、查询和信息采集与管理。产品的智慧追溯系统可实现产品从原料、加工到成品运输等全过程的追溯，通过 RFID 射频识别技术，对标签卡实现内部数据读写功能，通过无线电波将产品状态和定位信息实时传输至系统，用户可以通过登录系统查找相应的产品安全追溯信息。食品安全生产管理者能够迅速召回有害产品，防止问题产品的快速流散，从而通过产品的智慧追溯系统助力解决产品质量安全问题，强化生产经营者的安全生产责任意识。

（2）可视化智慧物流调度管理系统。可视化智慧物流调度管理系统将计算机、射频识别、卫星导航定位技术与智慧物流理念相结合，运用有效的管理方式，在物流过程中实现车辆定位、运输物品监控、车辆实时调度、可视化监控管理等功能，使整个物流供应链更加透明化，实现对物流资源的有效配置，从而提供高效准确的物流服务。物流企业通过为运输车辆安装 GNSS 或带独立系统电源的 RFID 电子锁，在每件货物的包装中嵌入 RFID 芯片，使相关人员可以登录可视化智慧物流调度管理系统，了解车辆和货物所处的位置和环境。在运输过程中，可根据客户的要求，对货物进行及时的调整和调配，实现货物的全程实时监控，防止发生货物遗失、误送等。利用系统积累的数据，通过建立物流业务的数学模型，对历史数据进行分析、挖掘，为用户在评估货物配送方案、预估货物配送时间、优化物流运输路线、缩短中间环节、减少运输时间等方面提供决策支持。通过货物上的 RFID 芯片，在装卸时自动收集货物装卸信息，实现货物的自动放置，缩短了物流作业时间，提高物流运营效率，降低物流成本。

（3）智慧物流配送中心。智慧物流配送中心实现整个物流配送过程的实时监控和实时决策，能够综合协同商流、物流、信息流、资金流，充分发挥各自作用，保障企业和用户等多方效益。智慧物流配送中心通过科学化、合理化的科学管理制度，采用现代化的管理方法和手段，借助配送中心智能控制、自动化操作的网络，能够基本实现机器自动堆垛、货物的自动搬运、产品的自动分拣、堆垛机自动出入库等功能。从而实现整个物流作业与生产制造的自动化、智能化与网络化，实现物流配送功能集成化、配送作业规范化、配送服务系列化、配送目标系统化、配送手段现代化、配送组织网络化、配送经营市场化、配送管理法制化。

专栏10-1　智慧物流应用案例——菜鸟网络

历年的"双十一"网络购物节，如何预估全网的快递总量及其流向，是各大快递物流公司面临的痛点和难点问题。基于此，菜鸟网络提出了智慧物流解决方案。可根据电商预估的成交总额（Gross Merchandise Volume，GMV）、历史订单数据、客单价变化趋势等预测包裹总量，分析各项宏观因素，并监控平台历史销售数据，引入多种不确定因素，预测包裹总量的增长幅度。流量流向预测能够精确地拆解到不同的快递公司、城市、线路，并且基于时效预测各条线路的发货量和到货量，可以帮助快递公司提前准备运力、优化资源，以应对物流高峰。2016年"双十一"期间，菜鸟网络利用大数据技术和算法，预估包裹数量为6.8亿件，达到97%的准确率；线路包裹量平均预测准确率达到80%，帮助快递公司真正做到了"兵马未动，粮草先行"。

物流平台采用菜鸟网络自主研发的菜鸟电子面单，不仅提供了快递信息化的基础措施，还能为快递行业节省大量成本。菜鸟电子面单打印效率是普通纸质面单的4～6倍，平均每单打印时间为1～2s。每张电子面单的成本是0.1元，而传统纸质面单成本为0.2～0.3元。仅从纸张成本计算，菜鸟电子面单每年能够为行业节省成本12亿元。

菜鸟网络算法团队研发了基于大数据的"三段码"智能分单系统。该系统能够在发货时精准预测并合理分配派件网点和快递员编码，再将编码打印在面单上，指导后续的分拣操作。通过智能分单功能，分拣人员直接依据面单编码进行分拨，分拨准确率可以达到99.9%，极大地提升了分拨效率。经测算，智能分单每年可为行业节省成本6亿多元。

思考题

1. 简述公交信号优先控制策略内容。
2. 简述快速公交系统的构成。
3. 查找文献，梳理在城市客运领域存在的问题及智慧交通解决方式。
4. 智慧物流平台的基本功能是什么？举例说明其主要应用场景。

第十一章
Chapter 11

典型场景 4：智慧慢行与静态交通

第一节 概述

慢行交通与停车系统是交通系统中不可或缺的一部分。为精准提升行人及驾驶员出行品质,同时为了交通管理者提高运行慢行和静态交通的效率和安全水平,智慧交通在慢行和静态交通场景也提供了相应手段。

智慧慢行和静态交通系统,是利用物联网、互联网和云计算等新技术手段,通过感知化、物联化、智能化的方式,将城市中的物理基础设施、信息基础设施,社会基础城市中各交通领域、各子系统之间的关系显现出来,就像给交通装上网络神经系统,使之成为可以指挥决策、实时反应、协调运作的智慧慢行与静态交通系统。

慢行与静态交通系统中,主要包括针对行人的智慧步行系统、智慧自行车和针对车辆停放的智慧停车系统。智慧步行系统主要是降低行人在道路上遭遇交通事故的可能性,智慧自行车系统是在智能化时代下的创新产物,智慧停车系统则能够在一定程度上解决我国停车场资源不足、分配不均等一系列停车问题。

第二节 智慧步行

随着我国机动车保有量不断增加,道路上行驶车辆的密度随之增大,驾驶员的素质参差不齐,加之行人的交通素养也存在差异,使得行人在道路上行走时可能发生交通事故。行人步行过街时经常出现诸如闯红灯、不注意观察周围车辆行驶状态、将注意力集中在电子设备上等现象,上述行为存在极大的安全隐患,极易引发交通事故,对个人的生命财产造成损失。

智慧步行概念针对不同的步行情景,通过智慧设施对行人进行提醒和管理,能够较好地保障行人的安全,减少交通事故的发生。下面对智慧过街系统、智慧斑马线、右转车道信息共享模块进行介绍。

一、智慧过街系统

智慧行人过街系统是为了使得行人安全过街，减少行人闯红灯行为而设计的一种智慧交通设施。其在斑马线处设置通行闸口，是集流量实时监测、智能调配放行时间、语音播报提示等功能于一体的智慧模块。

智慧行人过街系统主要由视频处理系统、控制器、显示屏、闸机、语音播报和前端计算机等构成，应用了检测、控制、语音、人脸识别、自动抓拍报警等技术。

该系统主要包含以下功能：一是语音播报。绿灯时，闸机以语音提醒行人快速通行；红灯时，语音播报提醒行人不要闯红灯；行人发生闯红灯行为时会提醒"您已违章，请注意交通安全，不要闯红灯！"。二是延时关闭。红灯时，入口闸门关闭，出口闸门延迟5～10s，保证滞留在路段内的行人能及时通过出口。三是检测控制。即监测行人和车辆流量，调配二者通行时间。四是行为记录。当行人强行跨越或破坏设施时，摄像机会自动拍摄记录违章行为，进行人脸识别后上传执法系统。

近年来，我国部分城市开展了智慧过街系统的应用试点。2017年，深圳市在留仙大道某信号控制交叉口，开始试点运行智能行人过街系统；2021年，西安市在西安路与长兴街路口安装智能一体化行人过街系统，该系统通过对行人进行语音警示提醒、违法行为拍照、大屏幕显示曝光等手段，形成严管氛围，有效预防了行人交通事故的发生；同年，上海市启用了一种行人过街提示系统，该系统不仅具有LED灯光提示功能，还能够通过各种传感器随时提醒闯红灯的行人；2022年连云港市在市内的多个交叉口设立了行人违法抓拍警示教育系统，能够实时记录行人和非机动车闯红灯等违法行为，并通过影像的形式现场进行提醒和曝光，能够加大对行人和非机动车违法的震慑力；同年南昌市在红谷滩区岭口路安装了"行人过街申请式智能红绿灯控制系统"，行人过街时只需按下信号灯边上的"过街按钮"，系统便能智能识别行人过街信号，自动转换至绿灯状态，保障行人安全通过交叉口。

专栏11-1 基于人群分类的信号过街系统

基于人群分类的信号过街系统是一种应用于城市交通管理的创新技术，其主要目的是根据行人群体的特性和数量以调整交通信号灯的时间和模式。该系统通过实时检测路口区域内的行人流量和行人类型,包括静态行人、行走行人、残疾人、儿童等,将数据传输到中心控制器进行处理和分析。中心控制器根据不同的行人类型和数量与实时交通流状况综合权衡,精确地调整信号灯的信号配时,从而最大限度地提高行人和车辆的通行效率,并提高道路交叉口的安全性。

该技术可由多层次架构实现,包括传感器、过程服务器、云服务器和控制器等。在实际应用中,系统可以通过路面传感器和摄像机等设备获取行人流量和类型数据,控制器则将数据分析结果发送到设备端执行信号灯调整命令,以达到最佳的交通流效果。

使用基于人群分类的信号过街系统能够减少行人跨越道路(交叉口)时的等待时间和步行距离,同时减少行人和车辆之间的冲突、事故发生率和交通拥堵现象,提升城市交通对行人的友好性。

二、智慧斑马线

智慧斑马线是指用于(单条或区域多条)人行横道,能够随交通信号灯同步显示相应颜色,从而有效降低交通事故率的一种智慧交通设施。同时智慧斑马线的发光地砖可为城市市容和文明建设带来新亮点,形成一道亮丽的生命保护线和风景线。

近年来,我国许多城市开展了各类形式的智慧斑马线的试点,旨在提高行人过街安全性。上海市将 LED 屏嵌入路面与立体式交通信号灯实施信号连接,根据实时路况改变路面的灯光和标志标线,用视觉效应督促"低头族"行人安全过街。同时进行语音提示,解决视障人士过街问题,提高行人过街的安全性。

2020 年,广州市天河北路—体育东路路口正式启用"智慧斑马线"。该"智慧斑马线"主要由定埋式人行道斑马线信号灯和太阳能智慧道钉两部分组成,通过颜色变换和闪烁,对夜间人行横道过往的行人和车辆能够起到双向警示作用。

三、右转车道信息共享模块

通常情况下,机动车在路口进行右转时,信号灯均处于放行状态。右转车道的机动车和行人存在冲突,通常采用机动车停车礼让行人的方式解决冲突。但是此种方式存在较大安全隐患,并且由于道路上缺少相应的提醒设施,行人和驾驶员均可能忽视对方,进而引发交通事故。

右转车道信息共享模块工作方式主要是通过在路面安装可检测过往车辆和行人的压力传感器，同时在路口设置与压力传感器配套的 LED 指示灯，能够为过往行人和车辆提供警示信息。当机动车驶入右转弯车道时，车辆压力传感器接收压力信号，对应指示灯亮起，提示行人有车驶入；当有行人欲直行通过人行横道时，行人压力传感器接收压力信号，相应指示灯亮起，提示驾驶员有行人通过。

第三节 智慧自行车

自行车又称脚踏车或单车，通常是二轮的小型陆上车辆，可以作为环保的交通工具用来代步、出行；同时越来越多的人将自行车作为健身器材用来骑行锻炼、自行车出游；自行车骑行本身也是一项体育竞技运动，有公路自行车赛、山地自行车赛、场地自行车赛、特技自行车比赛等。截至 2019 年，我国自行车社会保有量已近 4 亿辆、电动自行车近 3 亿辆，均位居世界第一。随着近十年来各种智能化设备的发展，在自行车上配置各种设备，从而使得自行车具备一定的"智慧"属性，成为了各互联网公司和新兴创业团队的又一赛道。

现阶段，智慧自行车通常指在自行车上配置了一定的传感器与电子设备，能够实现诸如 GNSS 定位、环境数据采集、身体数据采集和车速控制等功能，能够自动判断路况，感知骑行者的意图，在骑行过程中输出适当的辅助动力，使骑行者的脚踏与助力完美结合，让骑车人"随心所欲"，实现人车合一轻松驾驶的自行车。

智慧自行车可以判断路况、感知人的意图，并通过车辆自带的模型算法计算输出结果进行反馈，为用户提供实时的、大小不一的、最贴合用户心意的动力，让用户的出行变得更加轻松、畅快。与此同时，还配备手机应用软件，可远程操控车辆，查看车辆信息，实现定位导航。此外，智慧自行车可通过固件的远程升级，让车辆功能更新，使其更加符合每个骑行者的个性化习惯。其应用效果体现在：一方面智慧自行车可以改善骑行环境；其配备的导航等系统可以实时监测路况信息，为骑行者提供安全的骑行环境。同时，可通过与城市基础设施的智能化管理相结合，可以优化道路资源分配，减少机动车对非机动车道的占用，提高骑行者的出行安全性。另一方面可助力慢行交通发展，智慧自行车的发展为慢行交通的发展提供了有力支持。通过推广智慧自行车，可以引导市民树立绿色出行理念，推动城市交通向低碳、环保、健康的方向发展。

2014年百度公司开始 DuBike 计划，拉开了国内智慧"互联网＋自行车"的序幕，后续多家互联网巨头公司和各类新型创业集团将目标瞄准了此赛道。短时间内，各互联网公司及自行车厂商等纷纷投入到智慧自行车的研发中，新兴行业赛道的出现也在倒逼着传统自行车厂商向互联网＋转向。2016年发布的 Dassi Interceptor 是世界上第一款量产的添加了石墨烯材料的自行车车架。一台可导电而且导电位置可控的车架使得在车架内部构建电路和传感器成为了可能。车架能感知各种骑行数据，并实时向骑行者搭载的电子设备提供信息，能够做到人车交互。后续国内外便产生了许多搭载各种功率计、传感器的智慧自行车。

目前自行车智慧化的发展方向主要分为两类：一类是用于非城市道路等骑行道路的运动自行车，侧重于使用者的骑行体验；另一类则用于城市道路中侧重于日常使用的城市自行车。除了上述已经提到的两种车辆类型，还有处在开发和实验阶段的概念车类型。自行车的"智慧化"多体现在对骑行过程中各种运动参数和环境参数的测量以及手机等移动终端的远程控制。如2016年国内某公司推出的运动自行车（图11-1），该车辆采用了碳车架和碳低框作为车辆的骨架，配备了 UT Di2 电子变速器，且配置了功率计，能够对骑行中的各类参数进行测量。

图 11-1　运动自行车

第四节 智慧停车

一、智慧停车发展概况

近年来,我国汽车保有量快速增长,截至 2020 年全国汽车保有量为 2.81 亿,超过美国成为全世界汽车保有量最多的国家。2023 年我国汽车保有量达到 3.36 亿,但与之配套的停车设施建设进程相对缓慢,2022 年我国停车位数量缺口为 8000 万,且汽车保有量每年新增约 2000 万辆,而停车位数量每年新增仅 1000 万个左右,缺口仍在扩大。除了车位供给不足的问题,传统停车方式难以寻找车位,停车步骤繁琐,无法提供个性化服务,停车场地拓展功能差的问题也日益凸显。在此背景下,智慧停车技术应用将大有可为。

智慧停车是指将无线通信技术、移动终端技术、GNSS 定位技术、GIS 技术、视频识别技术等综合应用于城市停车位的信息采集、管理、查询、预订与导航服务,实现集停车位资源的实时更新、查询、预订与导航服务一体化,实现停车位资源利用率的最大化、停车场利润的最大化和车主停车服务的最优化。

为解决我国城市停车难题,促进城市交通健康发展,我国政府相关部门陆续出台了支持和规范智慧停车行业发展的系列政策。2021 年,国务院办公厅转发国家发展和改革委员会等部门关于推动城市停车设施发展意见的通知《关于推动城市停车设施发展意见》(国办函〔2021〕46 号),提出到 2025 年,全国大中小城市基本建成配建停车设施为主、路外公共停车设施为辅、路内停车为补充的城市停车系统,社会资本广泛参与,信息技术与停车产业深度融合,停车资源高效利用,城市停车规范有序、依法治理、社会共治局面基本形成。2022 年,国务院印发《"十四五"现代综合交通运输体系发展规划》(国发〔2021〕27 号),提出加快智能技术深度推广应用,推动互联网、大数据、人工智能、区块链等新技术与交通行业深度融合,创新运营管理模式,推动智慧停车发展等。智慧停车相关政策见表 11-1。

智慧停车行业相关政策　　　　　　　　表 11-1

时间	颁布主体	政策文件名称	主要内容
2020.08	国家发展和改革委员会	《关于信贷支持县城城镇化补短板强弱项的通知》（发改规划〔2020〕1278号）	支持市政公用设施建设项目，包括改造建设公共停车场和公路客运站等交通设施、水气热等管网设施和改造老旧小区
2021.04	住房和城乡建设部、交通运输部等	《关于加快发展数字家庭提高居住品质的指导意见》（建标〔2021〕28号）	鼓励建设智能停车、智能快递柜、智能充电桩、智能健身等公共配套设施，提升智能化服务水平
2021.04	国家发展和改革委员会	《2021 年新型城镇化和城乡融合发展重点任务》（发改规划〔2021〕493号）	完善以配建停车场为主、公共停车场为辅、路侧停车位为补充的停车设施体系，健全住宅小区和公共停车场充电设施，开展创新筹资方式支持停车场建设试点
2021.05	国家发展和改革委员会、住房和城乡建设部等	《关于推动城市停车设施发展意见》（国办函〔2021〕46号）	到 2025 年，全国大中小城市基本建成配建停车设施为主、路外公共停车设施为辅、路内停车位补充的城市停车系统
2022.01	国务院	《"十四五"现代综合交通运输体系发展规划》（国发〔2021〕27号）	稳妥发展自动驾驶和车路协同等出行服务，鼓励自动驾驶在港口、物流园区等限定区域测试应用，推动发展智能公交、智慧停车、智慧安检等

智慧停车方案能够克服传统停车方式的诸多缺点，为驾驶员和管理部门带来许多便利。智慧停车融合互联网、大数据、云计算等技术，具备诸多优势，成为解决城市停车难题的一项可行性方案，将对城市停车以及出行带来极大改变。根据停车信息智能化程度，我国智慧停车行业发展可划分为三个阶段，即智慧停车 1.0 阶段（基础信息化）、智慧停车 2.0 阶段（平台联网化）和智慧停车 3.0（无人化管理）阶段。

2012 年至 2013 年可视为我国智慧停车发展的 1.0 阶段，该时期主要是通过对原有停车场升级改造来实现一定程度的智慧停车。改造措施主要包括车牌识别、地磁等系统设备，车辆能够自助入场。利用智能设备替代部分人工，实现单一停车场数据的采集。但此阶段未能实现电子支付，且停车场内停车信息较为分散，只能实现线上停车场查询、停车无感支付等基本功能。

2014 年至 2018 年可视为我国智慧停车发展的 2.0 阶段，相较于 1.0 阶段，该阶段主要是在基础信息化停车基础上，整合多个停车场信息并传输至软件显示界面，使应用软件车位的利用率得到提高。主要特征为打通多个停车场系统，利用应用软件引导用户停车，并且发展了电子支付方式。

2019 年至今可视为我国智慧停车发展的 3.0 阶段，此阶段主要是对停车场进出口进行改造，实现无人化管理。主要特征为车辆停车自主计费，取消停车入库取卡，实现线上支付或者 ETC 自动扣费。智慧停车 3.0 阶段基于大数据等技术手段，能够实现停车智慧化、管理可视化和运营高效化，能够为车主提供电子支付、车位查询、车位预订、车位导航、周边信息推送等服务。

近年来，我国各种"智慧停车"项目和规范也相继落地，2018 年，第六届中国（上海）国际技术进出口交易会期间，由国家技术转移东部中心、工业 4.0 俱乐部和上海发明家联盟共同主办，上海城市智慧停车产业联盟承办的"2018 停车产业论坛"在世博展馆技术转移专区同步举行，揭牌成立了"上海城市智慧停车产业联盟"。2022 年，中国农业银行日喀则分行联合日喀则火车站建设的"智慧停车"项目成功落地。2023 年，深圳地方标准《智慧停车 清分结算业务规范》（DB4403/T 305—2022）和《智慧停车 停车库（场）信息化建设规范》（DB4403/T 306—2022）两项标准正式发布，为国内停车场（库）及停车清（结）算业务等领域提供了专业规范指导。

二、智慧停车功能

智慧停车的"智慧"主要体现在"智能到离车位 + 自动缴费"，服务于车主的日常停车、错时停车、车位租赁、汽车后市场服务、反向寻车、停车位导航。智慧停车的目的是让车主通过线下、线上两种方式更便捷地找到车位。线上智慧化体现为车主用手机应用软件、微信、支付宝等工具，获取指定地点的停车场、车位空余信息、收费标准、是否可预订、是否有充电及共享等服务，并实现预先支付、线上结账功能。线下智慧化则体现为通过各类智能化的设施帮助驾驶员更顺利地驶入车位。

（1）智慧停车场的停车场管理、智能寻找车位和自动缴纳停车费功能如下。

①停车场管理。智慧停车场通过智能管理系统，实现了对停车场内车辆进出、停放、计费等的全面管理，同时能够实时监控停车场内车辆的动态信息，如车辆位置、停车时长等，确保车辆停放有序，并利用车牌识别技术，自动记录车辆信息，提高车辆进出的速度和准确性，避免了人工操作的繁琐和错误。

②智能寻找车位。车主可以通过手机应用软件、微信、支付宝等线上平台，实时查看停车场内的空余车位信息，包括车位数量、位置等，同时还具备车位导航功能，能够根据车主的位置和目的地，为车主规划最优的停车路线，帮助车主快速找到空余车位。

③自动缴纳停车费。智慧停车场支持多种支付方式，包括电子支付、无感支付等，车主可以通过手机应用软件或支付平台进行线上支付，无需在停车场内排队缴费。系统还能够自动识别车牌信息，根据车辆的停放时长和收费标准，自动计算停车费用，并发送缴费通知给车主，车主在收到缴费通知后，可以直接在线上进行支付，支付成功后系统会自动更新车辆状态，并生成电子发票供车主查阅。

（2）智慧停车同时还能起到快速通行、提供特殊停车位和增加车位数的功能。

①快速通行。传统停车场通常采用现金收费或发放停车卡的方式进行收费，现金收费较为缓慢且操作繁琐，耗时较长，容易造成拥堵，用户体验较差，人工收费的方式同样存在收费不透明的问题；停车卡的充值需要到指定地点，对于驾驶员而言同样增加了时间成本。传统道闸的开启方式为人工开启，耗时同样较长。而智慧停车的收费方式通常采用电子收费，能保证车辆的快速通行，同时还具有收费透明、流向明确的优点，不仅能防止停车乱收费，还能缓解拥堵、规范停车秩序。智慧停车场内部的道闸放行通常是采用自动感应的方式，不仅方便快速，还具备相应的防砸功能，能够保障驾驶员的行车安全。

②提供特殊停车位。传统停车场地的设施大多采取本地封闭运作，功能可拓展性差，难以满足具有特殊需求的驾驶员，比如对宽大车型停车位、新手驾驶员停车位、充电桩停车位等特殊车位的需求，而智慧停车场地的设施可针对入场车型指定停车位，减少车型与车位错配的结构性能力损失，能够为驾驶员提供多样化、个性化的消费升级服务。

③提供更多车位。传统停车方式的车位建设和管理模式均较为固定，一定时间和空间内提供的车位数较少，而近年来新兴的立体停车库，可以扩充单位空间的停车数量，能够在一定程度上缓解我国车位不足的现状。共享停车的停车方式，则能分时段解决车辆停放问题，以分时使用的方式提供了更多的车位。

三、智慧停车系统框架

智慧停车的技术使用方式主要包括线上和线下两种，而在实现智慧停车的技术途径上则主要包括城市级智慧停车、场库级智慧停车和车位级智慧停车，目的均是让车主更高效地寻找车位，完成泊车。

1. 功能需求

1）精准管理需求

面向精细化管理的目标，对停车场服务设施的管理者而言，其对该系统的业务需求梳理如下。

（1）基础性车位管理功能。如各车位的实时占用状态、停车计费、反向寻车、费用支付等。

（2）车位精细化管理功能。如新能源充电车位等专用车位与常规车位的分类管理、车位预约服务功能。

（3）停车场内主要通道的车辆运行状态感知。对场内运行状态的实时掌握，及时预警，避免主要通道因异常或流量超载导致的拥堵。

（4）预约车位锁闭保留功能。驾驶员可以提前规划行程并预约车位，预约成功后管理系统自动保留该车位。

（5）出入场车辆识别功能。如采用高清车牌识别摄像机对进出车场的车辆进行图像抓拍，自动识别，并完成收费、访问等记录流程。

（6）区域化联网调度管理功能。实现停车资源整合调配，以及动静态交通管理有机衔接。通过增加车位信息设备进一步完善智慧停车信息采集子系统，实现路端及场内设备运行状态远程监控管理功能。

（7）应急管理功能。设置信息发布装置，如利用指示牌开展应急管理工作，对突发状况进行必要的应急路径指引。

2）高效出行需求

面向高效停车、取车及离场，停车场的使用者（驾驶员）对于该系统的业务需求梳理如下。

（1）停车过程的全程诱导。利用路网可变情报板，实现交叉口级、停车场入口级、场内车位级的路径诱导，打通高效停车的"最后一米"。

（2）个性化停车需求的满足。如新能源车驾驶员、残疾人驾驶员需要特定车位的，可提供相应个性化停车服务。

（3）停车离场行为的效率提升。对于大规模停车场，驾驶员难以掌握出口位置及距离、通道拥堵状态等信息，系统可提供停车场内外一体化诱导功能。此外，需通过该系统将场外的附近集散路网交通状态信息传递至场内，便于为驾驶员选择离场出口提供决策依据。

（4）手机软件实时显示停车场信息。对车位占用状态进行实时更新，驾驶员可依托如高德、百度等互联网平台对停车场空余车位进行查询、预约、取消，并实现反向寻车，快速找到车辆停放位置，避免驾驶员寻车时带来的安全隐患和时间浪费。

（5）无延时自动离场计费。驾驶员无需提前缴费或在出口缴费，离场时通过ETC或在离场后通过手机移动支付平台完成在线支付。

2. 技术环境

在技术的使用方式上，线上技术主要体现在使用线上支付系统进行预先支付、线上结账、获取停车场各类信息等。线下技术则主要体现在车主高效、自助停入车位并离场，主要涉及车牌识别、车位引导、反向寻车等多种技术。车位引导技术是智慧停车的关键技术之一，通过超声波车位引导系统或视频车位引导系统，帮助车主快速找到车位；反向寻车技术通过探测仪对车辆进行监测并通过网络传输到数据服务器上，帮助车主在大型停车场中快速找到车辆停放区域。上述技术发展为我国停车生态效率改善提供了技术支持，一定程度上解决了因信息不对称和基础设施不健全而造成的效率损失，成为我国智慧停车行业发展的重要驱动力。

3. 逻辑框架

智慧停车系统逻辑架构如图11-2所示。分为感知层、传输层、物理层和应用层四层级结构，其服务对象主要包括停车场运营管理者和使用停车场的车辆驾乘人员。

（1）面向停车场运营管理者建立中心型交通状态监测系统。通过智能算法将视频监控非结构数据转换为结构数据与Wi-Fi探针、蓝牙探针、RFID数据进行融合，提取车辆速度、交通量及相关信息，获取场内车辆运行特征。当运行速度、交通流量降低时，发出运行异常警告，并在场内可变情报板显示异常位置。结合视频监控位置，获取地下停车场内车辆的宏观分布模拟图以及场内车辆聚集特征。

（2）面向车辆驾乘人员建立边缘集中型诱导系统。提取计算车辆平均运行速度，当运行速度小于阈值时，在可变情报板上标红显示对应路段；当运行速度在低速拥堵状态时，在可变情报板上标黄显示对应路段；当运行速度大于畅通状态时，在可变情报板上标绿显示对应路段。车辆离场时驾驶员可向服务器提出最优路径推荐需求，根据驾驶员提供的信息，基于Wardrop第二原理和当前集散路网运行状态，通过停车场内交叉口预设的可变情报板实时显示出入口位置信息及离场最优路径，见图11-3。

第十一章 典型场景4：智慧慢行与静态交通

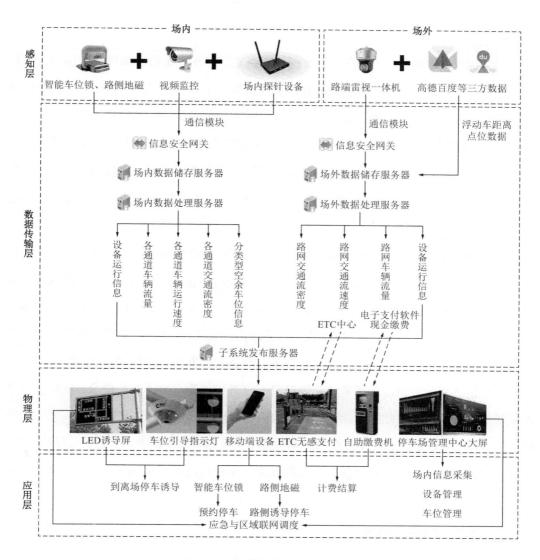

图 11-2 智慧停车系统逻辑架构

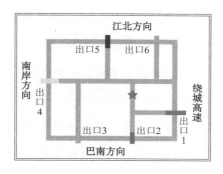

图 11-3 停车场交通状态内外一体化指引

4. 支撑技术

在实现智慧停车的技术途径中,智慧停车企业将停车设备数据通过物联网方式上传至政府城市云平台,获得停车场地数据,形成全城停车场"一张网"格局。平台提供线上公益性服务,便于大众查找停车位,还可以解决部分停车用户的"逃单"问题。近年兴起的 NB-IoT 技术和 LoRa 技术广泛应用于城市级智慧停车项目中。NB-IoT 技术利用窄带通信的功耗低、覆盖广、密度高优势,使停车设备直接联网,通过地磁、地锁、充电桩、道闸等设施,将信息传输到网络平台;LoRa 技术则在近年形成了行业规范和共同平台,可以使小区联网组成网络平台。

场库级智慧停车的应用场景包括停车场、停车库、路侧停车等。其核心技术是车牌识别技术和电子不停车收费(ETC)技术。利用摄像头拍摄车牌或 ETC 以准确识别车辆身份,记录车辆进出场时间,以准确收费,使车辆快速通过,无需停车进行人工记录。其中 ETC 技术是智慧停车道闸领域近年获得迅速发展的重要技术支撑,但近年"垂直循环型"立体停车库的核心技术是机械技术,智慧化控制仍采用传统 PLC 控制。

停车位级别的智慧停车通常使用视频桩、地磁和智能车位锁三种技术。视频桩技术即视频识别技术,通过此技术能够对场地内诸如低照度环境、大角度停放等一系列复杂场景进行识别。地磁技术利用无线传感器技术,一旦感应有车辆驶入,便认定开始计费。智能车位锁技术通过蓝牙技术控制车锁的升降,车锁启动时,车辆将无法进入停车位。

专栏11-2　对位停车诱导系统

对位停车诱导系统是一种适用于停车场场景的车辆管理和流量调度系统。它利用先进的信息技术,包括车位探测器、自动寻位系统、数据分析软件等,实现智能化停车功能,可以达到更高效的车位利用率,提升停车体验并减少拥堵。

该系统的工作原理是在入口处设置激光雷达或相机等设备对车辆进行扫描,获得车牌号码、车型、车牌颜色等信息。停车场每个车位上都装有一个车位探测器,它可以感知车位是否被占用。系统会对实时的停车状态和停车场使用情况进行监控,以便精确统计和预测剩余车位数量,自动显示可用车位的位置,并向车主提供位置搜索引导和指示,从而有效降低用户泊车时间。

> "对位停车诱导"通过识别并记录每辆车的位置信息,按照一定规则在停车区域内为每一个车位命名编号和方位,使用户可以根据系统推荐的最优路径,进入具体区域,快速找到距自己最近的空车位。该技术可以提高车位利用率和停车场工作效率。
>
> 总体而言,对位停车诱导系统以数字化技术手段进行车位预警、寻位功能,可有效提升用户停车体验,扩大停车场运营商的管理和收益范围。同时,它还实现了信息资源的优化调配,为未来城市智慧旅游体系和便捷交通出行的停车场建设工作提供了有益示范。

四、智慧城市下智慧停车生态产业

智慧停车系统不仅包含停车场的智能设备,其具有较为复杂的系统构架,在功能模块划分上也涉及多个方面。城市停车生态的构架和推广涉及城市内部各部门协作、各类云平台的使用等。下面分别对城市停车生态的系统构架和功能模块展开介绍。

1. 系统构架

系统构架层面,可将城市停车生态分为政府监管层面、运营管理层面和社会公众使用层面。政府监管通常由当地的交通行业主管部门负责,主要是通过WEB技术对当地的停车场地进行监管,同时在获取停车数据的基础上进行决策分析,为上级政府部门提供相关建议,指导当地停车行业的发展。

应用软件运营管理主要包括城市中相应的政府部门和各停车场的管理系统,可概括为城市停车生态管理云平台。该平台包括城市停车调度显示大屏、城市停车公共服务系统、城市停车运营管理系统和物联网云平台四个模块。城市停车调度显示大屏主要显示车位周转率、停车热力图、停车区域特征和车场饱和度等运营特征;城市停车公共服务系统主要依靠各类第三方应用软件实现,用户能够通过应用软件进行车位查询、停车导航和车位预约等功能;城市停车运营管理系统能够实现停车场地的收费价格管理,对违停车辆进行调度,对停车场地的安全进行保障,对待停车辆进行合理诱导,以及人员管理等功能;物联网云平台通过有线宽带网络或无线网络进行相关信息通信。

社会公众使用则主要是驾驶员通过如专业化应用软件进行线上的车位查询、停车导

智慧交通导论

航、支付和车位预约等功能,在系统框架内是用户直接接触并使用的部分。

2. 功能模块

依据模块功能,可将城市停车生态划分为第三方服务模块、移动端应用模块、信息发布模块、数据共享模块、拓展应用模块、路内外停车模块和静态交通大数据模块等,如图11-4所示。

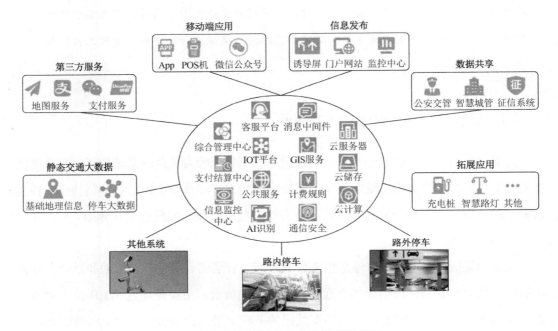

图 11-4 城市停车生态功能模块划分

第三方服务是依靠第三方应用软件提供的地图服务和支付服务等功能,如高德地图、百度地图、微信、支付宝、银联等;移动端服务主要是依靠相关微信公众号、小程序等发布相关停车场信息,或利用微信公众号进行停车场信息查询、车位预约等,以及依靠POS机进行收费服务;信息发布模块依靠交通诱导屏和各类门户网站向用户提供相关信息,消息来源为交通监控中心或网站后台中心;数据共享模块主要是在公安交警部门、城市管理部门和征信部门之间进行,数据共享内容包括车辆的违停、违法和征信等信息;拓展应用模块一般指电动汽车充电桩、智慧路灯等对各类供车辆使用的基础设施;路内外停车模块则是驾驶员在路内停车行为中进行活动的主要场所,一般指用于车辆停放的路内外场地;静态交通大数据模块是指在停车活动中产生和需要使用的相关数据,一般包括停车场地的基础地理信息以及海量停车数据。

思考题

1. 城市智慧慢行与静态交通系统的建设中，主要包括哪几个部分？各系统分别使用了哪些"智慧"技术？
2. 智慧慢行系统中，目前常见的设施设备有哪些？对其中一种设施进行简要介绍。
3. 智慧自行车相较传统的自行车创新点在何处？
4. 智慧停车系统如何缓解城市停车位资源紧缺的问题？
5. 城市停车生态的构建与推广对智慧交通建设和智慧城市建设有哪些影响？简要谈谈你的想法。

第十二章
Chapter 12

智慧交通与"双碳"目标

第一节 "双碳"目标

全球范围内，碳排放主要来自能源发电与供热、制造业与建筑业、农业、交通运输等领域，上述领域碳排放占比超过总排放量的 90%。气候变化问题已成为影响人类社会发展和全球政治经济格局的重大战略课题。我国在国家层面明确提出要大力发展绿色经济，积极发展低碳经济和循环经济，将应对气候变化纳入经济社会发展规划。

2020 年 9 月 22 日，国家主席习近平在第七十五届联合国大会一般性辩论上宣布："中国将提高国家自主贡献力度，采取更加有力的政策和措施，二氧化碳排放力争于 2030 年前达到峰值，努力争取 2060 年前实现碳中和。"[1]随后"双碳"目标被纳入国家发展改革委《"十四五"循环经济发展规划》（发改环资〔2021〕969 号）。

> **专栏12-1　温室气体、碳达峰与碳中和**
>
> 地球大气中的主要温室气体包括二氧化碳（CO_2）、臭氧（O_3）、氧化亚氮（N_2O）、甲烷（CH_4）、氢氟氯碳化物类（CFC_8、HFCs、HCFCs）、全氟碳化物（PFCs）、六氟化硫（SF_6）。由于在人类活动所排放的温室气体中，二氧化碳所占比重最大，因此减排一般指减少二氧化碳排放。狭义碳达峰即指二氧化碳的排放不再增长达到峰值，广义碳达峰则是人类活动直接或间接排放的碳（温室气体）总量不再增长达到峰值。
>
> 碳达峰是指二氧化碳排放量达到历史最高值，经历平台期后持续下降的过程，是二氧化碳排放量由增转降的历史拐点。实现碳达峰意味着一个国家或地区的经济增长不再以增加碳排放为代价，因此被认为是一个经济体绿色低碳转型过程中的标志性事件。[2]目前世界大多数国家碳排放仍呈增长态势，尚未达峰。
>
> 碳中和是指通过植树造林、节能减排等形式，抵消自身产生的二氧化碳排放量，实现二氧

---

[1]《人民日报》（2020 年 09 月 23 日 03 版）。
[2]《气候变化关键词：碳达峰、碳中和、净零排放》（新华社北京 2023 年 12 月 8 日电）。

化碳净零排放。碳达峰时间越早、峰值越低,实现碳中和的空间和灵活性越大,难度越小。❶

《巴黎协定》(The Paris Agreement)明确的"摄氏度温控目标"提出,到 21 世纪末,将全球平均温升保持在相对于工业化前水平 2℃以内,并为全球平均温升控制在 1.5℃以内付出努力。根据 2018 年联合国政府间气候变化专门委员会《全球 1.5℃增暖特别报告》的主要结论,要实现 2℃目标,要求全球 2030 年相比 2010 年减排 25%,在 2070 年左右实现碳中和;而实现 1.5℃目标,则要求全球 2030 年相比 2010 年减排 45%,在 2050 年左右实现碳中和。

2021 年 10 月 14 日,国家主席习近平在第二届联合国全球可持续交通大会开幕式上的主旨讲话中指出"建立绿色低碳发展的经济体系,促进经济社会发展全面绿色转型,才是实现可持续发展的长久之策。要加快形成绿色低碳交通运输方式,加强绿色基础设施建设,推广新能源、智能化、数字化、轻量化交通装备,鼓励引导绿色出行,让交通更加环保,出行更加低碳。"❷

在我国,能源供应、工业、建筑和交通运输是四大重点碳排放行业,其中,交通运输领域的碳排放量大约占我国碳排放总量的 10%。近年来,随着社会经济的快速发展和私家车的进一步普及,我国交通运输领域碳排放也快速增加。国际能源署(IEA)统计数据显示,1990—2021 年我国交通领域碳排放量从 9400 万吨增至 9.6 亿吨左右,增长 9 倍。《国家综合立体交通网规划纲要》明确要求:推进交通基础设施数字化、网联化,提升交通运输智慧发展水平。加快推进绿色低碳发展,交通领域二氧化碳排放尽早达峰,降低污染物及温室气体排放强度,注重生态环境保护修复,促进交通与自然和谐发展。

第二节 智慧交通是实现"双碳"目标的关键技术途径

一、交通领域碳减排的基本途径

交通运输行业是我国能源资源消费和温室气体排放的重点领域之一。因此,交通运

---

❶《气候变化关键词:碳达峰、碳中和、净零排放》(新华社北京 2023 年 12 月 8 日电)。
❷《人民日报》(2021 年 10 月 15 日 01 版)。

输行业是减排的重要领域。党的十九大报告提出建设交通强国,党的二十大报告明确了碳达峰碳中和应对气候变化全球治理的部署。加快推进绿色交通发展是实现交通运输从高速增长向高质量发展跨越升级的重要考量,建设现代综合交通体系需要加快交通运输部门多方式整合、实现综合交通运输体系的提质升级。在建设交通强国、推进交通领域低碳化转型发展的过程中,交通结构优化、电动化、智能化、共享化等是实现交通高质量发展、绿色低碳转型的重要途径。其中,交通结构优化是指将客货分配至适合的交通方式,实现单位运输量碳排放强度的降低,从而实现完成既有客货运输量前提下的碳排放总量降低;电动化是指以电能/氢能替代化石能源作为交通驱动力,推动交通行业快速脱碳;智能化是利用智能化手段及装备,实现运输效率的提高,相对降低碳排放水平;共享化则是提高交通基础设施及运输装备的利用效能。可以看出,在上述四个基本手段中,智慧交通将发挥关键性作用。

为此,我国交通运输部门大力推进低碳交通和智慧交通,对两者协同发展作出了布局。《交通强国建设纲要》指出,大力发展智慧交通,优化交通能源结构,倡导绿色低碳出行理念;《国家综合立体交通网规划纲要》提出,提升交通运输智慧发展水平,加快推进绿色低碳发展。近年来,我国交通运输行业深入推进交通基础设施网、运输服务网、能源网与信息网络融合发展。能源、信息、交通三网融合是技术创新的必然结果,也是交通领域低碳发展的客观要求。伴随智慧交通技术不断创新突破,为三网融合奠定了技术基础。

二、智慧交通对节能减排的支撑

1. 直接碳减排

智慧交通面向交通管理者和交通参与者,其交通效能的提升会带来能源消耗强度的降低,进而相对性地降低碳排放,支持"双碳"目标的实现。因此,无论智慧道路、智慧交管、智慧运管,抑或是智慧慢行与静态交通,都是智慧交通助力国家"双碳"目标的探索和实践。比如,车路协同可对道路不同方向车流进行预判,通过云端系统智能化动态调配所有通行车辆及路口信号系统,实现区域范围内各交通线路的通行效率整体最优化,降低碳排放水平。自动驾驶规模化落地将催生共享出行新业态,大幅减少私家车的使用量,缓解拥堵,减少碳排放,最终会让人们的出行成本更低,多数人将会选择以共享服务的方式满足出行需求。出行即服务(Mobility as a Service,MaaS)平台直接通过动态调整车辆，减少固定线路、固定用途对公共交通车辆运输能力的束缚，最终实现按乘客出行需求调度车辆，减少无效公共交通资源消耗，最大化地提升公共交通系统的服务能力，减少碳排放。智慧停车可以解决"最后一公里"的拥堵，尤其是自动泊车，可以让车辆自动寻找空闲车位，自动出车库候客，不仅可以节省人们寻找停车位的时间，还可以避免交通拥堵而产生的碳排放。

专栏12-2 重庆永川推出"萝卜快跑"自动驾驶共享出行

2022年，百度Apollo自动驾驶出行服务在重庆市永川区正式投入商业化运营。乘客可通过自动驾驶出行服务平台"萝卜快跑"进行预约，即可在指定站点乘坐自动驾驶出行服务车辆。此次共有14辆百度Apollo自动驾驶出行服务车辆、70余个自动驾驶出行服务站点在重庆永川正式投用。运营范围覆盖景区、学校、商圈、居民区、产业园等多种场景，能够实现驾驶全程不用驾驶员进行任何操作，但也会有限制条件，比如限制车辆车速不能超过一定值，且驾驶区域相对固定。永川市民在App"萝卜快跑"上一键叫车，就可实现在指定路线和站点的自动驾驶出行服务。

综合起来，智慧交通直接碳减排有三大途径：一是节能，以道路的畅通减少能耗以降低碳排放；二是替代，以低碳化交通工具替代高碳排放交通工具，重点发展以智能网联为特征的新能源汽车应用；三是提效，以共享出行等形式提升单位碳排放的交通运输生产贡献率。

（1）节能：智慧道路缓堵。

首先，智慧道路的建设可直接实现资源集约化利用。一方面，构建智慧道路体系，实现设备复用，避免重复建设，节约能源消耗、降低碳排放；另一方面，通过高等级智慧道路实现多杆合一，使照明灯杆兼具照明、通信、充电、V2X服务等多重功能，从而进一步强化绿色集约的效果。

其次，智慧道路的建设可提升交通运输效率。通过智慧化道路交通治理系统，优化交通运输结构，减少不合理的交通运输需求，提高车辆技术与效率水平，从道路用户角度实现节能低碳。车路协同和智慧交通控制系统可构建更加精细化的高效交通体系。经测算，以车路协同为基础的智慧交通能够提升15%~30%的道路通行效率；一体化出行服务为出行者提供低碳化出行路径，也是碳减排的重要方面；建设高等级智慧道路，实现自动驾驶的规模商业化，也可以显著提高交通出行效率，减少温室气体排放。此外，依托智慧道路建设智慧慢行系统，可吸引出行者绿色出行比重。根据国际数据公司（IDC）统计，无人驾驶和运营、智能信控、智慧停车、MaaS一站式出行服务等智慧交通技术对节能减排贡献度均超过40%。

（2）替代：交通工具的低碳化与智能化。

在电动化方面，我国的新能源汽车产业起步于21世纪初。据中国汽车工程学会测算，我国纯电动汽车单车平均从油井到车轮（含能源开采、运输、发电和电力传输）的二氧化碳排放总量，比燃油车低35%。

电动化车辆的驱动系统，为智能化高算力所需高强度电能提供了条件，尤其是为自动驾驶系统的精准控制打下了良好的基础。汽车的智能化在一定程度上是伴随着电动化水平的提升而发展的。"自动驾驶＋新能源汽车"模式的驾驶体验通常好于"自动驾驶＋燃油车"模式。自动驾驶车辆的驾驶规则逻辑比较清晰，其驾驶平顺性会使能耗和碳排放低于人类驾驶车辆；自动驾驶车辆安全性远超人类驾驶的车辆，交通事故的减少会降低道路交通拥堵的概率，减少路段碳排放；自动驾驶的货车利用多传感器融合与V2V技术保持等距跟车，可以大幅降低后方车队风阻，降低碳排放。

未来交通网络，以新能源＋智能化为主要特征的自动驾驶将连接起跨城干线、城市主干道以及毛细道路的物流运输，大运量的智能化高铁、城轨、自动驾驶车辆将承载人们主要出行需求，交通出行工具将全面迈向低碳化。

（3）提效：共享出行。

创新交通出行新模式，MaaS也是交通碳减排的关键路径之一。MaaS将充分利用智慧道路的全面感知能力、大数据汇聚处理能力、车路协同服务能力等，基于已有和新发展的交通方式，综合匹配乘客的出行时间、出行成本和对环境的影响，为乘客提供一站式出行服务，实现便捷换乘、便捷支付、共享出行。MaaS还将减少私家车的使用，实现低碳化出行。

此外，自动驾驶可以加速共享汽车的商业化进程。根据世界经济论坛预测，到2030

年，42%的自动驾驶汽车将实现共享出行；到 2040 年，53%的自动驾驶汽车将实现共享出行。基于自动驾驶的共享出行服务，将大幅降低私家车的使用量，减少碳排放。自动驾驶的发展，将把人们的出行方式由需要停车位的私人车辆出行，转变为共享车辆的按需出行，高效利用城市道路和停车资源，释放更多城市空间用于城市碳汇建设或高品质慢行系统建设。

智能化移动终端的普及，使得低碳化共享出行的应用场景更加广阔。如在地铁口、商场、生态景观等区域增设共享化非机动车数量，缓解这些人流量大的区域内的交通拥堵问题。

2. 间接碳减排

智慧交通在提升交通碳排放监测能力方面也拥有广阔的空间。利用大数据监测区域的燃料消耗情况、单车的燃料消耗与运输生产情况，为"自上而下"或"自下而上"测算区域交通碳排放现状、预测交通碳排放趋势提供数据基础；利用机器学习算法开发交通碳排放监测平台，为每个交通碳排放源进行画像，提升碳监测能力水平，为精细化控碳提供软硬件支撑。

思考题

1. 何为"双碳"目标，其对交通行业的影响体现在哪些方面？
2. 如何利用智慧交通的手段支撑"双碳"目标的实现？

参 考 文 献

[1] 于德新. 智能运输系统概论[M]. 4 版. 北京：人民交通出版社, 2020.

[2] 陈旭梅. 城市智能交通系统[M]. 2 版. 北京：北京交通大学出版社, 2022.

[3] 张海波, 赵琦, 何忠贺, 等. 城市智能交通系统工程设计及案例[M]. 北京：机械工业出版社, 2020.

[4] 邵春福, 熊志华, 姚智胜. 道路网短时交通需求预测理论、方法及应用[M]. 北京：清华大学出版社, 2011.

[5] 徐志强. 5G 的世界：智慧交通[M]. 广州：广东科技出版社, 2020.

[6] 蔡文海. 智慧交通实践[M]. 北京：人民邮电出版社, 2018.

[7] 李彦宏. 智能交通[M]. 北京：人民出版社, 2021.

[8] 王云鹏, 严新平, 鲁光泉, 等. 智能交通技术概论[M]. 北京：清华大学出版社, 2020.

[9] 王昊, 金诚杰. 交通流理论及应用[M]. 北京：人民交通出版社, 2020.

[10] 荒岛. 5G 时代的智慧道路交通[M]. 上海：同济大学出版社, 2020.

[11] 余庆, 李玮峰. 交通时空大数据分析、挖掘与可视化[M]. 北京：清华大学出版社, 2022.

[12] 刘建国, 田智宇, 朱跃中. 中国交通能源与碳达峰[M]. 北京：中国计划出版社, 2021.

[13] 张金雷, 杨立兴, 高自友. 深度学习与交通大数据实战[M]. 北京：清华大学出版社, 2022.

[14] 赵光辉. 重新定义交通：人工智能引领交通变革[M]. 北京：机械工业出版社, 2019.

[15] 中国公路学会. 2049 年中国科技与社会愿景：智能交通与未来出行[M]. 北京：中国科学技术出版社, 2020.

[16] 刘浩, 张可, 王笑京, 等. 交通动态数据获取与分析应用新技术[M]. 北京：人民交通出版社, 2012.

[17] 钱寒峰. 先进的交通信息系统数据采集与融合的理论及方法[M]. 北京：中国财富出版社, 2014.

[18] 张毅, 姚丹亚. 基于车路协同的指南交通系统体系框架[M]. 北京：电子工业出版社, 2015.

[19] 赛文交通网. 百度打响交通大模型应用第一枪[EB/OL]. (2023-04-25)[2023-07-20]. https://www.sohu.com/a/670074469_389742.

[20] 交通运输部科学研究院. 交通运输碳达峰、碳中和知识解读[M]. 北京：人民交通出版社, 2021.

[21] 邵培仁, 姚锦云. 天地交而万物通：《周易》对人类传播图景的描绘[J]. 浙江社会科学, 2016(8)：70-81+158.

[22] 任继昉, 刘江涛. 释名[M]. 北京：中华书局, 2021.

［23］Nagurney A, Boyce D. Preface to "On a Paradox of Traffic Planning"［J］. Transportation Science, 2005, 39(4): 443-446.

［24］杭文. 城市交通拥堵缓解之路［M］. 南京：东南大学出版社, 2019.

［25］刘金辉. 智慧交通系统的发展与挑战研究［J］. 建设科技, 2022(20): 36-39.

［26］Qu X, Zhen L, Howlett J R, et al. Smart Transportation Systems 2021［M］. Cham: Springer International Publishing, 2021.

［27］汪光焘, 王婷. 贯彻《交通强国建设纲要》, 推进城市交通高质量发展［J］. 城市规划, 2020, 44(3): 31-42.

［28］交通运输部关于推动交通运输领域新型基础设施建设的指导意见［J］. 铁路采购与物流, 2020, 15(8): 23-26.

［29］工信部召开《新能源汽车产业发展规划（2021—2035 年)》编制工作启动会［J］. 人民公交, 2019(2): 27.

［30］Dartmann G, Schmeink A, Lücken V, et al. Smart Transportation: AI Enabled Mobility and Autonomous Driving［M］. Boca Raton: CRC Press, 2021.

［31］谷业凯. 数字孪生, 让城市更 "聪明"［N］. 人民日报, 2023-05-17(7).

［32］IBM. 什么是数字孪生(Digital Twin)?［EB/OL］. (2020-04-25)[2023-07-20]. https://www.ibm.com/cn-zh/topics/what-is-a-digital-twin.

［33］人民网. 中国电信和华为举办厦门 "5G City" 联合发布会［EB/OL］. (2021-04-09)[2023-07-20]. http://finance.people.com.cn/n1/2021/0409/c1004-32073512.html.

［34］科技零售观察. 中移集成 OneCity 智慧城市平台亮相 2020 年中国国际信息通信展览会［EB/OL］. (2020-10-16)[2023-07-20]. https://www.sohu.com/a/425109207_120123346.

［35］湖南省人民政府.【长沙市】"长沙城市超级大脑 1.0" 上线［EB/OL］. (2021-12-21)[2023-07-20]. http://www.hunan.gov.cn/hnszf/hnyw/szdt/202112/t20211221_21320608.html.

［36］李伟. 新加坡基于虚拟模型发展智慧城市［J］. 检察风云, 2021(15): 34-35.

［37］郁建兴, 樊靓. 数字技术赋能社会治理及其限度——以杭州城市大脑为分析对象［J］. 经济社会体制比较, 2022(1): 117-126.

［38］李晨毓. 上海智慧城市基础设施与智能网联汽车融合发展思考［J］. 交通与港航, 2023, 10(2): 79-83.

［39］白海亭. 数据网格化城市交通信息系统理论的应用研究［J］. 商业文化, 2021(33): 134-135.

［40］陈丹霞, 陈国波. 智能交通系统中交通信息采集技术应用进展［J］. 运输经理世界, 2021(29): 82-84.

［41］代松. 城市轨道交通信息通信系统的技术分析［J］. 电子技术, 2020, 49(3): 116-117.

[42] 郭克友, 李雪, 杨民. 基于轻量化 YOLOv4 的交通信息实时检测方法[J]. 计算机应用, 2023, 43(1): 74-80.

[43] 杭篾良. 基于公交的城市道路交通信息智能系统分析[J]. 运输经理世界, 2022(23): 47-49.

[44] 何飞, 季金震, 姜军, 等. "互联网+"时代交通信息对公交出行行为的影响分析[J]. 信息系统工程, 2019(10): 96-97.

[45] 姜冬阳. 交通行业信息系统规范化建设探究[J]. 中国交通信息化, 2021(1): 42-45.

[46] 李嫚嫚, 陆建, 孙加辉. 多类型信息下的网络交通流演化模型[J]. 交通运输系统工程与信息, 2020, 20(4): 97-105.

[47] 李弋博. 基于雷视融合的交通信息检测技术及其应用[J]. 上海船舶运输科学研究所学报, 2022, 45(2): 58-62.

[48] 李英. 基于 5G 无线通信技术的城市轨道交通信息传输系统设计[J]. 长江信息通信, 2022, 35(2): 108-112.

[49] 刘靖宇, 刘延飞, 丛铭智, 等. 一种基于 EdgeBoard 的无人驾驶交通信息识别系统设计[J]. 电子技术与软件工程, 2020(23): 199-201.

[50] 鲁耀文, 殷展庆, 邵宗翰. 基于多源信息融合的动态交通信息预测系统设计[J]. 自动化与仪器仪表, 2019(10): 59-62.

[51] 陆人杰. 数据挖掘技术在城市轨道交通信息系统中的应用综述[J]. 通信电源技术, 2020, 37(8): 139-141.

[52] 罗晓玲. 浅析交通信息服务云平台运营模式与效益[J]. 交通节能与环保, 2020, 16(5): 38-42.

[53] 马坤, 杨洪娇. 基于 5G 的智慧交通信息安全体系研究[J]. 电脑知识与技术, 2022, 18(1): 37-41.

[54] 马倩, 黄昕. 特殊天气下的交通指数平台和信息发布应用[J]. 交通与运输, 2022, 38(6): 100-103.

[55] 秦雅琴, 马玲玲. 网络爬虫技术在交通信息获取中的应用综述[J]. 武汉理工大学学报 (交通科学与工程版), 2020, 44(3): 456-461.

[56] 孙创. 基于 5G 无线通信技术的城市轨道交通信息传输系统设计[J]. 计算机测量与控制, 2021, 29(3): 234-237+247.

[57] 魏中华, 雷鸣, 许继超. 基于可变信息标志交通信息的驾驶人路径选择[J]. 北京工业大学学报, 2022, 48(2): 155-163.

[58] 武开有, 吴挺, 赵勇, 等. 实时交通信息生产发布平台的设计与实现[J]. 广播与电视技术, 2019, 46(10): 41-44.

[59] 武琼, 李磊, 吴方健, 等. 智能交通系统信息采集、处理与发布技术研究[J]. 信息与电脑 (理论版), 2023, 35(5): 200-202.

[60] 邢强, 陈中, 冷钊莹, 等. 基于实时交通信息的电动汽车路径规划和充电导航策略[J]. 中国电

机工程学报, 2020, 40(2): 534-550.

[61] 许玲, 汪可可, 管剑波. 云计算下的轨道交通信息系统数据安全[J]. 工业信息安全, 2022(11): 69-77.

[62] 杨春雷. 智能网联车辆交通信息处理技术与信号控制方法研究[J]. 时代汽车, 2022(3): 189-190.

[63] 于宵. 综合客运交通枢纽交通信息服务需求分析[J]. 交通与运输, 2020, 33(S1): 209-212.

[64] 张雷, 沈国琛, 秦晓洁, 等. 智能网联交通系统中的信息物理映射与系统构建[J]. 同济大学学报（自然科学版）, 2022, 50(1): 79-86.

[65] 张艺涵, 徐菁, 李秋燕, 等. 基于密度峰值聚类的电动汽车充电站选址定容方法[J]. 电力系统保护与控制, 2021, 49(5): 132-139.

[66] 钟国梁, 蔡思婕, 李帅杰, 等. 基于云计算的智能交通信息采集系统设计与实现[J]. 电脑知识与技术, 2022, 18(4): 1-6.

[67] 周紫君, 林垚. 智库建设背景下国外交通信息的采集与服务[J]. 交通世界, 2023(7): 7-9.

[68] 朱述宝, 谭灏宸, 修科鼎. V2X 为主导的交通信息获取方式升级分析与应用[J]. 交通与运输, 2022, 35(S1): 235-239.

[69] 李新琴, 史天运, 代明睿, 等. 铁路运输安全非结构化数据分析与技术架构研究[J]. 铁道运输与经济, 2022, 44(1): 67-72.

[70] 黄慧萍, 陈芳森. 城市群建设与管理的时空大数据体系框架构建研究[J]. 遥感技术与应用, 2023, 38(2): 443-453.

[71] 杨尧, 赵耀龙, 王彬. "一联三生" 体系下粤港澳大湾区智慧城市群的构建[J]. 地球信息科学学报, 2022, 24(6): 1073-1086.

[72] 徐猛, 刘涛, 钟绍鹏, 等. 城市智慧公交研究综述与展望[J]. 交通运输系统工程与信息, 2022, 22(2): 91-108.

[73] 马超, 杨洪娇. 基于多源数据的城市道路拥堵优化评价方法[J]. 公路, 2019, 64(4): 246-249.

[74] 王强, 魏雨东. 集中式数据库字符型数据加密查询仿真[J]. 计算机仿真, 2018, 35(7): 359-362.

[75] 童记超, 林基明, 陈鹤, 等. 分布式数据库事务分类策略研究[J]. 计算机工程, 2017, 43(1): 213-218.

[76] 邓敏, 于运渌, 雷振伍, 等. 城市轨道交通综合监控系统大规模全景数据并发控制及存储技术[J]. 城市轨道交通研究, 2021, 24(3): 195-199.

[77] 董元彪, 肖鹏峰, 刘豪, 等. 基于 GIS 空间分析的城市行道树安全评估[J]. 南京大学学报（自然科学）, 2023, 59(2): 201-212.

[78] 李超, 于运渌, 雷振伍, 等. 基于 GIS 的公共安全数据可视化管理研究[J]. 计算机应用与软件, 2022, 39(12): 47-51.

[79] 程学旗, 刘盛华, 张儒清. 大数据分析处理技术新体系的思考[J]. 中国科学院院刊, 2022, 37(1): 60-67.

[80] 杨丽华, 鄂晶晶, 冯锋. 云计算任务数据节能存储模型仿真[J]. 计算机仿真, 2023, 40(2): 535-539.

[81] 蔡宇晶, 李樊, 孟宇坤, 等. 基于边缘计算的城市轨道交通车站监测模式优化研究[J]. 铁道运输与经济, 2023, 45(6): 118-124.

[82] 庄斌, 杨晓光, 李克平. 道路交通拥堵事件判别准则与检测算法[J]. 中国公路学报, 2006, 19(3): 82-86.

[83] 焦海贤, 胡迎鹏, 刘以舟, 等. 干道路网瓶颈识别及容量一体化均衡配置模型与方法[J]. 交通运输系统工程与信息, 2007, 7(5): 63-67.

[84] Bertini R L, Tantiyanugulchai S. Transit buses as traffic probes: Use of geolocation data for empirical evaluation[J]. Transportation Research Record, 2004, 1870(1): 35-45.

[85] Bertini R L, Leal M T. Empirical study of traffic features at a freeway lane drop[J]. Journal of Transportation Engineering, 2005, 131(6): 397-407.

[86] Geroliminis N, Daganzo C F. Existence of urban-scale macroscopic fundamental diagrams: Some experimental findings[J]. Transportation Research Part B: Methodological, 2008, 42(9): 759-770.

[87] Buisson C, Ladier C. Exploring the impact of homogeneity of traffic measurements on the existence of macroscopic fundamental diagrams[J]. Transportation Research Record, 2009, 2124(1): 127-136.

[88] 贺正冰, 关伟, 樊玲玲, 等. 北京市快速环路宏观基本图特征研究[J]. 交通运输系统工程与信息, 2014, 14(2): 199-205.

[89] Saberi M, Mahmassani H S. Exploring properties of networkwide flow-density relations in a freeway network[J]. Transportation research record, 2012, 2315(1): 153-163.

[90] 姬杨蓓蓓. 基于仿真实验验证宏观基本图的存在性[J]. 武汉理工大学学报 (交通科学与工程版), 2013, 37(5): 929-933.

[91] Chen Y, Zhang Y, Hu J, et al. Pattern discovering of regional traffic status with self-organizing maps[C]. //2006 IEEE Intelligent Transportation Systems Conference. IEEE, 2006: 647-652.

[92] Hong W C. Traffic flow forecasting by seasonal SVR with chaotic simulated annealing algorithm[J]. Neurocomputing, 2011, 74(12-13): 2096-2107.

[93] 郑建湖, 林小惠, 郑礼席, 等. 基于马尔可夫链模型的交通拥挤状态预测[J]. 交通标准化, 2012(22): 76-79.

[94] Liu Y, Feng X, Wang Q, et al. Prediction of urban road congestion using a Bayesian network approach[J]. Procedia-Social and Behavioral Sciences, 2014, 138: 671-678.

［95］张敬磊, 王晓原, 马立云, 等. 基于动态贝叶斯网络的交通流状态辨识方法[J]. 北京理工大学学报, 2014, 34(1): 45-49.

［96］Zhu G, Song K, Zhang P, et al. A traffic flow state transition model for urban road network based on Hidden Markov Model[J]. Neurocomputing, 2016, 214: 567-574.

［97］Cong Y, Wang J, Li X. Traffic flow forecasting by a least squares support vector machine with a fruit fly optimization algorithm[J]. Procedia Engineering, 2016, 137: 59-68.

［98］Wang J, Shi Q. Short-term traffic speed forecasting hybrid model based on chaos-wavelet analysis-support vector machine theory[J]. Transportation Research Part C: Emerging Technologies, 2013, 27: 219-232.

［99］Xia J, Chen M. A nested clustering technique for freeway operating condition classification[J]. Computer-Aided Civil and Infrastructure Engineering, 2007, 22(6): 430-437.

［100］Xu D, Wang Y, Jia L, et al. Real-time road traffic states measurement based on Kernel-KNN matching of regional traffic attractors[J]. Measurement, 2016, 94: 862-872.

［101］Yu X, Xiong S, He Y, et al. Research on campus traffic congestion detection using BP neural network and Markov model[J]. Journal of information security and applications, 2016, 31: 54-60.

［102］金茂菁. 我国智能交通系统技术发展现状及展望[J]. 交通信息与安全, 2012, 2(2): 1-5.

［103］陈志良, 明德. 高科技与现代交通[M]. 上海: 科学普及出版社, 1999.

［104］杨兆升. 城市交通流诱导系统理论与模型[M]. 北京: 人民交通出版社, 2000.

［105］杨兆升. 城市交通流诱导系统[M]. 北京: 中国铁道出版社, 2004.

［106］杨兆升. 城市道路交通系统智能协同理论与实施方法[M]. 北京: 中国铁道出版社, 2009.

［107］边新宇. 现代通信新技术[M]. 北京: 人民邮电出版社, 2001.

［108］魏学业. 传感器与检测技术[M]. 北京: 人民邮电出版社, 2012.

［109］杨佩昆, 吴兵. 交通管理与控制[M]. 北京: 人民交通出版社, 2002.

［110］蔡自兴. 智能控制——基础及应用[M]. 北京: 国防工业出版社, 1998.

［111］杨晓光. 基于高新技术的智能交通系统与社会系统[C]. 上海: 上海市青年科技论坛, 1998.

［112］陆化普. 城市现代交通管理[M]. 北京: 人民交通出版社, 1999.

［113］王笑京. 中国 ETC 收费标准制定的决策与思考[C]. 北京: 第四届亚太 ITS 大会, 2000.

［114］全永燊. 城市交通控制系统[M]. 北京: 人民交通出版社, 1999.

［115］杨兆升. 新一代智能化交通控制系统关键技术及其应用[M]. 北京: 中国铁道出版社, 2008.

［116］Jingjing W, Chunxiao J, Zhu H, et al. Internet of Vehicles: Sensing-Aided Transportation Information Collection and Diffusion[J]. IEEE Transactions on Vehicular Technology, 2018, 67(5).

［117］贺正冰, 关伟, 樊玲玲, 等. 基于实际道路交通流信息的北京市机动车排放特征[J]. 环境科学,

2015, 36(8): 2750-2757.

[118] 刘群, 杨濯丞, 蔡蕾. 基于ETC门架数据的高速公路短时交通流预测[J]. 公路交通科技, 2022, 39(4): 123-130.

[119] 胡宾, 李全发, 高文宝. ETC系统的邻道干扰问题分析及射频指标控制[J]. 公路交通科技, 2011, 28(S1): 61-66.

[120] 李君羡, 周一晨, 高志波, 等. 基于收费数据的高速公路收费站通行能力分析[J]. 公路交通科技, 2021, 38(11): 106-116.

[121] 张亚勤, 李震宇, 尚国斌, 等. 面向自动驾驶的车路云一体化框架[J]. 汽车安全与节能学报, 2023, 14(3): 249-273.

[122] 朱永辉, 梁霄, 袁魁. 基于车路协同技术的自动驾驶有轨电车路口通过优化技术[J]. 城市轨道交通研究, 2022, 25(10): 233-238.

[123] 彭登, 徐建闽, 林培群. 城市车路协同系统的通信及定位技术研究[J]. 计算机工程与设计, 2011, 32(3): 859-862.

[124] 陈超, 吕植勇, 付姗姗, 等. 国内外车路协同系统发展现状综述[J]. 交通信息与安全, 2011, 29(1): 102-105.

[125] 王宏, 何克忠, 张钹. 智能车辆的自主驾驶与辅助导航[J]. 机器人, 1997, 19(2): 155-160.

[126] 黄昕, 王黎, 郑轶丽, 等. 浅析"双智"试点工作下成都市智慧道路建设路径[J]. 公路, 2023, 68(5): 229-233.

[127] Huang S, Yang L, Yang X, et al. A decentralized ETC architecture based on blockchain technology[J]. Journal of Advanced Transportation, 2021, 2021: 1-10.

[128] Wang H, Zhu M, Hong W, et al. Optimizing signal timing control for large urban traffic networks using an adaptive linear quadratic regulator control strategy[J]. IEEE Transactions on Intelligent Transportation Systems, 2020, 23(1): 333-343.

[129] Fei X, Wang X, Yu X, et al. Traffic signal control under stochastic traffic demand and vehicle turning via decentralized decomposition approaches[J]. European Journal of Operational Research, 2023, 310(2): 712-736.

[130] Li R, He Z. Traffic Information and Control[M]. IET Digital Library, 2020.

[131] Finley MD, Avelar RE, Venglar SP, et al. Traffic Control Devices and Measures for Deterring Wrong-Way Movements[M]. National Academies Press, 2018.

[132] 赵亦林. 车辆定位与导航系统[M]. 谭国真, 译. 北京: 电子工业出版社, 1999.

[133] 智能运输系统发展战略研究课题组. 智能运输系统发展战略研究[M]. 北京: 中央广播电视大学出版社, 1998.

［134］洪大永. GPS 全球定位技术及其运用[M]. 厦门: 厦门大学出版社, 2001.

［135］杨晓光, 彭国雄, 王一如. 高速公路交通事故预防与紧急救援系统[J]. 公路交通科技, 1998(2): 46-51.

［136］孟晓林, 姚连璧, 朱照宏, 等. 公路地理信息系统中坐标与里程的转换[J]. 同济大学学报, 1999, 27(5): 603-607.

［137］杨兆升, 朱中. 智能运输系统的 GIS 设计的研究[J]. 中国公路学报, 1998, 11(2): 84-88.

［138］杨帆. 基于 GIS 的 GPS 车辆导航系统[D]. 北京: 清华大学, 1997.

［139］詹舒波. 导航电子地图技术及应用研究[D]. 北京: 北京航空航天大学, 1997.

［140］司同军. 交通通信与电视监控[M]. 北京: 警官教育出版社, 1993.

［141］房建成, 万德钧. GPS 组合导航系统在车辆导航中的应用[J]. 东南大学学报, 1996, 26(3): 96-102.

［142］杨兆升. 城市智能化公共交通系统理论与方法[M]. 北京: 中国铁道出版社, 2004.

［143］曲大义, 张晓靖, 杨建, 等. 面向出行者的综合信息服务系统设计[J]. 交通标准化, 2010(218).

［144］王蒲生. 轿车交通批判[M]. 北京: 清华大学出版社, 2001.

［145］日本交通工学研究会. 智能交通系统[M]. 北京: 人民交通出版社, 1997.

［146］袁信, 俞济祥, 陈哲. 导航系统[M]. 北京: 北京航空工业出版社, 1992.

［147］杨兆升. 基于动态信息的智能导航与位置服务系统关键技术及其应用[M]. 北京: 中国铁道出版社, 2012.

［148］龚建雅. 地理信息系统基础[M]. 北京:科学出版社, 2001.

［149］黄永清. 基于车联网技术的智能停车信息服务系统[J]. 信息与电脑, 2011, 12(12): 95-97.

［150］吴磊. 基于多源信息融合的驾驶人疲劳监测控制系统研究[J]. 中国农机化学报, 2013, 34(1): 193-195.

［151］杨冰, 宋瑞, 王颖, 等. 智能运输系统[M]. 北京: 中国铁道出版社, 2000.

［152］刘莎, 董国发, 李想, 等. 出行即服务环境下个体出行链碳足迹监测与评估[J]. 交通运输系统工程与信息, 2023, 23(2): 22-31+53.

［153］Hu X, Chen X, Guo J, et al. Optimization model for bus priority control considering carbon emissions under non-bus lane conditions[J]. Journal of Cleaner Production, 2023, 402: 136747.

［154］Forinash, Christopher. Strategic Communications to Improve Support for Transit-Priority Projects: Report and Toolkit[M]. National Academies Press, 2020.

［155］Oleśków-Szłapka J, Wojciechowski H, Domański R, et al. Logistics 4.0 maturity levels assessed based on GDM (grey decision model) and artificial intelligence in logistics 4.0-trends and future perspective[J]. Procedia Manufacturing, 2019, 39: 1734-1742.

[156] 范学谦, 翟树芹. 现代物流管理[M]. 南京: 南京大学出版社, 2020.

[157] 陈香兰. 互联网时代探析绿色智慧物流的转型及发展——评《"互联网+"背景下物流活动要素管理及发展趋势研究》[J]. 中国科技论文, 2022, 17(10): 1192.

[158] 陈志龙, 张平. 城市地下停车场系统规划与设计[M]. 南京: 东南大学出版社, 2014.

[159] 杨忠振, 高春雨, 陈东旭. 考虑动静态交通转换的中心商业区停车供给优化研究[J]. 系统工程理论与实践, 2016, 36(8): 2091-2100.

[160] 周赤忠. 基于静态交通大数据系统下的智慧停车平台创新与应用[J]. 计算机应用与软件, 2018, 35(2): 330-333.

[161] Bliemer M C J, Raadsen M P H. Static traffic assignment with residual queues and spillback[J]. Transportation Research Part B: Methodological, 2020, 132: 303-319.

[162] 贯彻新发展理念 助力实现"双碳"目标[N]. 人民日报, 2023-04-12(10 版).

[163] 李文翔, 程佳楠, 刘向龙, 等. 出行即服务环境下个体出行链碳足迹监测与评估[J]. 交通运输系统工程与信息, 2023, 23(2): 22-31+53.